Mr.
Grammar

영문법 자신감!

김진환

현 캐나다 밴쿠버 Veritas Advanced Learning Centre 토플 강사
전 엘브릿지어학원(일산) 토플 Writing 강사
전 파고다어학원(강남/종로/신촌) 토플 Grammar/Writing 강사

TOEFL Grammar 만점맞기 (넥서스, 2004) 저술
TOEFL CBT Writing 5.0+ (파고다, 2003) 공저
Korea Herald 토플 연재 (2004)

University of Alberta (캐나다) 동아시아학 석사
경희대학교 경영학 학사 및 석사

책 내용 및 북미 유학 관련 문의
www.TestCare.com 또는 TestCare@hotmail.com

Mr. Grammar 기본편 2

지은이 김진환
펴낸이 정규도
펴낸곳 (주)다락원

초판 1쇄 발행 2008년 1월 15일
초판 7쇄 발행 2019년 2월 14일

편집장 김현자
책임편집 홍혜정 정소연
본문디자인 윤지은
표지디자인 유수정

다락원 경기도 파주시 문발로 211
내용문의: (02)736-2031 내선 504
구입문의: (02)736-2031 내선 250~252
Fax: (02)732-2037
출판등록 1977년 9월 16일 제406-2008-000007호

값 11,000원

ISBN 978-89-5995-917-4 53740

http://www.darakwon.co.kr
다락원 홈페이지를 방문하시면 상세한 출판정보와 함께 동영상강좌, MP3자료 등 다양한 어학 정보를 얻으실 수 있습니다.

Mr. Grammar

영문법 자신감!

기본편 2

DARAKWON

요즘 학생들은 어떤 영문법 책을 선택하여 공부를 해야 할지 굉장히 혼란스럽다. 시중에 너무 많은 문법책들이 나와 있기 때문이다. 시중의 문법책들은 크게 두 부류로 나누어 볼 수 있다. 한 부류는 1970년대와 80년대에 입학시험을 목적으로 출간된 책들과 그 이후에 쓰여졌지만 그들의 영향을 받은 책들이다. 나머지 한 부류는 외국에서 출판된 책들의 영향을 받아 비교적 최근에 쓰여진 책들이다.

첫 번째 부류의 문법책들은 입시 문제풀이 위주로 쓰여 있어서 실제 영어권에서는 사용되지 않는 표현이 중요하게 다루어지거나, 정작 중요한 것들은 다루어지지 않는 한계를 지닌다. 반면, 또 다른 부류의 문법책들은 Speaking에서 주로 다루는 idiom(관용표현)이나 informal(비격식체)한 표현들을 지나치게 강조하는 경우가 많다.

문법책을 고르기에 앞서 문법을 공부하는 목적을 알아보자. 모두들 알다시피, 문법은 읽기, 쓰기, 말하기, 듣기의 기본이 되는 문장의 조합 원리이다. 따라서 문법을 제대로 공부하면 Writing 실력이 늘고, Reading을 정확하게 하며, Speaking도 바르게 하게 된다. 특히 영어권 학생들은 Writing을 잘하기 위해서 문법을 공부한다. 문법은 잘하는데 Writing을 못한다면 문법을 제대로 아는 것이 아니다.

『Mr. Grammar』는 한국인의 균형 잡힌 영어 학습을 위해 쓴 새로운 패러다임의 영문법 교재이다. 책에 사용된 예문과 표현은 모두 영어권 현지에서 사용되는 것들이며, 필자가 캐나다에 유학하면서 겪었던 고민들을 반영하고 있다. 시중의 영문법 책들에서 흔히 발견되는 잘못된 표현들은 정확한 영어로 바로 잡아 실었다. 특히, 문법 자체만을 강조하는 것이 아니라 Writing과 Reading 영역으로 적극 확장하고자 노력했다. 각 단원에서 배운 문법을 이용하여 Writing을 하도록 하고, 이 문법 표현을 활용하여 Reading 연습까지 이끌어내고 있다. 따라서 본 책을 충실히 공부한다면, 실용영어뿐만 아니라 학교 영어에서도 좋은 실력을 거두게 될 것이다.

언어를 공부하는 데 가장 중요한 것은 반복이다. 어떤 언어학자는 한 가지 외국어 표현을 자신의 것으로 만들고자 한다면 최소한 열 번 이상 말하고, 듣고, 쓰고, 읽어야 한다고 강조한다. 단순히 이해될 때까지만 하는 것이 아니라, 외워질 때까지 해야 되는 것이다. 이 책에서 최대한의 학습 효과를 거두고자 한다면 반복, 또 반복하여야 한다. 모쪼록 이 책을 통하여 독자들이 목표한 일들을 잘 이룰 수 있기 바란다.

2008년 1월 김진환

이 책의 구성과 특징

Checkpoint

▶ 예문 또는 도표를 통해 각 항목에서 학습하게 될 문법의 핵심 포인트를 정리

Explanation & Sample Sentences

▶ 핵심 내용을 담고 있는 대표예문을 통해 간략하면서도 명확한 문법 설명

▶ 학생들이 자주 틀리거나 어려워하는 부분을 설명

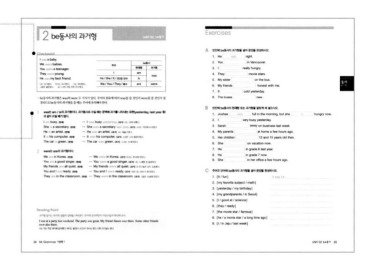

Exercises

▶ 간단한 문법 확인문제에서 주관식, 서술형, 영작에 이르기까지 다양한 문제 유형을 통한 반복연습으로 학습 효과를 극대화

▶ writing의 기본을 다지는 기본 연습 문제

Reading Point

▶ 학습한 문법이 문장 속에서 어떻게 사용되는지 명확하게 확인

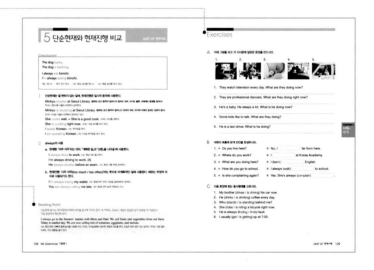

▶ 다양한 문제를 통해 각 Unit에서 학습
한 문법 개념에 대한 확인 및 점검

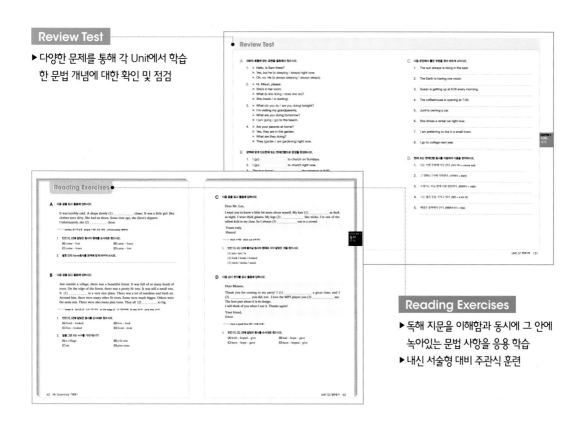

▶ 독해 지문을 이해함과 동시에 그 안에
녹아있는 문법 사항을 응용 학습
▶ 내신 서술형 대비 주관식 훈련

▶ 다양한 예문을 통해 일반적이고 자연
스러운 의미표현을 학습

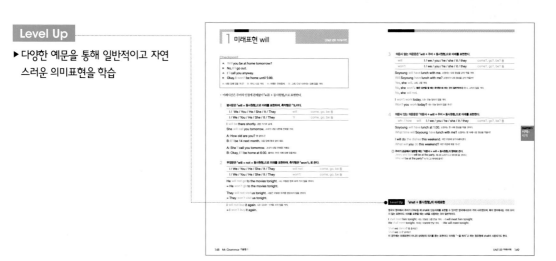

목차 | 기본편 2

contents

목차 | 기본편 1

c o n t e n t s

Hey, Mr. Grammar!

How does grammar help?

Grammar helps you write better.

Grammar is an important tool in reading.

Grammar makes your English more perfect!

수식어의 세계
Modifiers

수식어는 꾸며주는 말로써 명사나 동사 등을 수식하게 된다. 수식어에는 형용사와 부사가 있다. 형용사와 부사는 꾸밈을 받는 단어의 의미를 약간 변화시켜 주는 역할을 한다.

형용사는 명사를 꾸며 주고, 부사는 형용사, 부사, 동사를 꾸며 준다. 형용사와 부사는 비교급과 최상급으로 쓰여 의미를 더욱 강하게 나타낼 수도 있다.

Unit **12**

형용사 Ⅰ

1 형용사의 종류

Checkpoint

Mina is kind.
She is a kind girl.
She has a few friends.

미나는 친절하다. | 그녀는 친절한 소녀이다. | 그녀는 몇몇의 친구가 있다.

1 일반형용사: 명사의 모양(big, small, long 등)이나 상태(beautiful, bad, good 등)를 설명해 주는 형용사
이다.

The river is beautiful. 그 강은 아름답군요.
It is a long river. 그것은 긴 강이에요.

2 수량 및 한정형용사: 수량형용사는 명사의 숫자(one, two, three 등)나 양((a) little, (a) few, much,
many 등)을 나타내는 형용사이며, 한정형용사(any, some, no, all, most 등)는 명사의 의미를 제한시켜 주
는 형용사이다.

She bought many pens. 그녀는 많은 펜을 샀다.
I have three questions. 나는 세 개의 질문이 있다.

I have a few minutes. 나는 약간의 시간이 있다.
I spent a little money. 나는 약간의 돈을 썼다.

Exercises

Chapter **7**
수식어의
세계

A 다음 문장에서 형용사에 동그라미를 치고, 수식받는 명사에 밑줄을 그으시오.

1. She helped (sick) people.
2. She also helped poor people.
3. There are old people among them.
4. Many people live with animals.
5. There are some frogs.
6. Frogs have four legs.
7. Frogs are small animals.
8. Ostriches travel in small groups.
9. Ostriches are big birds.
10. Their wings carry their heavy bodies.

B 괄호 안에서 알맞은 것을 고르시오.

1. Bats take (length / long) naps.
2. Bees have (yellow hair / hair yellow).
3. Most bats live in (warm / warmth) areas.
4. Some bats live in (cold / coldness) places.
5. There were (five / fives) fishermen in town.
6. Ladybugs look like (small / smallness) dots.
7. A bee sat on a (whiten / white) rock.
8. They sat on a (hard / hardly) bench.
9. He wore (bigness / big) boots.
10. I had a (good / well) dream.

C 주어진 표현을 이용하여 다음을 영작하시오.

1. 나는 갈색 눈을 가지고 있다. (갈색 눈 = brown eyes)

   ----

2. 서울에는 큰 산들이 있다.(= 서울은 큰 산들을 가지고 있다) (큰 = huge)

   ----

3. 나는 큰 도시에 산다. (…에 살다 = live in/at)

   ----

4. 나는 이탈리아 음식을 좋아한다. (이탈리아 음식 = Italian food)

   ----

5. 그 검은 가방은 내 것이다. (내 것 = mine)

   ----

2 형용사의 두 가지 역할

Checkpoint

My hometown has a beautiful lake.
The lake is deep.

내 고향에는 아름다운 호수가 있다. | 그 호수는 깊다.

1 『형용사 + 명사』: 명사 앞에서 명사를 꾸민다.

An ostrich is a big bird. 타조는 큰 새이다.

My hometown is a small town. 내 고향은 작은 마을이다.

It's a beautiful day today. 오늘은 날씨가 좋다.

An ostrich is a bird big. (X) (형용사는 명사 앞에 쓰여야 한다)

This is a town small. (X)

⚠️ 꾸밈을 받는 명사가 단수이든 복수이든 관계없이 형용사의 형태는 같다.
a big bird (단수) / big birds (복수)
Ostriches are big birds. (O)
An ostrich is a big bird. (O)
Ostriches are bigs birds. (X) (명사가 복수라도 형용사에는 s를 붙일 수 없다)

2 『be(am/are/is) + 형용사』: 동사 뒤에서 주어를 설명해 주는 보어 역할을 한다.

An ostrich is big. 타조는 크다.

My hometown is small. 내 고향은 작다.

The weather is good. 날씨가 좋다.

➕ 보어 자리에 명사를 쓰면 주어와 동격이 된다.
That train is long. (O) 저 기차는 길다.
That train is length. (X) (train = length가 될 수 없으므로 주어를 설명해줄 수 있는 형용사인 long으로 써야 한다)

Reading Point

형용사는 명사 앞에서 명사를 꾸미기도 하며, 동사의 보어 자리에 쓰여 주어를 꾸미기도 한다.

My grandparents live in *a small town* only a thirty-minute drive from my hometown. The town has *a large lake*. Its shore is *beautiful*.

우리 조부모님은 작은 마을에 사신다. 그곳은 내 고향으로부터 차로 겨우 30분 거리에 있다. 그 마을에는 큰 호수가 있다. 그곳의 해변은 아름답다.

Exercises

A 다음 문장에서 형용사를 찾아 동그라미 치시오.

1. Rabbits are (fast) runners.
2. Turtles are slow.
3. We moved to a new house.
4. There is a big playground in my neighborhood.
5. There are many kids over there.

B 괄호 안에서 알맞은 것을 고르시오.

1. She has (cute / cutes) dogs.
2. The dogs are (big / bigs).
3. The dogs play with (ducks many / many ducks).
4. I'd like (a drink hot / a hot drink).
5. His car is (new / newly).

C 다음 문장에서 틀린 부분을 찾아 바르게 고치시오.

1. Jane owns a beautifully house.
2. He so lucky was.
3. My parents are happily.
4. That river is length.
5. His house has a roof blue.

D 주어진 표현을 이용하여 다음을 영작하시오.

1. 오늘은 햇빛 밝은 날이다. (햇빛 밝은 = sunny)

2. 그녀는 행복한 삶을 산다. (행복한 삶 = a happy life)

3. 나는 오늘 차가운 음료를 마셨다. (음료를 마시다 = have a drink)

4. 그 캠핑장은 자갈 투성이었다. (캠핑장 = camp site / 자갈 투성이 = rocky)

5. 나는 이번 학기에 바쁘지 않을 것이다. (이번 학기 = this term)

3 형용사의 다른 쓰임

Checkpoint

This coffee tastes good.
It has something special.

이 커피는 맛이 좋다. │ 그것은 무언가 특별한 것을 가지고 있다.

---

1 『연결동사 + 형용사』: become, seem, feel, look, smell, sound, taste + 형용사

She is sleepy. 그녀는 졸리다.
She becomes sleepy. 그녀는 졸리게 된다.
She feels sleepy. 그녀는 졸린 기분이다.
She seems/looks sleepy. 그녀는 졸려 보인다.

The food is bad. 그 음식은 별로다.
The food tastes bad. 그 음식은 맛이 별로다.
The food seems/looks bad. 그 음식은 별로인 것 같다.

This sandwich tastes good. 이 샌드위치는 맛이 좋다.
The cat food smells bad. 그 고양이 사료는 안좋은 냄새가 난다.
The test seems long. 그 시험은 긴 것 같다.
Your idea sounds great. 네 아이디어는 훌륭한 것 같다.

2 『-thing + 형용사』: -thing으로 끝나는 대명사는 형용사가 뒤에서 꾸며 준다.

There is something new every day. 매일 무언가 새로운 것이 있다.
There's nothing special about us. 우리에 관한 특별한 것은 없다.
I didn't find anything strange. 나는 어떤 이상한 것도 발견하지 못했다.

Reading Point

형용사는 명사 앞, 동사 뒤에서 명사의 의미를 약간 바꿔준다.

Once upon a time, an *old shoemaker*, Simon, lived with his wife. They were *poor*. But they *looked happy*. One day, Simon prepared *something special* for his wife.
옛날에, 늙은 구두제조업자 사이먼이 부인과 함께 살고 있었다. 그들은 가난했지만 행복해 보였다. 어느날 사이먼은 부인을 위해 특별한 것을 준비했다.

Exercises

A 괄호 안에서 알맞은 것을 고르시오.

1. The road looks (ice / icy).

2. This sauce tastes (good / well).

3. My eyes feel (sore / sorely).

4. He seems (sleep / sleepy).

5. There's (something sharp / sharp something) in my shoe.

6. I found (odd something / something odd).

7. We have (new nothing / nothing new).

8. There's (much nothing / nothing much) to do here.

9. I didn't see (strange anything / anything strange).

10. A: How are you feeling today?
    B: Not too (bad / badly).

B 다음 문장에서 틀린 부분을 찾아 바르게 고치시오.

1. They seemed nicely.

2. This dress looks greatly on you.

3. He's still feeling goodness.

4. I feel sorrily for Jason.

5. My suitcase felt really heavily.

6. This watermelon looks freshly.

7. She does not feel shyly.

C 주어진 표현을 이용하여 다음을 영작하시오.

1. 이 주스는 달콤한 맛이 난다. (달콤한 = sweet)

2. 네 일은 아주 재미있는 것 같다. (재미있는 = exciting)

3. 나는 거기가 전혀 안전하다고 느끼지 않는다. (안전한 = safe)

4. 이 빵은 맛이 아주 좋다. (빵 = bread)

4 the + 형용사

Checkpoint

The blind cannot see.
The deaf cannot hear.
The Chinese enjoy various foods.

시각장애인들은 볼 수 없다. | 청각장애인들은 들을 수 없다. | 중국인들은 다양한 음식을 즐긴다.

1 『the + 형용사』는 복수명사로 쓰이고, 복수동사를 취한다. 모든 형용사에 the를 붙이지는 않고, '사람'을 나타내는 의미에 사용한다.

the rich = rich people   the poor = poor people   the old = old people
the young = young people   the disabled = disabled people

The rich are wealthy. (= rich people) 부자들은 부유하다.
The young are smart. (= young people) 젊은이들은 영리하다.

2 『the + 국가명을 나타내는 형용사』는 국민 전체를 나타내며 복수 취급한다. 국가명의 형용사형이 –s, -sh, -ch, -ese로 끝나면 앞에 the를 붙인다.

국가명	형용사형	국민 전체
Switzerland	Swiss	the Swiss
China	Chinese	the Chinese
England	English	the English
France	French	the French
Japan	Japanese	the Japanese

The Japanese speak Japanese. 일본인들은 일본어를 말한다.
The Chinese live all over the world. 중국인들은 세계 도처에 살고 있다.
The French eat a lot of fat. 프랑스인들은 지방질을 많이 먹는다.

❗ 국가명의 형용사형이 –n으로 끝나는 대부분의 국가는 s를 붙여서 국민 전체를 지칭한다.

국가명	형용사형	국민 전체
Korea	Korean	Koreans
America	American	Americans
Canada	Canadian	Canadians
Brazil	Brazilian	Brazilians
Italy	Italian	Italians

Koreans speak Korean. 한국인들은 한국어를 말한다.
Frenches eat a lot of fat. (X)

Exercises

A 다음 빈칸에 알맞은 표현을 넣어 문장을 완성하시오.

the young	the disabled	the old	the rich	the poor

1. [＿＿＿＿＿＿] have a lot of money.
2. [＿＿＿＿＿＿] like to play outside.
3. Old people do not sleep a lot. [＿＿＿＿＿＿] get up early in the morning.
4. It is hard for [＿＿＿＿＿＿] to find jobs.
5. Jake helps poor people. [＿＿＿＿＿＿] like him.

B 괄호 안에서 알맞은 것을 고르시오.

1. (The Japanese / Japaneses) speak quietly.
2. (The Chinese / Chineses) are our neighbors.
3. (The Korean / Koreans) are smart.
4. (The American / Americans) speak English.
5. (The French / Frenches) love their language.

C 주어진 표현을 이용하여 다음을 영작하시오.

1. 그는 가난한 사람들을 돕는다. (돕다 = help)

   ----

2. 영국인들은 이탈리아인들과 다르다. (~와 다르다 = be different from)

   ----

3. 젊은이들은 컴퓨터를 좋아한다.

   ----

4. 프랑스인들은 먹고 마시기를 좋아한다. (~하기를 좋아하다 = like to ~)

   ----

5. 노인들은 인생에서 경험이 많다. (인생에서 = in one's life / 경험 = experience)

Review Test

A   괄호 안에서 알맞은 것을 고르시오.

1. Jenny was (kind / kindness) to me.

2. Fruit is (healthy / health) for everyone.

3. Jane is a (shy / shily) girl.

4. I'll be (happy / happiness).

5. There was a (large / largely) yard in the front.

6. It was (dark / darken) in the room.

7. The flowers smell (good / well).

8. I feel (great / greatly).

9. A (long / length) time ago, there was a man.

10. That sounds (nice / nicely).

B   괄호 안에서 알맞은 것을 고르시오.

1. She sat down on her (favorite / favor) chair.

2. She sang a (silly / silliness) song.

3. He drove his car at (high / highly) speed.

4. We have (great / greatly) plans for you.

5. I'd like to tell you about an (important / importance) lesson.

C   다음 문장에서 틀린 부분을 찾아 바르게 고치시오.

1. It is a day busy today.   ....

2. He lives in a big house with a beautifully garden. ....

3. She felt silliness.   ....

4. It sounds well to me.   ....

5. There is special something today.   ....

6. She is smartly enough to know better.   ....

7. Our annually festival is coming up.   ....

8. Your plan is greatly.   ....

9. They lived on a largely farm.   ....

10. The farm has a barn big.   ....

D 괄호 안의 형용사를 문장의 알맞은 곳에 넣어 문장을 완성하시오.

1. Look at the guy! (handsome)
   Look at the handsome guy!

2. I don't like coffee. (hot)

3. He has a house. (big)

4. There are plants. (green)

5. He likes winter. (cold)

6. It was a day. (rainy)

7. My two sisters were doing their homework. (little)

8. John and Minsu ate too candy. (much)

9. Candy is really. (sweet)

10. They made a mistake. (huge)

Reading Exercises

A 다음 글을 읽고 물음에 답하시오.

> Deep in a valley, there was a little house. A mother and her (1) <u>young</u> son were sitting in front of their (2) <u>small</u> home. They were watching the sun go (3) <u>down</u>. "It is a (beautiful / beauty) evening, isn't it?" the mother asked the boy. He just nodded. He was staring at something in the distance. Very far away, they could see the Great Stone Face. They were many miles from it, but they could see it clearly.

Words nod 고개를 끄덕이다   stare at ~을 쳐다보다   the Great Stone Face 큰바위 얼굴

1. 밑줄 친 (1)~(3) 중 형용사가 아닌 것을 쓰시오.

   _____

2. 괄호 안에 알맞은 형용사를 고르시오.

   _____

B 다음 글을 읽고 물음에 답하시오.

> Minsu, Seongho, and Insik are (1) <u>friends</u>. They were playing in the park last weekend. They watched some children playing soccer. On their way home, they talked about the game. "What a cool game!" said Minsu. "I'd like to learn to play soccer." "We need to practice. So we can play, too," added Insik. "We need to buy a soccer ball (2) <u>first</u>. Then we can practice at school." "How much is a (3) <u>soccer ball</u>?" asked Seongho.
> "I'm not (sure / surely), but it must be (4) <u>expensive</u>," answered Insik. "No, I don't think so," said Minsu. "It'll be cheap." "Okay. Let's go!" said Insik.

Words on the way home 집에 오는 길에   practice 연습하다   add 더하다/덧붙이다   expensive 비싼   cheap 싼

1. 밑줄 친 (1)~(4) 중 형용사를 고르시오.

   (A) friends   (B) first

   (C) soccer ball   (D) expensive

2. 괄호 안에 알맞은 형용사를 고르시오.

   _____

3. 이들이 이어서 무엇 하러 갈지 추론한 것을 고르시오.

   (A) They will ask the price of a soccer ball.

   (B) They will play soccer.

   (C) They are going home.

   (D) They are going to watch the soccer game.

C 다음은 초대 손님에 관한 내용을 읽고 물음에 답하시오.

"Okay, children," Mr. Park called. "Please thank Mrs. Lee for coming to our class today." "Thank you, Mrs. Lee," the children replied slowly. Mrs. Lee smiled. She loved (1) her job. She visited several schools each week. She taught cooking. She particularly enjoyed teaching them (2) _____ skills about how to make (3) _____ snacks.

Words reply 답변하다 how to cook 요리법 several 여럿의 each week 매주마다 particularly 특별히 tasty 맛있는

1. 밑줄 친 (1)의 her job은 무엇인가?

   (A) 학교 교사   (B) 운동 선수

   (C) 초청 요리 강사   (D) 환경미화원

2. 빈칸 (2), (3)에 알맞은 단어를 순서대로 고르시오.

   (A) basic – tasty   (B) basic – taste

   (C) base – tast   (D) base – tasty

D 다음 글을 읽고 물음에 답하시오.

Cheonsoo looked out the window. The ground was covered with snow. It seemed so long since he had had (1) a warm day. He was tired of winter. He was tired of heavy boots. He wished it would (2) get warm again.

Words look out 밖을 내다 보다 be covered with ~으로 덮여 있다 be tired of ~에 싫증나다

1. 밑줄 친 (1), (2)의 warm은 형용사의 두 가지 역할(명사 수식 / 주어 설명) 중 어떤 역할을 하는지 쓰시오.

   (1) _____

   (2) _____

2. 윗글의 내용과 일치하면 T, 일치하지 않으면 F를 빈칸에 쓰시오.

   (1) 천수는 겨울을 좋아한다.   _____

   (2) 천수는 따뜻해지기를 원한다.   _____

Unit **13**

형용사 II

1 few / a few / little / a little

Checkpoint

There were a few people right over there.
I needed a little help from them.

바로 저쪽에 몇몇의 사람들이 있다. | 나는 그들에게서 약간의 도움이 필요했다.

1 「few / a few + 셀 수 있는 명사」: '적은 수의 / 몇몇의'란 의미이며 부정적 측면에서 본다면 few를, 긍정적 측면에서 본다면 a few를 쓴다.

There are a few pens on the table. (= There are some pens on the table.)
탁자 위에 몇 개의 펜이 있다.

There are few pens on the table. (= There are nearly no pens on the table.)
탁자 위에 펜이 별로 없다.

We have a few minutes before we leave. We can have a cup of coffee here.
출발 전에 시간이 몇 분 있다. 여기서 커피 한 잔은 마실 수 있다.

We have few minutes before we leave. I think we'd better leave now.
출발 전에 시간이 몇 분 없다. 내 생각엔 지금 떠나는 편이 나을 것 같다.

2 「little / a little + 셀 수 없는 명사」: '적은 양의 / 약간의'란 의미이며 부정적 측면에서 본다면 little을, 긍정적 측면에서 본다면 a little을 쓴다.

I'll have little time to exercise today. I can't do it this morning.
나는 오늘 운동할 시간이 거의 없어. 오늘 아침에는 못하겠네.

I'll have a little time to exercise today. I can do it about 20 minutes this morning.
나는 오늘 운동할 시간이 약간 있어. 아침에 약 20분 정도 할 수 있겠네.

I have a little minutes. (X) (little / a little은 셀 수 있는 명사 앞에 쓰지 못한다)

Reading Point

little과 a little, few와 a few는 의미가 다르므로 읽을 때 주의하면서 읽어야 한다.

A: I need *a little time* to check my mailbox. Could you wait *a few minutes*?
B: No. I have *few* minutes.

A: 우편함을 확인하기 위한 약간의 시간이 필요해. 몇 분만 기다려줄래?
B: 안돼. 난 시간이 별로 없어.

Exercises

A 괄호 안에서 알맞은 것을 고르시오.

1. I'll be a college student in (a few / a little) years.

2. He showed (few / little) interest in opera.

3. We have (a little / a few) time left before the test.

4. I spent (a few / a little) days in Vancouver.

5. I got (a little / a few) help from my brother.

B 다음 문장에서 틀린 부분을 찾아 바르게 고치시오.

1. I drank a few water.

2. I'm going to buy a little things today.

3. A little cakes are left over.

4. He has a little problems.

5. I couldn't buy the book. I had few money.

C 주어진 표현을 이용하여 다음을 영작하시오.

1. 나는 며칠 후 16세가 된다. (며칠 후 = in a few days)

2. 그는 몇몇의 학생들만 가르쳤다. (몇몇의 학생들만 = only a few students)

3. 우리는 선택의 여지가 거의 없다. (선택의 여지가 거의 없다 = have little choice)

4. 나는 어제 몇 장의 CD를 샀다. (몇 장의 CD = a few CDs)

5. 우리는 쉴 시간이 거의 없다. (쉴 시간 = time to relax)

2 many / much / a lot

Checkpoint

She doesn't have many clothes.
She doesn't earn much money.

그녀는 옷이 많지 않다. | 그녀는 돈을 많이 벌지 못한다.

1 『many + 셀 수 있는 명사』: many는 '많은'이란 뜻으로 셀 수 있는 명사를 꾸며준다.

There are many students in the room. 그 방안에 많은 학생들이 있다.
Do you have many friends? 너 친구 많아?
Many cars were parked on the street. 많은 차들이 길에 주차되어 있었다.

2 『much + 셀 수 없는 명사』: much는 셀 수 없는 명사와 같이 쓰이지만 부정문과 의문문에 주로 쓰이고, 긍정문에는 쓰지 않는다.

How much salt do you eat in a day? 하루에 소금을 얼마나 드세요?
We haven't got much money. 우리는 돈이 별로 없다.
We have much money. (X) (긍정문에 much를 쓰지 않는다)
→ We have a lot of money. (O) 우리는 돈이 많다.

3 『a lot of / lots of + 셀 수 있는 명사 / 셀 수 없는 명사』: a lot of와 lots of는 셀 수 있는 명사와 셀 수 없는 명사 모두 꾸며준다.

I don't have a lot of time. 나는 시간이 많지 않아요.
Did you have a lot of food for lunch? 점심 많이 먹었어요?

➕ lots of는 말할 때나 비격식체로 주로 쓰인다.
I saw lots of cars.

4 a lot / much: a lot과 much는 '많이'라는 뜻으로 쓴다.

A: How much did you pay for this book? 이 책 얼마 줬어요?
B: I don't remember, but I didn't pay much. 기억 못하지만, 많이 지불하지는 않았어요.

A: Did you talk to him a lot? 그와 말을 많이 했니?
B: No, I didn't. 아니, 많이 안 했어.

Reading Point

의문문에서 '많은/많이'를 나타내는 표현은 「How + many/much」로 한다.

A: How *many people* live in Seoul?   B: About 10 million. Is that too *many*?
A: 서울에 얼마나 많은 사람이 살죠?   B: 약 천만 명요. 너무 많나요?

Exercises

A 괄호 안에서 알맞은 것을 고르시오.

1. How (many / much) sugar do you want?

2. There are too (many / much) cooks.

3. He taught for (many / much) years.

4. How (much / many) does it cost?

5. I watched the movie so (many / much) times.

6. Sujin didn't make (many / much) money.

7. I don't have (much / many) time these days.

8. I have (much / a lot of) time these days.

Chapter **7**
수식어의
세계

B 다음 문장에서 틀린 부분을 찾아 바르게 고치시오.

1. A: How much books do you read a month? ....
   B: I haven't had many time to read anything lately. ....
   A: Me neither.
   B: I hope to read a lot.

2. A: How was your trip to Jeju?
   B: It was great. I had so many fun there. ....
   A: How much did you spend there?
   B: Not too many. ....

3. A: How much cups of coffee do you drink? ....
   B: Two or three. How about you?
   A: Five or so. I'm trying not to drink too much.
   B: That's a good idea.

C 주어진 표현을 이용하여 다음을 영작하시오.

1. 나는 많은 아이디어가 있어요. (아이디어 = idea)

   ....

2. 이번 여름에는 비가 많이 내리지 않았다. (비가 많이 내리다 = have much rain)

   ....

3. 나는 물을 별로 많이 마시지 않는다. (마시다 = drink)

   ....

3 some / any

Checkpoint

평서문 / 의문문	의문문 / 부정문
some	any
somebody / someone	anybody / anyone
something	anything

1 some / any는 셀 수 있는 명사와 셀 수 없는 명사와 모두 같이 쓰일 수 있다. 셀 수 있는 명사와 같이 쓰일 때는 반드시 복수로 써야 한다.

　a. some은 긍정문에, any는 부정문에 쓴다.

some (좀 / 약간의)	any (전혀)
I have some questions. 질문 좀 있어요.	I don't have any questions. 질문이 전혀 없어요.
I have some time. 시간이 좀 있어요.	I don't have any time. 시간이 전혀 없어요.

　b. 의문문에서 some은 긍정적 측면에서, any는 부정적 측면에서 질문할 때 쓴다.

some (좀 / 약간의)	any (~라도)
Do you have some time? 시간 좀 있니?	Do you have any time? 시간이 약간이라도 있니?
Do you have some pens? 펜 좀 있니?	Do you have any pens? 펜이 한 자루라도 있니?

2 앞에 나온 명사의 반복을 피하기 위해 some / any를 쓸 수 있다.

We have some tea. Would you like some? (= some tea) 우리는 차가 좀 있어요. 차 좀 드실래요?

I don't have any plans for Christmas. Do you have any? (= any plans)
나는 크리스마스 계획이 전혀 없어. 넌 있니?

I bought some bread. But I haven't eaten any. (= bread) 나는 빵을 좀 샀어. 하지만 전혀 먹지 않았어 .

3 something / someone은 평서문/의문문에, anything / anyone은 의문문/부정문에 쓴다.

something (어떤 것) somebody/someone (어떤 사람)	anything (무엇이든 / 어떤 것이라도) anybody/anyone (누구라도 / 누구든지)
He made something. 그는 무엇인가 만들었다.	She didn't make anything. 그녀는 아무것도 만들지 않았다.
He met somebody. (= someone) 그는 어떤 사람을 만났다.	She didn't meet anybody (or anyone). 그녀는 아무도 만나지 않았다.
Would you like something to eat? 뭐 좀 먹을래?	Is anybody (= anyone) here? 여기 누구 있어요?

Exercises

A some이나 any를 넣어 문장을 완성하시오.

1. There is ___some___ cake on the table.
2. There isn't _____ cake in the kitchen.
3. Here's _____ news for you.
4. I don't have _____ news for you.
5. We have _____ problems.
6. Do you have _____ problems?
7. I have _____ ideas.

B some이나 any를 넣어 문장을 완성하시오.

1. A : Do you have some coins?
   B : Yes, I have ___some___.

2. A : Did you see any students here?
   B : No, I didn't see _____.

3. A : There are some oranges in the shop.
   B : I know. I bought _____.

4. A : Would you lend me a pen?
   B : I'm sorry, but I don't have _____.

5. A : You can have some apples.
   B : No, thanks. I already had _____.

C something / anything / someone / anyone 중 하나를 넣어 문장을 완성하시오.

1. A : Would you like _____ to drink?
   B : What do you have?
   A : We have coffee, tea, and tomato juice.

2. A : Did he say something?
   B : No, he didn't say _____.

3. A : Did you see anybody here?
   B : No, there wasn't _____.

4. A : _____ broke into my house.
   B : Call the police.

4 no / not / none

Checkpoint

I have no problem.
I don't have any problem.

나는 아무 문제가 없다. │ 나는 어떤 문제도 없다.

1 형용사 no : 「no + 명사(셀 수 있는 명사/셀 수 없는 명사)」는 「not... any/one」의 의미와 같다.
no는 형용사이므로 뒤에 명사와 결합하며, '~이 없는'의 의미를 가진다.

I've got no money. 난 돈을 한 푼도 못 받았어.

There are no students in the classroom. 교실에 학생이 한 명도 없다.

I have no idea about it. 그것에 관해 아는 바가 없어요.

❗ no 다음에 명사가 결합되지 않으면 안 된다.
I have no. (X) → I have no idea. (O)

2 부사 not : 「not + any」는 동사와 같이 쓰이며, 「no + 명사」의 의미와 같다.

I haven't got any money. = I've got no money.

There aren't any students in the classroom. = There are no students in the classroom.

I don't have any idea about it. = I have no idea about it.

I don't have no idea. (X) (부정어를 두 번 겹쳐서 쓰면 안 된다)

3 대명사 none: 「no + 명사」와 같은 의미를 가진다.

A: I'd like some fruit. Do you have any? 과일이 먹고 싶네요. 과일 좀 있어요?

B: I'm sorry, but there's none left. (= no fruit) 미안하지만, 한 개도 안 남았어요.

I tried to get some bread, but they had none. (= no bread) 빵을 사려고 했지만, 빵이 하나도 없었다.

❗ none과 명사는 결합할 수 없다.
There are none students on campus. (X) 캠퍼스에 학생이 한 명도 없다.
There are no students on campus. (O)
There aren't any students on campus. (O)

Reading Point

위에서 익힌 'no'나 'not + any' 표현이 문장에서 어떻게 쓰이는지 보기로 하자.

Moles have *no* problem digging the earth with their feet. They do*n't* have *any* problem finding food.
두더지는 발로 땅을 파는데 아무런 문제가 없다. 그들은 음식을 찾는데 문제가 없다.

Exercises

A 괄호 안에서 알맞은 것을 고르시오.

1. I have (no / none) tickets.

2. I made some coffee a few minutes ago, but there's (no / none) left.

3. There are (no / not) pockets in my jacket.

4. I didn't have (no / any) chance to talk.

5. She doesn't have (none / any) sisters.

6. A: How many children do you have?
   B: (Not / None).

7. A: Do you know where my cell phone is?
   B: No, I have (not / no) idea.

B 다음 문장에서 틀린 부분을 찾아 바르게 고치시오.

1. Sean doesn't have no questions. ....

2. They have none children. ....

3. I love coffee with not sugar. ....

4. A: How many brothers does Sujin have?
   B: No. ....

5. A: Do you have any questions today?
   B: No, not. ....

6. A: Don't you have not cheese left? ....
   B: No, we have some butter instead.

C 주어진 표현을 이용하여 다음을 영작하시오.

1. 김치가 전혀 없다. (김치 = kimchi / ~가 전혀 없다 = there isn't any)

   ....

2. 우리 중 누구도 혼자서 여행하지 않는다. (우리 중 누구도 = None of us)

   ....

3. 나는 그것에 관하여 의심하지 않아요. (의심하지 않다 = have no doubt)

   ....

4. 그는 증거가 전혀 없다. (증거 = evidence)

   ....

5 all / every

Checkpoint

All living things grow.
Every living thing grows.

모든 생물은 자란다. | 모든 생물은 자란다.

1 「all + 복수명사(셀 수 있는 명사) / 셀 수 없는 명사」

   a. **all**은 '모든'이란 뜻으로 복수명사(셀 수 있는 명사)와 셀 수 없는 명사에 모두 쓰인다.

   All schools start at the same time. (셀 수 있는 명사) 모든 학교는 동시에 시작한다.
   I drank all the milk in the fridge. (셀 수 없는 명사) 나는 냉장고의 우유를 모두 다 마셨다.

   b. **all**은 **the**나 소유격과 같이 쓰일 때 가장 앞에 쓰인다.

   All my friends are nice. 내 친구들은 모두 친절하다.
   All the schools in the city have a website. 그 도시의 모든 학교들은 웹사이트가 있다.

   c. **all** + 시간: **all the time**(항상), **all night/morning/day/week/year**(밤새/아침 내내/하루종일/한 주/한 해)

   I love you all the time. 나는 항상 당신을 사랑합니다.
   We stayed up all night. 우리는 밤을 샜다.

2 「every + 단수명사」

   a. **every**는 단수명사(셀 수 있는 명사)와 쓰이며, 동사는 항상 단수로 받는다.

   Every school starts at the same time. = All schools start at the same time.
   Every school in the city has a website. = All the schools in the city have a website.
   I drank every milk in the fridge. (X) (셀 수 없는 명사 앞에 every가 쓰일 수 없다)

   b. **every** + 시간 = 부사(every time/day/morning/winter/week/year)

   I go to school every day* except Sunday. 나는 일요일만 빼고 매일 학교에 간다.
   *every + 시간은 횟수(how often)를, all + 시간은 기간(how long)을 강조한 표현이다.

❗ **every day (부사) ≠ everyday (형용사)**
I call my parents every day. 나는 매일 부모님에게 전화한다.
Music plays a vital part in our everyday lives. (everyday + 명사) 음악은 내 일상생활에서 중요한 역할을 한다.

Exercises

A 괄호 안에서 알맞은 것을 고르시오.

1. (All / Every) people drink water to live.
2. I read (all / every) page of the book.
3. (All / Every) the eggs are in the basket.
4. He reads (all / every) the time.
5. (All / Every) child is different.
6. I listen to music (all / any) day.
7. Today, I tried to call you (all / every) day.
8. (All / Every) student studies hard.
9. He walked (all / every) the way home.
10. (All / Every) person needs some time alone.

Chapter **7**
수식어의 세계

B 다음 문장에서 틀린 부분을 찾아 바르게 고치시오.

1. Every plants has leaves. ....
2. Every my friends didn't get a good night's sleep. ....
3. I take a bus all morning. (매일 아침) ....
4. Dohun sits in front of the computer all evening. (저녁마다) ....
5. She buys new clothes all season. (계절마다) ....
6. The same thing happened all time. (매번) ....
7. We go to the park all day. (매일) ....

C 주어진 표현을 이용하여 다음을 영작하시오.

1. 나는 매일 아침 6시에 일어난다. (일어나다 = get up)

....

2. 그는 밤새 운전했다. (운전하다 = drive)

....

3. 나는 매년 여름 삼촌을 방문한다. (방문하다 = visit)

....

4. 그는 매번 "예"라고 말한다. (매번 = every time)

....

5. 나는 나의 모든 돈을 썼다. (돈을 쓰다 = spend money)

....

Review Test

A 괄호 안에서 알맞은 것을 고르시오.

1. I have (a few / a little) minutes.
2. I have (little / few) interest in politics.
3. He had (a few / a little) days at home.
4. They have very (little / few) money.
5. There is (little / few) hope for them.

B 괄호 안에서 알맞은 것을 고르시오.

1. Bears eat (many / much) strawberries.
2. She had (a lot of / a lot) fun.
3. She has (many / much) clothes.
4. I eat (much / a lot of) fruit.
5. His father makes (many / a lot of) money.

C 괄호 안에서 알맞은 것을 고르시오.

1. We talk for an hour (every / all) day.
2. There's (some / any) coffee on the table.
3. Do you have (any / all) idea?
4. I don't need (some / any) help at the moment.
5. (All / Every) humans need water to live.

D 괄호 안에서 알맞은 것을 고르시오.

1. We have (no / none) choice.
2. There's (no / not) place like home.
3. She is (not / none) fat.
4. She does (not / no) like him.
5. It's (no / none) of your business.

E 다음 문장에서 틀린 부분을 찾아 바르게 고치시오.

1. I use very few sugar anyway.

   ....

2. There is few time left.

   ....

3. There's any cake in the kitchen.

   ....

4. Here's any news for you.

   ....

5. They don't put some butter in the bread.

   ....

6. There are none teachers at the party.

   ....

7. I want anything to eat.

   ....

8. A: Do you have any books?

   B: Yes, few.

   ....

F 주어진 표현을 이용하여 다음을 영작하시오.

1. 그녀는 그녀의 계획들에 관해 아무것도 얘기하지 않았다. (계획 = plan)

   ....

2. 아무도 그를 방문하러 오지 않았다. (방문하러 오다 = come to visit)

   ....

3. 모든 티켓이 팔렸다. (팔리다 = have been sold)

   ....

4. 여기 네가 생각해야 하는 몇가지 문제들이 있다. (생각하다 = think about)

   ....

5. 그 병에는 물이 거의 없다. (병에 = in the bottle)

   ....

Reading Exercises

A 다음 글을 읽고 물음에 답하시오.

My name is Hanna. I am a pianist. At age 5, I began learning to play the piano. I am fifteen years old now. I play the piano every day. I am always practicing new music for my next concert. During the school year, I take three piano lessons (1) _____ week from my piano teacher, Mr. Thompson. In the summer, I take four lessons every week. (2) _____ my lessons are so exciting. I practice very hard. I want to be a famous pianist someday.

Words at age ~ ~살에 practice 연습하다 during ~동안에 someday 언제가

1. 빈칸 (1), (2)에 알맞은 표현을 순서대로 고르시오.

   (A) every – all   (B) every – every
   (C) all – all   (D) all – every

2. 윗글에 따르면 한나는 여름에 매주 몇 번의 피아노 레슨을 받는지 영어로 쓰시오.

   _____

3. 한나는 왜 피아노 연습을 열심히 하는지 영어로 쓰시오.

   _____

B 다음 글을 읽고 물음에 답하시오.

Once upon a time, there were three animal friends on an island in the middle of the sea. These friends gathered together (every / all) day to eat lunch at noon. They took turns finding and preparing it. Because (all / every) of them had a (1) _____ skill, they were (2) _____ to enjoy various foods.

Words once upon a time 옛날에 in the middle of ~의 한가운데 gather together 함께 모이다 at noon 정오에
        take turns + ~ing 교대로 ~을 하다 various 다양한

1. 괄호 안에 알맞은 단어를 순서대로 고르시오.

   (A) every – every   (B) every – all
   (C) all – every   (D) all – all

2. 빈칸 (1), (2)에 알맞은 단어를 순서대로 고르시오.

   (A) different – ability   (B) differ – able
   (C) differ – ability   (D) different – able

C 다음 글을 읽고 물음에 답하시오.

Sunshine sprinkled the grass. Three children played hide-and-seek in a park. Jisun and Soyun were hiding from Karen. "Twenty-eight, twenty-nine… thirty. Ready or (1) _____, here I come," shouted Karen. Karen started running all over the park. She looked behind the slide. But she did (2) _____ see Jisun and Soyun. Karen spotted the big pine tree in the middle of the park. She ran to the tree. She stood on one side of the tree. Jisun and Soyun stood on the other side of the tree. They held their breath. Karen looked around. But she saw (3) _____ of them.

Words sprinkle 흩뿌리다   play hide-and-seek 숨바꼭질하다   shout 외치다   slide 미끄럼틀   pine tree 소나무   look around 주위를 살펴보다

1. 빈칸 (1), (2)에 알맞은 표현을 순서대로 고르시오.

(A) not – no   (B) not – not

(C) no – not   (D) no – no

2. 윗글에 따르면 누가 술래인지 쓰시오.

_____

3. 빈칸 (3)에 알맞은 표현을 고르시오.

(A) not   (B) no

(C) none   (D) never

4. 지선이와 소윤이가 어디에 숨어 있는지 본문을 참조하여 영어로 쓰시오.

_____

Unit **14**

부사

1 부사의 형태

Checkpoint

I got up early in the morning. (부사)
I am an early riser. (형용사)

나는 아침 일찍 일어났다. | 나는 일찍 일어나는 사람이다.

• 부사는 시간, 장소, 방법 등을 나타내는 단어이며, 문장을 이루는 필수 성분은 아니다.

1 형용사 + -ly = 부사: 형용사에 -ly를 붙여 만든 부사들로, 우리말 '~게'와 비슷하다.

bad 나쁜 → badly 나쁘게   clear 분명한 → clearly 분명히

easy 쉬운 → easily 쉽게   sad 슬픈 → sadly 슬프게

quick 빠른 → quickly 빨리   She was quick. (형용사) 그녀는 빨랐다.

She walked quickly. (부사) 그녀는 빨리 걸었다.

slow 늦은 → slowly 늦게/천천히   She was slow. (형용사) 그녀는 느렸다.

She talked slowly. (부사) 그녀는 천천히 말했다.

2 -ly가 붙어 있지 않은 부사들: 형용사를 부사로 바꾸어 쓴 것이 아니고, 처음부터 부사로 태어난 것들이다.

I'll call you tomorrow. 내일 전화할게.

I'll be there. 거기에 갈게.

He speaks English well. 그는 영어를 잘한다.

It's very cold today. 오늘은 아주 춥다.

❶ 어떤 부사들은 명사 등 다른 품사로도 쓰일 수 있다는 점에 주의하자.
  Tomorrow is my birthday. (이때 Tomorrow는 명사로 주어 자리에 쓰였다) 내일은 내 생일이다.

3 형용사와 부사의 형태가 같은 부사들

fast (형용사) 빠른 → fast (부사) 빨리 (fastly라는 부사는 없음)

late (형용사) 늦은 → late (부사) 늦게 (lately는 '최근에'라는 의미)

hard (형용사) 딱딱한/어려운 → hard (부사) 열심히 (hardly는 '거의 ~하지 않는'의 의미)

early (형용사) 일찍 → early (부사) 이르게

daily (형용사) 매일의 → daily (부사) 매일

He is a fast runner. (형용사) 그는 빨리 달린다.
He is running fast. (부사) 그는 빠르게 달리고 있다.

Exercises

A 괄호 안에서 알맞은 것을 고르시오.

1. She listened (careful / carefully).
2. (Luckily / Lucky), the accident didn't happen to me.
3. I spoke (clear / clearly).
4. You can (easy / easily) play this game.
5. "I don't know," she said (sad / sadly).

B 다음 문장에서 틀린 부분을 찾아 바르게 고치시오.

1. A big dog justly ran past me.
2. Hurry up, or you'll be lately for school.
3. I watered the thirsty plant careful.
4. Actual, I like basketball a lot.
5. I quick turned on the faucet.
6. Things are going very good.
7. He behaves bad.
8. I exercise day.
9. I'm deep sorry.
10. I had a well time at the party.

C 다음 문장에서 틀린 부분을 찾아 바르게 고치시오.

1. I drove too fastly.
2. He studied hardly but failed the exam.
3. We patient waited for him.
4. I walked quick to catch the bus.
5. She eats too slow.

2 부사의 역할

Checkpoint

The blue team beat the white team easily.
I got home so early today.

청군이 백군을 쉽게 이겼다. │ 나는 오늘 아주 일찍 집에 왔다.

• 부사는 동사나 형용사의 의미를 더해 준다. 하지만 형용사처럼 명사를 꾸미지 못한다.

1 형용사 앞에서 형용사를 꾸며준다.

Jason is kind. (형용사) 제이슨은 친절하다.

He is so kind. (부사 so가 kind 꾸밈: 형용사 의미의 강화) 그는 아주 친절하다.

Korea has a very long history. (부사 + 형용사 + 명사) 한국은 아주 긴 역사를 가지고 있다.

Korea has a very history. (X) (부사가 명사를 직접 꾸밀 수 없다)

2 부사 앞에서 부사를 꾸며준다.

He did it very well. (very가 well을 꾸며준다) 그는 아주 잘했다.

She worked so hard. (so가 hard를 꾸며준다) 그녀는 아주 열심히 일했다.

She ate too slowly. (too가 slowly를 꾸며준다) 그녀는 너무 천천히 먹었다.

I got home early so today. (X) (부사 + 형용사의 어순으로 쓰일 수 없다)

3 동사 앞이나 뒤에서 동사를 꾸며준다.

He walked slowly . 그는 천천히 걸었다.

(그는 걸었다 → 어떻게? → 천천히)

She quickly read the book. 그녀는 그 책을 빨리 읽었다.

= She read the book quickly .

She quick read the book. (X) (형용사가 동사를 꾸밀 수 없다)

Drive carefully ! 조심해서 운전해!

Reading Point

꾸밈을 받는 단어들이 형용사/부사/동사 중 어느 것들인지 보면서 다음 글을 읽어 보자.

Hayoung and her family *finally* got to the beach. The sun was *almost* overhead. She was *just* ready to play on the sand.

하영이와 그녀의 가족들은 드디어 해변에 도착했다. 해가 벌써 중천에 떠 있었다. 그녀는 모래사장에서 놀 준비가 막 되어 있었다.

Exercises

A 괄호 안에서 알맞은 것을 고르시오.

1. There is a (very big / big very) house.

2. I will work (hard / hardly).

3. He walked (fast / fastly) to the door.

4. We (real / really) missed each other.

5. He sat there for (exact / exactly) two hours.

6. My old computer is (extreme / extremely) slow.

7. It is snowing (heavy / heavily).

B 다음 문장에서 틀린 부분을 찾아 바르게 고치시오.

1. Jaehoon is a carefully worker.

2. I sudden felt very cold.

3. This MP3 player doesn't work very good.

4. Lucky, I had some money.

5. We arrived safe.

6. Sarah speaks English very good.

7. I missed the bus, so I was lately for class.

8. She got highly marks in math.

9. Being a well student is simple.

10. We walked quiet.

C 주어진 표현을 이용하여 다음을 영작하시오.

1. 나는 매일 아침 점심 도시락을 싼다. (점심 도시락을 싸다 = pack one's lunch)

2. 우리는 그 학교 바로 곁에 살고 있다. (바로 곁에 = right near)

3. 나의 부모님은 아침 일찍 일어나신다. (일어나다 = get up)

4. 나 금방 돌아올게. (돌아오다 = be back / 금방 = right)

5. 그녀는 부엌으로 조심스럽게 걸어갔다. (~로 걸어가다 = walk to)

Review Test

A 짝을 이루는 단어가 부사 또는 형용사 중 무엇으로 쓰였는지 쓰시오.

1. A: .... Our news is updated twice <u>daily</u>.

   B: .... Studying is part of my <u>daily</u> life.

2. A: .... He is a <u>fast</u> swimmer.

   B: .... Good swimmers swim <u>fast</u>.

3. A: .... He worked <u>late</u> at night.

   B: .... He is always <u>late</u>.

4. A: .... We climbed a <u>high</u> mountain.

   B: .... The airplane is flying <u>high</u>.

5. A: .... He came <u>early</u>.

   B: .... Disney's <u>early</u> movies are great.

6. A: .... He worked <u>hard</u>.

   B: .... It was <u>hard</u> for me.

7. A: .... This is a <u>weekly</u> newspaper.

   B: .... He comes <u>weekly</u>.

B 괄호 안에서 알맞은 것을 고르시오.

1. He will (probable / probably) walk home.

2. Mom (usual / usually) has her morning coffee.

3. "How are you, Janet?" she said (sweet / sweetly).

4. She kept (quiet / quietly).

5. Janet (quick / quickly) said, "I know!"

6. (Happy / Happliy), she got a prize.

C 다음 문장에서 틀린 부분을 찾아 바르게 고치시오.

1. We walked slow. ....

2. The farm was large and beautifully. ....

3. Breakfast is readily. ....

4. Something was wrongly with my e-mail. ....

5. It was a badly day. ....

6. Can you speak clear? ....

7. He paints the picture beautiful. ....

D 주어진 표현을 이용하여 다음을 영작하시오.

1. 나의 아버지는 열심히 일하신다. (열심히 = hard)

....

2. 나는 그것을 즉시 알아차렸다. (~을 알아차리다 = notice)

....

3. 너는 신문을 매일 읽니?

....

4. 그는 주의 깊게 들었다. (듣다 = listen)

....

5. 그녀는 조용히 집으로 왔다. (조용히 = quietly)

....

Reading Exercises

A 다음 글을 읽고 물음에 답하시오.

"Hi, Junhee!" Sehun's mom called. "We will be (1) _____ to eat very soon. Go ahead and wash your hands."

"Yes, ma'am." Junhee replied (2) _____.

Words **go ahead** 자, 어서   **reply** 대답하다

1. 빈칸 (1), (2)에 알맞은 단어를 순서대로 고르시오.

   (A) readily – politely   (B) readily – polite

   (C) ready – polite   (D) ready – politely

2. 위 내용으로 보면 무슨 시간이 되었음을 알 수 있는가?

   (A) 식사 시간   (B) 공부할 시간

   (C) 놀 시간   (D) 학교 갈 시간

B 다음 어머니와 딸의 대화를 읽고 물음에 답하시오.

"I'm sorry, Hanul," said Mom. She sat next to her daughter's bed. "I think your cold is really bad. You can't go to the birthday party today."

"But Mom," said Hanul, "My throat is not too (1) _____."

"I want you to be a lot better before you go out anywhere," said Mom. "Until then, you need to stay home."

Hanul's throat felt tight, and tears came to her eyes. It wasn't fair. She had waited so (2) _____ for Hwayoung's birthday to come, and now she was going to miss it!

Words **throat** 목구멍   **sore** 아픈

1. 위 대화 내용으로 볼 때 하늘이의 기분은 어떠한가?

   (A) 기쁨으로 가득찬 기분   (B) 너무나 서운한 기분

   (C) 희망이 넘치는 기분   (D) 느낌이 없음

2. 빈칸 (1), (2)에 알맞은 단어를 순서대로 고르시오.

   (A) sore – long   (B) sorely – long

   (C) sore – longly   (D) sorely – longly

C 다음 글을 읽고 물음에 답하시오.

> Dear Daddy,
>
> I am <u>so</u> <u>happy</u> to be <u>here</u>. Thank you for sending me here.
> It is an <u>amazing</u> place. My room is <u>high</u> in a tower.
> There are <u>two</u> girls here with me. One is Sallie McBride. She has <u>red</u> hair. The other
> is Julia Rutledge Pendleton. Her parents are <u>really</u> <u>wealthy</u>.

Words amazing 놀라운   wealthy 부유한

1. 밑줄 친 단어들은 형용사 또는 부사이다. 형용사와 부사를 구분하시오.

   형용사 : _____

   부　사 : _____

2. 윗글에 따르면 "I"는 두 명의 룸메이트가 있다. 부유한 가정 출신의 룸메이트는 누구인가?

   _____

Level Up　good과 well

많은 사람들이 good과 well을 혼동해서 쓰는 경우가 있는데, good은 형용사이고, well은 부사/형용사로 쓰인다.
I had a goot time. (O)
I had a well time. (X)
This car looks good. (O)
This car looks well. (X)

하지만 때로는 good과 well이 같은 자리에 쓰이기도 한다.
How are you?　-　I'm good today.
　　　　　　　　I'm well today.(이때 well은 형용사로 healthy의 의미)
How is she? - She looks well.(well=healthy)

Unit 15

비교급과 최상급

1 비교급의 형태

English is easier than Chinese.
Sora can run more quickly than Soyoung.

영어는 중국어보다 쉽다. │ 소라는 소영이보다 더 빨리 달릴 수 있다.

• 형용사와 부사는 비교급과 최상급의 형태로 명사를 수식할 수 있다.

1 『형용사 + er』

a. 1음절 형용사에는 er을 붙여서 비교급을 만든다.

old 늙은/오래된 → older 더 늙은 / 더 오래된   young 젊은 → younger 더 젊은

cheap 값이 싼 → cheaper 더 싼

b. 자음 + y로 끝나는 형용사는 y를 빼고 ier을 붙인다.

heavy 무거운 → heavier 더 무거운   easy 쉬운 → easier 더 쉬운

pretty 예쁜 → prettier 더 예쁜   happy 행복한 → happier 더 행복한

c. 단모음 + 자음으로 끝나는 형용사는 끝자음 두 개를 겹쳐서 쓰고 er을 붙인다.

big 큰 → bigger 더 큰   hot 뜨거운 → hotter 더 뜨거운

fat 살찐 → fatter 더 살찐   thin 얇은/마른 → thinner 더 얇은 / 더 마른

2 『more + 형용사/부사』

a. 2음절 이상되는 형용사와 -ful로 끝나는 형용사는 more를 붙여서 비교급을 만든다.

expensive 비싼 → more expensive 더 비싼   difficult 어려운 → more difficult 더 어려운

b. -ful/-ish/-ous/-ed/-ing로 끝나는 형용사와 -ly로 끝나는 부사에도 more를 붙인다.

careful 조심하는 → more careful 더 조심하는   famous 유명한 → more famous 더 유명한

tired 피곤한 → more tired 더 피곤한   exciting 재미있는 → more exciting 더 재미있는

safely 안전하게 → more safely 더 안전하게

interesting 흥미로운 → more interesting 더 흥미로운

3 단어 자체의 변화

good (형용사) 좋은 / well (부사) 잘 → better 더 좋은 / 더 잘하는

many 수가 많은 / much 양이 많은 → more 더 많은

bad 나쁜 → worse 더 나쁜

Exercises

A 다음 주어진 단어의 비교급을 쓰시오.

1. new → ....   2. old → ....

3. cold → ....   4. warm → ....

5. light → ....   6. heavy → ....

7. fast → ....   8. slowly → ....

9. slow → ....   10. beautiful → ....

11. difficult → ....   12. easy → ....

13. easily → ....   14. excited → ....

15. interesting → ....   16. bad → ....

17. good / well → ....   18. many / much → ....

19. cheap → ....   20. careful → ....

B 다음 문장에서 틀린 부분을 찾아 바르게 고치시오.

1. Machines make work more easier. ....

2. There are two DVDs. Which one is more cheaper? ....

3. He probably has a more nicer car. ....

4. My dog is more smart than yours. ....

5. Perhaps golf is boringer. ....

6. Love is more strong than death. ....

7. Gold is expensiver than silver. ....

8. My pencil is more long than yours. ....

9. August is more hot than July. ....

10. Spam mail is getting more worse. ....

C 주어진 표현을 이용하여 다음을 영작하시오.

1. 나의 영어가 점점 좋아지고 있어요. (점점 더 ~하다 = be getting + 비교급)

....

2. 나는 다음에는 더 조심할거야. (조심스러운 = careful)

....

3. 축구가 야구보다 더 재미있다. (재미있는 = exciting)

....

2 비교급 1

Checkpoint

A turtle is slower than a rabbit is.
A rabbit is faster than him.

거북이는 토끼보다 느리다. | 토끼는 그보다 빠르다.

---

1 『비교급 + than + noun / S + V』: 비교급은 비교급 뒤에 than(~보다)과 같이 쓰는 것이 일반적이다. than 뒤에는 『S + V』나 『명사』를 쓴다.

Namsoo is tall. (180cm) 남수는 키가 크다. + Sooyoung is tall. (170cm) 수영이도 키가 크다.

→ Namsoo is taller than Sooyoung (is tall).
남수는 수영이보다 크다. (is tall은 앞과 반복되므로 생략해준다)

Sue drives more safely than Namsoo does. (일반동사는 do동사로 받는다; 일반동사 drives는 뒤에서 does)
수는 남수보다 안전하게 운전한다.

Sue has more homework than Sally does. 수는 샐리보다 숙제가 더 많다.

2 **than 다음의 인칭대명사** : 주어와 주어를 비교할 때 주격과 목적격 모두 쓸 수 있다.

She is older than he is. 그녀는 그보다 나이가 많다.
= She is older than him. (비격식체에서는 주격보다 목적격을 더 많이 쓴다)

🔴 목적어가 있을 때는 he와 him의 의미가 다르다.
She likes her dog more than him. 그녀는 그보다 개를 더 좋아한다.
= She likes her dog more than (she likes) him. (비교대상: 그와 개)

Reading Point

비교대상이 때로는 같은 문장에 나오지 않고 이전 문장에 올 수도 있다.

A long time ago, most people didn't know much about the world. Travel was much *slower than* it is *today*.

옛날에, 대부분의 사람들은 세상에 대하여 많이 알지 못했다. 여행은 오늘날에 비해서 훨씬 느렸다. (옛날과 오늘날의 비교)

Exercises

A 괄호 안의 단어를 비교급으로 고치시오.

1. Hansoo is [_____] than me. (old)
2. My book is [_____] than yours. (new)
3. She drives [_____] than he does. (safely)
4. She has [_____] money than he does. (much)
5. You should work [_____]. (hard)
6. Kelsey's eyes got [_____]. (big)
7. There are [_____] people than I thought. (many)
8. A slow driver is a [_____] driver. (good)
9. Soccer is [_____] than American football. (exciting)
10. Thinking is [_____] than knowing. (interesting)

B (A)와 (B) 두 문장을 한 문장으로 만드시오. (B의 주어를 전체의 주어로)

1. A: Jordan is tall.   B: Daniel is a little bit taller.
   Daniel is a little bit taller than Jordan.
   ----

2. A: Suzie drives fast.   B: Dan drives faster.
   ----

3. A: I eat slowly.   B: My sister eats more slowly.
   ----

4. A: She speaks English well.   B: He speaks English better.
   ----

5. A: A flower is pretty.   B: She is prettier.

C 주어진 표현을 이용하여 다음을 영작하시오.

1. 너는 더 열심히 공부해야 된다. (열심히 = hard)
   ----

2. 나는 기분이 지금 좀 더 나아졌어. (좀 더 나은 = better)
   ----

3. 그는 나보다 더 열심히 연습한다. (연습하다 = practice)
   ----

3 비교급 2

Checkpoint

This book is much heavier.
My shoes are a lot bigger than yours.

이 책은 훨씬 무겁다. | 내 신발은 네 것보다 훨씬 크다.

1 비교급의 강조: much / a lot / a bit 등을 비교급 앞에 써서 비교급을 강조할 수 있다.

This room is much bigger than that (room). 이 방이 저 방보다 훨씬 크다.
His camera is a lot better than mine. 그의 카메라가 내 것보다 훨씬 더 좋다.
Your cell phone is a bit more expensive than mine. 네 휴대폰은 내 것보다 좀 더 비싸다.

This question is much easy to answer. (X) (much가 비교급이 아닌 형용사를 꾸밀 수 없다)
→ This question is much easier to answer. (O) 이 문제는 답하기가 훨씬 쉽다.

2 비교급 형태를 가진 표현들

a. more than : '~이상' / less than : '~이하'

He paid more than 50,000 won for the cell phone. 그는 그 휴대폰에 5만원 이상을 지불했다.
A: How long did it take to get there? 거기 가는 데 얼마나 오래 걸려요?
B: Less than an hour. 한 시간 이내요.

➕ 「more than + 형용사」 = '(형용사) 그 이상인'
You are more than welcome. 너는 환영 그 이상이다.
I'd be more than glad to be there. 그곳에 가면 너무나 기쁠 거야.

b. no longer = not any more : '더 이상 ~이 아닌'

I am no longer alone. = I am not alone any more. 난 더 이상 혼자가 아니야.

c. more or less : '어느 정도' / '대개'

Dan is more or less correct. 댄은 어느 정도는 옳다.

Reading Point

비교급은 than과 같이 쓰이기도 하지만 없이도 쓰인다. 다음 지문을 통해 다양한 구문을 익혀두자.

Blue whales are *much bigger than* whale sharks. And they are *much heavier*. They are about 80 feet in length and over 250,000 pounds in weight.
흰긴수염고래는 고래상어보다 훨씬 크다. 그리고 그들은 훨씬 무겁다. 그들은 길이가 80피트이며 몸무게는 25만 파운드 넘게 나간다.

Exercises

A 두 문장을 much 또는 a bit을 넣어 한 문장으로 만드시오.

1. My bag is 15kg. Your bag is 5kg.
   My bag is much heavier than your bag.

2. Soojung is 20 years old. Her sister is 10 years old.
   Soojung

3. Boyoung is 20 years old. Her cousin is 19 1/2 years old.
   Boyoung

4. I was sick yesterday. Now I'm good.
   I

5. It's not usually quiet. It's quiet here today.
   It's

B 보기의 영어를 사용하여 문장을 완성하시오.

more than	less than	no longer	any more

1. A: How long will you be gone?
   B: Not too long. Maybe ⸤＿＿＿＿＿＿⸥ a week.

2. A: He doesn't work here.
   B: You mean he won't be here ⸤＿＿＿＿＿＿⸥?

3. A: Did you pay a lot for the game?
   B: Yes, I did. I paid ⸤＿＿＿＿＿＿⸥ 500 dollars.

4. A: Is Pluto still a planet?
   B: No, it is ⸤＿＿＿＿＿＿⸥ a planet.

5. A: Oh, boy! Is this website ⸤＿＿＿＿＿＿⸥ available?
   B: Yes, it's closed.

C 주어진 표현을 이용하여 다음을 영작하시오.

1. 결과가 기대했던 것보다 훨씬 좋네요. (훨씬 좋은 = much better / 기대보다 = than expected)

2. 나는 너를 돕게 되면 너무 행복할 거야. (너무 행복한 = more than happy)

3. 나는 더 이상 내 TV를 원하지 않는다. (더 이상 ~하지 않는 = not any more)

4 as ~ as

Checkpoint

Soojin is as tall as Kiwon.

Soojin is not as tall as Kiwon.

수진이는 기원이만큼 키가 크다. | 수진이는 기원이만큼 키가 크지 않다.

• 동일한 정도를 비교할 때는 as ~ as를 사용한다.

1 『as + (형용사) + as ~』 또는 『as + (부사) + as ~』: '~처럼/같이 …한'의 의미로 쓴다.

Jinsoo is 16. + Mijin is 16. → Jinsoo is as old as Mijin (is). 진수는 미진이와 나이가 같다.

Jinsoo is as taller as Mijin (is). (X) (as ~ as 사이에 비교급을 쓸 수 없다)

Yumi eats slowly. + Susan eats slowly, too. → Susan eats as slowly as Yumi (does).
(일반동사 eats는 뒤에서 does) 수잔은 유미만큼 느리게 먹는다.

Mijin can run as fast as Jinsoo (can). (fast = 부사) 미진이는 진수만큼 빨리 달릴 수 있다.

She is as funny as he is / him. (as 다음에 주격(he)과 목적격(him) 모두 가능하다)
그녀는 그보다 웃긴다.

She is as funny than he (is). (X) (as 다음에는 as를 써야 한다)

2 as ~ as 부정: 『not + as ~ as』 또는 『not + so ~ as』로 쓴다.

He is not as old as she (is). = He is not so old as she (is). 그는 그녀만큼 나이 들지 않았다.

I don't have as much money as you (do). 나는 너만큼 많은 돈을 가지고 있지 않다.

Minsoo is not as tall as Jongho. 민수는 종호보다 키가 크지 않다.

Reading Point

「not + as ~ as」는 '~처럼 …하지 않는'의 의미이다. 자주 쓰이므로 문장을 통해 감각을 익혀보자.

Nahyun thought she could play tennis well. But it was *not as easy as* she had expected. She found out that it would take time.

나현이는 테니스를 잘 칠 수 있을 것이라고 생각했다. 그러나 그녀가 기대했던 것만큼 쉽지 않았다. 그녀는 시간이 걸린다는 것을 알았다.

Exercises

A 빈칸에 **than** 또는 **as**를 넣어 문장을 완성하시오.

1. Kevin is older [＿＿＿＿] Miyoung.
2. Charles is as old [＿＿＿＿] Miyoung.
3. She is as kind [＿＿＿＿] he is.
4. Molly is prettier [＿＿＿＿] Sue.
5. Seoul is as big [＿＿＿＿] Tokyo.
6. Summer days are longer [＿＿＿＿] winter days.

B as ~ as 또는 not as (so) ~ as를 이용하여 문장을 완성하시오.

1. I'm 17. She is 17.
   I'm as old as she is.

2. She can run fast. He can run fast, too.
   She

3. Jongsoo is 160cm. Hamin is 170cm. [not as(so) ~ as 이용]
   Jongsoo

4. He has 1,000 dollars. She has 500 dollars. [not as(so) ~ as 이용]
   She

5. He has a lot of time. She also has a lot of time.
   She

6. This bag is 10kg. That bag is 20kg. [not as(so) ~ as 이용]
   This bag

7. Harry reads many books. Soyoung reads many books, too.
   Soyoung

8. My father is kind. My mother is kind, too.
   My mother

Level Up

1. '~만큼 많이'의 표현 : 『as much(불가산) as ~ / as many(가산) as ~』

   You can eat as much as you like. 너는 원하는 만큼 많이 먹어도 된다.
   Canada has as much water as China. (셀 수 없는 명사) 캐나다에는 중국만큼이나 많은 물이 있다.
   I have as many books as you. (셀 수 있는 명사) 나는 너만큼 많은 책을 가지고 있다.

2. '~와 같다'의 표현 : 『the same + 명사 + as』

   She is the same age as I am. 그녀는 나하고 같은 나이이다.
   Read the same book as your children! 당신의 자녀와 같은 책을 읽어라!

5 최상급 1

Checkpoint

Jiwon is the smartest boy in class.
Gahyun is the most beautiful baby I've ever seen.

지원이는 반에서 가장 영리한 소년이다. │ 가현이는 내가 본 아기 중 가장 아름다운 아기이다.

- 형용사와 부사는 최상급으로도 쓰인다. 최상급은 형용사/부사에 -est나 most를 붙여 만든다.

1 최상급은 『the + 형용사 + est』 또는 『the most + 형용사/부사』의 형태로 만든다.

strong 강한 → stronger 더 강한 → the strongest 가장 강한

long 긴 → longer 더 긴 → the longest 가장 긴

new 새로운 → newer 더 새로운 → the newest 최신의

interesting 흥미로운 → more interesting 더 흥미로운 → the most interesting 가장 흥미로운

famous 유명한 → more famous 더 유명한 → the most famous 가장 유명한

expensive 비싼 → more expensive 더 비싼 → the most expensive 가장 비싼

beautiful 아름다운 → more beautiful 더 아름다운 → the most beautiful 가장 아름다운

➕ -ly로 끝나는 부사에도 more/most를 붙인다.
easily 쉽게 → more easily 더 쉽게 → the most easily (부사) 가장 쉽게
easy 쉬운 → easier 더 쉬운 → the easiest (형용사) 가장 쉬운
safely 안전하게 → more safely 더 안전하게 → the most safely (부사) 가장 안전하게
safe 안전한 → safer 더 안전한 → the safest (형용사) 가장 안전한

2 셋 이상을 비교할 때 최상급을, 둘을 비교할 때는 비교급을 쓴다.

Anne is the tallest girl in her class. (학급에 세 명 이상이 있음) = Anne is the tallest in her class. (the tallest girl = the tallest) (최상급 다음 명사가 주어와 같을 때 생략 가능하다) 앤은 학급에서 가장 큰 아이다.

Sean is the most famous person in the world. 션은 세계에서 가장 유명한 사람이다.

Anne is taller than Susan. (앤과 수잔 둘만 비교) 앤은 수잔보다 크다.

Sean is more famous than James. (션과 제임스 둘을 비교) 션은 제임스보다 더 유명하다.

He is <u>oldest son</u>. (X) (the가 없으면 안 된다) 그는 맏아들이다.

He is the <u>most oldest</u> son. (X) (most와 -est 최상급이 겹치면 안 된다)

Exercises

A 주어진 단어를 'the + 최상급'의 형태로 쓰시오.

1. old   →   _the oldest_
2. new   →
3. big   →
4. cheap   →
5. good   →
6. well   →
7. easy   →
8. bad   →
9. hot   →
10. small   →
11. short   →
12. heavy   →
13. easily   →
14. safely   →
15. pretty   →
16. safe   →
17. young   →
18. old   →
19. expensive   →
20. careful   →
21. interesting   →
22. beautiful   →
23. nice   →
24. powerful   →
25. fast   →
26. strong   →

B 다음 문장에서 틀린 부분을 찾아 바르게 고치시오.

1. This is most beautiful flower.
2. That is most expensive car.
3. Seoul is the most biggest city in Korea.
4. This is most delicious apple.
5. Our team is the most best in the world.
6. I found the most easiest way to get there.
7. He is the most old child.
8. She was the most tall girl in her class.

C 주어진 표현을 이용하여 다음을 영작하시오.

1. 그녀는 세계에서 가장 유명한 가수이다. (세계에서 = in the world)

2. 나는 가장 저렴한 차를 가지고 있다. (저렴한 = cheap)

3. 이번 여름이 가장 덥다. (이번 여름 = this summer)

6 최상급 2

Checkpoint

Read at least two books a month!
You should do your best.

한 달에 적어도 두 권의 책을 읽어라! │ 너는 최선을 다해야 한다.

1 최상급 의미를 가진 비교급 : 『비교급 + than any other + 단수명사』

Seoul is bigger than any other city in Korea. 서울은 한국의 어느 도시보다 크다.

= Seoul is the biggest city in Korea. 서울은 한국에서 가장 큰 도시이다.

= No city in Korea is bigger than Seoul. 한국에서 어느 도시도 서울보다 크지 않다.

2 『최상급 + ~ever....』: '~을 경험한 것 중에서 최고이다'

This is the most delicious food I've ever had. 이것은 내가 먹어본 것 중에서 최고로 맛있다.

What is the most interesting movie you've ever seen? 네가 봤던 영화 중에 제일 재미있는 영화는 뭐니?

3 최상급의 형태를 가진 일반표현들

a. at least : '(보통 숫자 앞에서) 적어도 / 어쨌든'

It will take at least two hours to get there. 거기에 도착하는 데 적어도 2시간은 걸려요.

b. at best / at (the) most : '기껏해야 / 고작 / 잘해봐야'

It takes five minutes at best. 기껏해야 5분 걸린다.

A cup of coffee costs $2.00 at most. 커피 한 잔은 잘해봐야 2달러이다.

c. at last : '드디어 / 마침내'

At last, I've finished my homework! 드디어 숙제를 마쳤다!

d. do one's best : '최선을 다하다'

I promise that I will do my best. 나는 최선을 다할 것을 약속합니다.

Reading Point

최상급의 모양은 가졌지만 최상급이 아닌 일반표현들이 많이 있다. 의미를 정확히 파악하여 사용하자.

It was a hot day. The sun warmed Soyoung's face. She dug in the sand. *At last* she had six clams.
뜨거운 날이었다. 태양이 소영이의 얼굴을 뜨겁게 했다. 그녀는 모래를 팠다. 드디어 그녀는 대합 6마리를 잡았다.

Exercises

A 괄호 안에서 알맞은 것을 고르시오.

1. My party will be big. I will invite (at least / at best) 100 friends.

2. My party won't be big. I will invite (at least / at best) three friends.

3. I looked for it all over my room. (At last / At best) I found it.

4. He will do (his best / at least).

5. It took me five minutes (do my best / at the most).

B 아래 문장을 다른 형태의 문장으로 바꾸어 쓰시오.

1. The Nile River is longer than any other river in the world.
   - → The Nile River is the longest river in the world.
   - → No river in the world is longer than the Nile River.

2. His school is bigger than any other school in this city.
   - → ....
   - → ....

3. Korea is better than any other country.
   - → ....
   - → ....

4. This cell phone is more expensive than any other cell phone.
   - → ....
   - → ....

C 주어진 표현을 이용하여 다음을 영작하시오.

1. 나는 드디어 숙제를 끝마쳤다. (~를 끝마치다 = finish)

   ....

2. 나는 기껏해야 5달러를 썼다. (~을 쓰다 = spend)

   ....

3. Julie는 최선을 다할 것이다. (최선을 다하다 = do one's best)

   ....

4. 이것은 적어도 50달러는 하죠. (비용이 들다 = cost)

   ....

Review Test

A 괄호 안에서 알맞은 것을 고르시오.

1. Namsoo is taller (as / than) Sumin.
2. Sumin is as old (as / than) Namsoo.
3. Sumin is as (tall / taller) as Namsoo.
4. She has more books (as / than) he does.
5. This problem is easier (as / than) that one.

B 괄호 안에서 알맞은 것을 고르시오.

1. Namsoo is (a / the) tallest in his class.
2. He is (a / the) oldest son.
3. His car is the (more / most) expensive in town.
4. Soccer is one of the (most interesting / interestest) sports.
5. This is the (easiest / most easy) way to learn English.

C 다음 밑줄 친 부분을 바르게 고치시오.

1. Junho is <u>oldest boy</u> in his class.
2. Hosung is <u>the most fast runner</u> in town.
3. She solved one of <u>the difficultest problems</u>.
4. Taehoon is <u>the most strong man</u> in school.
5. He is <u>the powerfulest</u> in town.
6. Incheon Bridge is <u>the most long</u> in Korea.
7. Michael is one of <u>the famousest singers</u> in the world.
8. The doctor can <u>most safeliest</u> treat you.
9. The coffeehouse is <u>the most new</u> in town.
10. New York is <u>the expensivest city</u> in the USA.

D 다음 문장에서 틀린 부분을 찾아 바르게 고치시오.

1. It's not as easier as it looks.

2. The sky is the same color than the sea.

3. Joan is the most good writer in her class.

------

4. Lauren is much tall than Soyeon.

------

5. It was the hotest summer.

------

6. John is the most nicest person in the city.

------

7. You should read carefullier.

------

8. This might be cheapest watch in the store.

E 주어진 표현을 이용하여 다음을 영작하시오.

1. 어느 누구도 스미스씨만큼 똑똑하지는 않다. (똑똑한 = smart)

------

2. 네 MP3 플레이어는 내 것보다 훨씬 좋다. (훨씬 좋은 = much better)

------

3. 그는 학교에서 가장 유명한 학생 중 하나이다. (가장 ~한 사람 중 하나 = one of the + 최상급)

------

4. 열 명 이상의 친구들이 내 파티에 왔다. (~에 오다 = come to ~)

------

5. 나는 더이상 학생이 아니다. (더이상 ~이 아닌 = no longer)

Reading Exercises

A 다음 글을 읽고 물음에 답하시오.

Sometime later, the old lady became very sick. Many people said she could not live. She needed a lot of care. Karen was the _____ person to do this. She took good care of her for a while. One day, she received an invitation to a ball. "A ball!" thought Karen. "I would love to go." But then she thought of the old lady. "I must stay here."

Words ball 무도회   take care of ~을 돌보다   invitation 초대   for a while 잠시 동안

1. 빈칸에 good의 최상급을 써서 문장을 완성하시오.

   _____

2. 카렌의 마음 상태는 어떤가?
   (A) 아픈 상태   (B) 신나는 상태
   (C) 갈등되는 상태   (D) 지루한 상태

B 다음 글을 읽고 물음에 답하시오.

On the first Wednesday of every month, the trustees of the John Grier Orphanage came to visit. (1) <u>Jerusha Abbot hated these days the most</u>. She was (2) <u>old orphan</u> in the home. She was responsible for cleaning rooms. She also had to clean every one of the ninety-seven orphans.

Words trustee 이사   hate 싫어하다   orphan 고아   responsible for ~에 책임있는

1. 밑줄 친 (1)의 문장을 최상급 표현에 주의하여 해석하시오.

   _____

2. 밑줄 친 (2)의 old orphan을 최상급으로 바꾸어 쓰시오.

   _____

C 다음 글을 읽고 물음에 답하시오.

We call camels "ships of the desert." <u>They</u> are _____ in the desert. <u>They</u> always overeat. Also, they stock extra food as fat in their humps. When there is no water, they start shedding pounds.

Words camel 낙타 desert 사막 overeat 과도하게 먹다 hump 낙타의 혹 shed 흘리다 / 내뿜다 pound 몸무게

Chapter 7
수식어의
세계

1. 밑줄 친 they가 공통으로 가리키는 명사를 빈칸에 쓰시오.

_____

2. 빈칸에 알맞은 최상급 표현을 고르시오.
   (A) most common
   (B) common most
   (C) the more common
   (D) the most common

D 다음 글을 읽고 물음에 답하시오.

We often call a rabbit a hare. But they are actually different. _____ to tell a rabbit from a hare is to see its babies. Baby rabbits are born hairless. They are blind and helpless. But baby hares wear furry coats. Also, they can hop soon after birth.

Words rabbit 집토끼 hare 산토끼 furry 털이 있는 tell A from B A와 B를 구분하다 soon after ~직후에 helpless 무력한

1. 빈칸에 알맞은 최상급 표현을 고르시오.
   (A) The easiest way
   (B) The way easier
   (C) Easiest way
   (D) The most easy way

2. 막 태어난 집토끼의 특징에 해당되지 않는 내용을 고르시오.
   (A) 털이 없다.
   (B) 앞을 못본다.
   (C) 무력하다.
   (D) 뛰어다닌다.

Hey, Mr. Grammar!

How does grammar help?

Grammar helps you write better.

Grammar is an important tool in reading.

Grammar makes your English more perfect!

Chapter **8**

대명사의 세계
Pronouns

대명사는 앞에 나온 명사의 반복을 피하기 위하여 명사를 대신해서 쓴다.
대명사에는 인칭대명사, 지시대명사, 부정대명사 등이 있다.

인칭대명사	I, we, you, he, she, it, they, my, me
지시대명사	this, that, these, those
부정대명사	one, ones, some, any, everybody, nobody, all, most, some

대명사 I

1 인칭대명사

I saw Hansu today.
He was walking down the street.
I said hello to him.

나는 오늘 한수를 봤다. | 그는 길을 따라 걸어 내려가고 있었다. | 나는 그에게 안녕이라고 인사했다.

- 인칭대명사는 같은 명사를 반복해서 사용하지 않기 위해 명사 대신 사용한다.

1 인칭대명사의 주격과 목적격

인칭 격	1인칭		2인칭		3인칭	
	단수	복수	단수	복수	단수	복수
주격	I	we	you	you	he / she / it	they
목적격	me	us	you	you	him / her / it	them

2 주격은 주어 자리에, 목적격은 목적어 자리(타동사 다음과 전치사 다음)에 쓴다.

Junho is a student. He was busy yesterday. 준호는 학생이다. 그는 어제 바빴다.
I waited for him. 나는 그를 기다렸다.
I met him. 나는 그를 만났다.
Him is busy. (X) (주어 자리에 목적격이 쓰일 수 없다)
I met he yesterday. (X) (목적어 자리에 주격을 쓸 수 없다)

3 they / them은 사람과 사물의 복수명사를 받을 때 쓴다.

Sue and Joe come from Florida. They are students. 수와 조는 플로리다 출신이다. 그들은 학생들이다.
I met them yesterday. 나는 어제 그들을 만났다.
I have many books. They are boring. 나는 책이 많다. 그 책들은 지루하다.

⚠ Sue and I come from Seoul. (I(나)가 다른 명사와 같이 쓰이면 I는 뒤에 쓴다) 수와 나는 서울 출신이다.
Sue and me come from Seoul. (X) (다른 명사와 같이 쓰일 때 주어 위치에 목적격을 쓰지 않도록 주의해야 한다)

4 It은 단수 사물을 가리킬 때 주어와 목적어 자리에서 쓴다.

Where is my pen? I used it yesterday. It was in my drawer a minute ago.
내 펜이 어디 있지? 나는 그것을 어제 사용했다. 그것은 몇 분 전에 내 서랍에 있었다.
I bought a book. It is a novel. 나는 책을 샀다. 그것은 소설이다.

Exercises

A   다음 문장에서 알맞은 것을 고르시오.

1. (I / Me) study English.
2. Ted and (she / her) are from Toronto.
3. I attended a class with Angela and (he / him).
4. Agnes had some apples. She gave (they / them) to me.
5. (They / them) go to college.
6. My mom is always busy. (She / her) can't take a break.
7. (We / Us) played tennis last weekend.
8. Our coach taught (we / us) an important lesson.
9. Pigs are farm animals. (They / It) are pink, brown, or black.
10. The moon shines at night. (You / It) is not always the same shape.

B   다음 밑줄 친 부분을 바르게 고치시오.

1. I read a comic book. <u>They were</u> exciting.
2. <u>My friend and me</u> watched TV last night.
3. I called him loudly. He heard <u>I</u>.
4. <u>She and him</u> went shopping yesterday.
5. <u>Her</u> always puts her bracelet on.
6. A kid is a baby goat. <u>They</u> is cute.
7. Jesse talked in class. <u>Him</u> annoyed others.
8. His teacher didn't tell <u>he</u> anything.
9. Many people exercise every day. <u>Them</u> are healthy.
10. I e-mailed <u>they</u> yesterday.

C   빈칸에 알맞은 인칭대명사를 넣어 문장을 완성하시오.

1. Linda is a mechanic. [   ] is repairing a car. Her father taught [   ] some skills. [   ] was a mechanic, too. [   ] are a mechanic family.
2. Carol is working in the bathroom. [   ] will use a drill to hang a towel bar.
3. Here come the Wilsons. [   ] are ready to see their new house.
4. You are late. [   ] have to run.
5. Children learn at school. [   ] go to school. Teachers teach [   ] many things.
6. Koalas live in trees. [   ] eat leaves.

2 소유격

Checkpoint

Connie has three cats. One of her cats ran out of the house.
A friend of hers caught the cat.

코니는 세 마리의 고양이가 있다. 그 중 한 마리가 집 밖으로 달려나갔다. │ 그녀의 친구 중 한 명이 그 고양이를 붙잡았다.

1 소유격과 소유대명사

인칭 격	1인칭		2인칭		3인칭	
	단수	복수	단수	복수	단수	복수
주격	I	we	you	you	he / she / it	they
소유격	my	our	your	your	his / her / its	their
소유대명사	mine	ours	yours	yours	his / hers / 없음	theirs

2 소유격은 뒤에 반드시 명사를 동반한다. 의미는 '~의'이다.

This is my book. 이것은 나의 책이다.

These are our books. 이것들은 우리의 책이다.

This is my. (X) (명사 없이 소유격 단독으로 쓰일 수 없다)

3 소유대명사는 명사를 동반하지 않고 단독으로 쓴다. 『소유격 + 명사』의 의미를 이미 포함하고 있다.

There is a book **on the table. That's** mine. (mine = my book)
테이블 위에 책 한 권이 있다. 저것은 나의 것(책)이다.

There are some books **on the table. Those are** mine. (mine = my books)
테이블 위에 책 몇 권이 있다. 저것들은 우리 것(책)이다.

There is a book **on the table.** 테이블 위에 책 한 권이 있다.

→ **Is it your book? 또는 Is it yours?** 너의 책이니?

→ **Is it his book? 또는 Is it his?** 그의 책이니?

→ **Is it her book? 또는 Is it hers?** 그녀의 책이니?

→ **Is it their book? 또는 Is it theirs?** 그들의 책이니?

This is mine book. **(X)** (소유대명사가 명사를 동반해서는 안 된다)

➕ a friend of + 소유대명사
Jack is a friend of mine. 잭은 내 친구 중 한 명이다.
Ann is a friend of hers. 앤은 그녀의 친구 중 한 명이다.

Exercises

A 다음 빈칸을 채워 보시오.

I	1. my	mine		It's my hat. It's mine.
We	2. _____	_____		
You	3. _____	_____		
He	4. _____	_____		
She	5. _____	_____		

Chapter 8
대명사의
세계

B 괄호 안에서 알맞은 것을 고르시오.

1. I got in (my / mine) car.
2. She has a good book, but (my / mine) is better.
3. Julie is a friend of (my / mine).
4. Jim is a friend of (him / his).
5. I attended a camp with a friend of (you / yours).
6. A: Is this your newspaper?
   B: Yes, that's (my / mine).
7. A: Blogs are popular. Do you have (your / yours) own blog?
   B: Yes, I do.

3 명사의 소유격 만들기

Checkpoint

Minsu is Sarah's friend.
She gave him her number.

민수는 세라의 친구다. | 그녀는 그에게 그녀의 전화번호를 알려 주었다.

1 단수명사의 소유격은 **'s**를 명사 뒤에 붙인다.

This is the boy's pencil. 이것은 그 소년의 연필이다.
This is the pencil of the boy. (X) (사람의 소유격은 of를 쓰지 않는다)
She bought her son's toy. 그녀는 아들의 장난감을 샀다.
My brother's bicycle is older than mine. 형의 자전거는 내 것보다 오래됐다.

2 **-s**로 끝나는 복수명사의 소유격은 apostrophe (**'**) 만 붙인다.

the boys → the boys' (O) / the boys's pencils. (X)
These are the boys' pencils. 이것들은 그 소년들의 연필들이다.
This is the boys' website. (여러 명이 한 개를 소유한 경우) 이것이 그 소년들의 웹사이트이다.
my brother's bicycle 내 형(한 명)의 자전거 → my brothers' bicycle 내 형들의 자전거

❶ s가 붙지 않은 복수명사에는 **'s**를 붙인다.
These are children's pencils. 이것들은 아이들의 연필들이다.
I got some people's e-mail addresses. 나는 몇몇 사람들의 이메일 주소를 가지고 있다.

3 **-s**로 끝나는 명사는 apostrophe (**'**)만 붙여도 되고, **s**를 더 붙여도 된다.

Thomas's book 또는 Thomas' book 토마스의 책
James's bicycle 또는 James' bicycle 제임스의 자전거

4 반복되는 명사는 명사의 소유격 뒤에서 생략할 수 있다.

Whose pencil is this? It's my friend's. (= my friend's pencil. pencil을 생략했다)
이것은 누구의 연필이니? 그것은 내 친구 거예요.
My brother's bicycle is older than my sister's.
내 형의 자전거는 내 누이의 자전거보다 오래됐다.

5 사물명사의 소유격은 **of**를 사용한다.

What's the name of the school? 그 학교 이름이 무엇이니?
All the doors of the house are locked. 그 집의 모든 문은 잠겨 있다.
The history of the Internet is not long. 인터넷의 역사는 길지 않다.

Exercises

A 다음 명사를 소유격으로 써서 두 단어를 연결하시오.

1. (my sister / books)   my sister's books
2. (Mijung / car)
3. (the building / address)
4. (young people / decision)
5. (this car / engine)
6. (Charles / computer)
7. (my best friends / graduation)
8. (the table / legs)
9. (this book / cover)
10. (the park / entrance)

B 주어진 명사로 소유격을 만들어 문장을 완성하시오.

1. Jessica has a dog. It's Jessica's dog.
2. Jane has a little brother. He is _____.
3. My father has an older sister. She is _____.
4. The students have a project. This is _____.
5. My children have a car. This is _____.
6. My children have bicycles. There are _____.
7. Charles has an MP3 player. This is _____.
8. Our building has a red roof. _____ is red.
9. My sister got a job. Teaching is _____.
10. Megan has a new cell phone. Here is _____.

C 밑줄 친 부분이 맞으면 ○표, 틀린 표현이 있다면 바르게 고치시오.

1. My brother's wife comes from Busan. _____
2. I went to the party of Andy yesterday. _____
3. She is the principal of the school. _____
4. You can see a sign on a taxi's roof. _____
5. The teacher of Jason teaches English. _____
6. Birds sit on a house's roof. _____
7. Kids's movies are exciting. _____
8. Agnes's watch is brand-new. _____
9. James' bike is secondhand. _____
10. What is the name of the street? _____

4 재귀대명사

Checkpoint

He doesn't work by himself.
He speaks to himself.

그는 혼자서 일하지 않는다. | 그는 자신에게 말한다.

1 재귀대명사는 **-self**(단수)나 **-selves**(복수)의 형태를 가지며 '~자신'이란 의미이다.

oneself 자신, myself 나 자신, ourselves 우리 자신들, yourself 너 자신, yourselves 너희 자신들,
herself 그녀 자신, himself 그 자신, itself 그 자체, themselves 그들 자신들

2 주어와 목적어가 같을 때 목적어 자리에 재귀대명사를 쓴다. cut, enjoy, help, hurt, introduce, kill,
work for 등의 동사들은 흔히 재귀대명사를 목적어로 쓴다.

Oops! I cut myself. 아야! 나 베었어.
Oops! I cut me. (X)
Jesse fell and hurt herself. 제시는 넘어져서 다쳤다.
The suspect killed himself. 그 용의자는 자살했다.
Let me introduce myself. 내 소개를 할게요.
Please, help yourself. 많이 드세요.

3 주어를 강조할 때 재귀대명사를 쓴다.

I practice taekwondo myself. 나는 직접 태권도를 연습한다.
You have to do it yourself. 너는 직접 해야 한다.

4 재귀대명사의 관용적 표현

I did it for myself. (for oneself: 혼자 힘으로, 스스로) 혼자 힘으로 그 일을 해냈다.
The baby doesn't play by herself. (by oneself: 홀로, 혼자서) 그 아기는 혼자서 놀지 않는다.
My computer often shuts down of itself. (of itself: 저절로) 내 컴퓨터는 가끔 저절로 꺼진다.

Reading Point

재귀대명사는 문장에서 강조를 위해, 또는 주어와 목적어가 같을 때 쓰인다. 또한 「전치사 + 재귀대명사」의 형태로 쓰이면 새로운
의미를 만들어 낸다.

Cheonsoo left school *by himself*. All his other friends headed off in groups. They talked about their
long vacation. But he said to *himself*, "I have no plans."

천수는 혼자서 학교를 출발했다. 다른 모든 친구들은 떼를 지어 출발했다. 그들은 긴 방학에 관하여 말했다. 그러나 천수는 혼잣말로 "나는 전혀 계획
이 없어."라고 말했다.

Exercises

A 빈칸에 재귀대명사를 넣어 문장을 완성하시오.

1. I taught _____ how to drive.
2. Sean always thinks of _____ first.
3. Martha hurt _____. She started crying.
4. We had a party last night. We enjoyed _____.
5. You are new here. Please introduce _____.
6. Julie opened a café. She works for _____.
7. A: Wow, you have a lot of DVDs here. Could I borrow one?
   B: Sure, go ahead. Help _____.
8. Romeo thought Juliet was dead, so he killed _____.
9. Justin dropped a knife again. He cut _____.
10. Children talk to _____.

B 'by + 재귀대명사' 또는 '재귀대명사'를 넣어 문장을 완성하시오.

1. A: Ryan was home alone last night.
   B: Oh! He was at home _____.
2. A: I went on vacation with my family last summer. How about you?
   B: I went alone. I spent time _____.
3. A: Is there any helper?
   B: No, you have to do it _____.
4. A: How about your trip to Paris?
   B: It was wonderful. I enjoyed my trip _____.
5. A: If I open this file, what will happen?
   B: The computer virus will install _____.

C 맞는 문장에는 O표, 틀린 부분이 있다면 바르게 고치시오.

1. I looked at me in the mirror.   _____
2. Susan looked at me and winked.   _____
3. Lisa herself left the cabin last night.   _____
4. She still lives by herselves.   _____
5. I read a cookbook. I taught me how to cook.   _____
6. I taught himself how to cook.   _____
7. You won the race! You must be proud of yourself.   _____
8. They lost the game. They blamed them.   _____

5 지시대명사

Checkpoint

This pencil is mine.
These pencils are yours.
That eraser is hers.
Those erasers are his.

이 연필은 내 것이다. | 이 연필들은 너의 것이다. | 저 지우개는 그녀의 것이다. | 저 지우개들은 그의 것이다.

1 **this**는 말하는 사람에게서 가까운 것/사람을 가리킬 때 쓰며, **that**은 더 멀리 떨어져 있는 것/사람을 가리킬 때 쓴다.

Lisa, this is Michael. 리사. 이 사람은 마이클이야. .
That's my friend. 저 사람은 내 친구이다.
This/That is my hat. 이/저것은 내 모자이다.

2 **this**의 복수는 **these**, **that**의 복수는 **those**이다.

These are my friends. 이 사람들은 내 친구들이다.
Those are my friends. 저 사람들은 내 친구들이다.
These/Those are my hats. 이것/저것들은 내 모자들이다.

3 **this / that**은 뒤에 단수명사가 오고, **these / those**는 뒤에 복수명사가 온다.

This/That man is an artist. 이/저 사람은 예술가이다.
These/Those books are yours. 이/저 책들은 너의 것이다.

➕ this/that + 복수명사 또는 these/those + 단수명사로 쓰면 안 된다.
This/That books is mine. (X)
These/Those man are artists. (X)

4 **this**는 전화상에서 누구인지 물을 때와 대답할 때 쓴다.

Mr. Lee: Hello? 여보세요?
Sumi: Hello, this is Sumi. Is this Mr. Lee? 안녕하세요. 저 수미예요. 이 선생님이시죠?
Mr. Lee: Yes, this is Lee speaking. 네. 맞습니다.

Reading Point

this는 가까운 것/사람에, that은 먼 것/사람에 사용한다. 다음 대화에서 this/that의 거리를 느껴 보자.

A: I'd like to send *this* to Canada. How much is it?
B: Let me weigh *that* first.
A: 이것을 캐나다에 보내고 싶어요. 얼마죠?
B: 먼저 그것의 무게를 달아봐야겠어요.

Exercises

A 빈칸에 **this / that / these / those** 중 알맞은 것을 넣어 문장을 완성하시오.

1. We all live in ⬚⬚⬚⬚⬚⬚ modern world.
2. Look at ⬚⬚⬚⬚⬚⬚ moon.
3. Please, come ⬚⬚⬚⬚⬚⬚ way.
4. I'll talk to ⬚⬚⬚⬚⬚⬚ people over there.
5. A: You are holding some books in your hand.
   B: Do you want to borrow ⬚⬚⬚⬚⬚⬚ books?
6. A: Hello? (전화 받는 사람)
   B: Hi, ⬚⬚⬚⬚⬚⬚ is Leona. (전화 거는 사람)
7. A: Toby, ⬚⬚⬚⬚⬚⬚ is my friend Thomas. (처음 만난 사람들을 소개해 주는 사람)
   B: Hello, Thomas. Nice to meet you.
8. A: You are an actress, aren't you?
   B: Yes, ⬚⬚⬚⬚⬚⬚'s right.

Chapter 8
대명사의
세계

B 밑줄 친 **this / that / these / those**의 표현이 틀린 것을 찾아 바르게 고치시오.

1. Who took <u>these</u> picture? ....
2. I took <u>that</u> pictures. ....
3. Sean borrowed <u>this</u> books from the library. ....
4. <u>These</u> book is really exciting. ....
5. She didn't read <u>those</u> book. ....
6. <u>This</u> children are 10 years old. ....
7. <u>That</u> people read newspapers. ....

C 주어진 표현을 이용하여 다음을 영작하시오.

1. 나는 이 카메라를 살 거야. (카메라 = camera)

   ....

2. 이 학생들은 오늘 그 수업을 들었다. (수업을 듣다 = take the class)

   ....

3. 저 소녀 중 한 명이 내 여자조카이다. (여자조카 = niece)

   ....

Review Test

A 괄호 안에서 알맞은 것을 고르시오.

1. This is (my / mine) notebook computer.

2. That is (my brother's bike / my brothers bike).

3. I ate a lot. (I / Me) am full now.

4. I heard (her / she) opened a café in town.

5. Mr. Lee was a friend of (hers / her).

6. (He / Him) was a swimming star.

7. I bet (you / your) will be a really good swimmer.

8. (She / Herself) took a deep breath.

9. On Saturday afternoon, Mommy took (I / me) to the gym.

10. Terry and (me / I) looked at each other.

B 다음 문장에서 틀린 부분을 찾아 바르게 고치시오.

1. Sora and Dora are in mine class.

2. He forgot to count him.

3. A whistle was hanging from he neck.

4. She looked at me and rolled she eyes.

5. I pictured me swimming back and forth.

6. The windows in these room are small.

7. The windows in this rooms are small.

8. These computer is mine.

9. The actress in those movie is beautiful.

10. I have a rose. They smells great.

C 빈칸에 밑줄 친 명사를 가리키는 대명사를 넣어 문장을 완성하시오.

1. Some books are on the desk. [＿＿＿＿＿＿] are new.

2. A flower is in Sue's hand. [＿＿＿＿＿＿] is a present from a friend of hers.

3. Penguins are birds, but [＿＿＿＿＿＿] cannot fly.
   [＿＿＿＿＿＿] wings are not big enough.

4. Katie stood on [＿＿＿＿＿＿] tiptoes.

5. Mom leaned over the seat. [＿＿＿＿＿＿] was talking to Jasmine.

6. There are about 1,000 species of bats worldwide.
   Most of [＿＿＿＿＿＿] live in warm areas.
   Like birds, bats can fly. [＿＿＿＿＿＿] take a long nap during the day.
   You may see [＿＿＿＿＿＿] in a cave.

7. A: Wow! You have two bikes here.
   B: Which [＿＿＿＿＿＿] do you like?

8. My older brother taught me English.
   [＿＿＿＿＿＿] is a college student.

9. His bag is small, but [＿＿＿＿＿＿] is heavy.

10. People were dancing in the street.
    [＿＿＿＿＿＿] were singing, too.

D 주어진 표현을 이용하여 다음을 영작하시오.

1. 태훈은 사업가이며, 혼자 힘으로 사업을 한다. (혼자 힘으로 사업을 하다 = work for oneself)

   ＿＿＿＿＿＿＿＿＿＿＿＿＿＿＿＿＿＿＿＿＿＿＿＿＿＿＿＿

2. 그는 어제 길에서 친구 중 한 명을 만났다. (길에서 = on the street)

   ＿＿＿＿＿＿＿＿＿＿＿＿＿＿＿＿＿＿＿＿＿＿＿＿＿＿＿＿

3. 그들은 카페테리아에 가서 김밥을 주문했다. (카페테리아 = a cafeteria / 김밥 = kimbab)

   ＿＿＿＿＿＿＿＿＿＿＿＿＿＿＿＿＿＿＿＿＿＿＿＿＿＿＿＿

4. 그녀는 거울 속에서 자신을 보았다. (거울 속에서 = in the mirror)

   ＿＿＿＿＿＿＿＿＿＿＿＿＿＿＿＿＿＿＿＿＿＿＿＿＿＿＿＿

Reading Exercises

A 다음 글을 읽고 물음에 답하시오.

> Sucheol loves baseball. (1) _____ is his favorite sport. Sucheol plays baseball on a team every year in the fall. (2) _____ loves to go to baseball practice. Every day, Sucheol's father pitches the ball to Sucheol at the playground. He enjoys spending time with his father. He loves practicing baseball.

Words pitch 공을 던지다(야구에서) spend ~을 쓰다 enjoy ~ing ~을 즐기다

1. 빈칸 (1), (2)에 알맞은 대명사를 순서대로 고르시오.

   (A) It – It   (B) It – He

   (C) He – It   (D) He – He

2. 수철이는 얼마나 자주 아버지와 야구연습을 하는지 영어로 쓰시오.

   _____

B 다음 글을 읽고 물음에 답하시오.

> Mira, Sujung, and Haemi are close friends and members of a club. (1) <u>Their</u> club has five members. (2) <u>All of them</u> are the same age. (3) <u>They</u> are learning to help the Earth. (4) <u>Its</u> club leader took them on a field trip. The trip was to go to a recycling center. The club went on a bus. They drove into the center. They saw big hills there.
> "Wow!" Most of them yelled. "Those are cool!"
> "Not really," Mr. Kim, their teacher, said. "Those hills are part of the landfill."
> "What's a landfill?" Mira asked.
> "Your garbage is stored in the landfill for years and years. People put it in big piles. Then they cover <u>it</u>."

Words the same age 동갑 a field trip 견학 a recycling center 재활용센터 yell 소리치다 cool 멋진 landfill 쓰레기 매립지
garbage 쓰레기 years and years 해마다 pile 퇴적/산더미

1. 밑줄 친 (1)~ (4)의 표현 중 잘못된 표현을 찾아 고치시오.

   _____

2. 밑줄 친 it이 가리키는 명사를 찾아 쓰시오.

   _____

3. 클럽 멤버들이 왜 견학을 갔는지 본문을 참조하여 영어로 쓰시오.

   _____

C 다음 글을 읽고 물음에 답하시오.

It was a Monday morning in March. Sujin got up early. (1) _____ was going to wear (2) _____ lucky blue skirt to school. She really liked that skirt. She had a new shirt to match it and new shoes, too. Sujin got dressed. Then, she went into the kitchen. She could smell bacon there. (Sujin father) was making bacon and toast. Sujin loves bacon in the morning.

Words get dressed 옷을 입다

Chapter 8
대명사의
세계

1. 빈칸 (1), (2)에 알맞은 대명사를 순서대로 고르시오.

   (A) She – her   (B) She – she

   (C) Her – she   (D) Her – her

2. 괄호 안의 단어를 소유격 + 명사의 형태로 쓰시오.

   _____

D 다음 일기를 읽고 물음에 답하시오.

Monday, August 23

Dad worked last weekend. He didn't come home with his pickup truck. Mom couldn't drive (1) (it / them) to deliver (2) (her / she) milk. So (3) (this / these) morning, Daehoon and I walked all the way down to the road and <u>back</u>.

Words deliver 배달하다   all the way 끝까지

1. 괄호 안에 알맞은 대명사를 순서대로 고르시오.

   (A) it – she – this   (B) it – her – this

   (C) them – her – these   (D) them – she – this

2. 윗글에 따르면 어머니의 직업은 무엇인가?

   (A) 트럭운전기사   (B) 교사

   (C) 우유배달원   (D) 간호사

Unit 17

대명사 Ⅱ

1 비인칭 주어 it

Checkpoint

It's cold outside.
It's snowing right now.
It's getting dark.

밖이 춥다. | 지금 눈이 오고 있다. | 점점 어두워지고 있다.

• 비인칭 주어로 사용되는 it은 의미를 가지지 않기 때문에 해석하지 않는다.

1 **it은 시간, 날짜, 날씨, 거리 등에 주로 쓴다.**

A: What time is it? 몇 시니?
B: It's ten o'clock. 10시야.

A: What day is it? 무슨 요일이니?
B: It's Friday. 금요일이야.

A: How long does it take to get there? 거기 가는데 얼마나 걸리니?
B: 10 minutes. 10분 걸려.

A: How far is it? 거리가 얼마나 되니?
B: It is 33 kilometers from here. 여기서 33킬로미터 떨어져 있어.

A: Is it snowing there? 거기 눈이 오고 있니?
B: No, it's raining. 아니, 비가 오고 있어.

2 **it은 to부정사를 가리킬 때에도 쓴다. 『It + be동사 + 형용사 + to부정사』의 형태로 쓰이며, it은 가주어로 의미를 가지지는 않지만 뒤에 to + 동사원형이 온다는 안내표시로 보면 된다.**

It is good to have friends. 친구를 가지는 것은 좋다.
It's easy to speak English. 영어를 말하는 것은 쉽다.

Reading Point

It은 의미 없이 쓰이는 경우가 많다. 시간표현과 가주어로 쓰인 아래 문장을 보자.

It's sunny today. *It* is so hot. *It* is humid. But *it* will rain soon. *It* will be cool. Or it will be cold. *It* is nice *to see* the weather like this.

오늘은 화창하다. 너무 뜨겁다. 습기도 있다. 그러나 곧 비가 올 거다. 시원해질 거다. 아니면 추워지겠지. 이런 날씨를 보는 것도 좋다.

Exercises

A 보기와 같이 각 그림의 날씨를 쓰시오.

1.	2.	3.	4.	5.

1. It's snowing _____.
2. _____.
3. _____.
4. _____.
5. _____.

B 빈칸에 알맞은 표현을 넣어 문장을 완성하시오.

1. A: What time is it?
   B: [＿＿＿＿＿＿＿] nine.
2. A: It's dark outside. Is [＿＿＿＿＿＿＿] raining?
   B: Yes, it is.
3. A: Does [＿＿＿＿＿＿＿] snow in your country?
   B: Yes. It snows a lot in the winter.
4. A: How long does [＿＿＿＿＿＿＿] take from here?
   B: About 5 hours.
5. A: Is [＿＿＿＿＿＿＿] fun to read books?
   B: Yes, it is.

C 다음 문장에서 틀린 부분을 찾아 바르게 고치시오.

1. This is good to be here. _____
2. Is not difficult to learn Japanese. _____
3. What day is this? _____
4. How far is that from here to Busan? _____
5. That's snowing now. _____

2 one / ones

UNIT 17 대명사 II

Checkpoint

A: Do you like blue eyes?

B: No, I like brown ones.

A : 넌 파란 눈이 좋니?　|　B : 아니, 갈색 눈이 좋아.

1 **one은 a의 의미로 쓰이며 셀 수 있는 단수명사의 반복을 피하기 위하여 쓴다.**

A: I have some novels. 나에게 소설책 몇 권이 있어.

B: Could I borrow one? (one = one novel) 한 권만 빌려줄래?

A: Is there a post office near here? 근처에 우체국이 있나요?

B: Yes, there's one just around the corner. (one = a post office) 예, 바로 저 코너에 하나 있어요.

I need an eraser. Can I borrow a one? (X) (a와 one은 붙여쓰지 않는다) 지우개가 필요해. 빌려줄 수 있겠니?

Can I borrow one? (O)

Can I borrow a white one? (O)

I wrote a one-page letter. (O) 나는 한 페이지짜리 편지 한 통을 썼다.

➕ **셀 수 없는 명사에는 one/ones를 쓰지 않는다.**
A: What kind of furniture do you like? 어떤 종류의 가구를 좋아하십니까?
B: Antique one. (X) (furniture는 셀 수 없는 명사이므로 one을 쓰지 않는다)
　Antique. (O) 오래된 것이요.

2 **ones는 셀 수 있는 복수명사의 반복을 피하기 위하여 쓴다.**

A: Which books are yours? 어느 책들이 네 것이니?

B: The ones on the right. (ones = books) 오른쪽에 있는 것들이야.

My toys are the ones in the toy box. (ones = toys) 내 장난감은 그 상자 안에 있는 것들이다.

Reading Point

One은 대명사로 쓰였을 때 앞의 명사를 받는다. one/ones가 가리키는 명사가 무엇인지 주의하면서 다음 글을 읽어 보자.

Miyoung reads all kinds of books. She bought some novels from an online site. She lent *one* to me. She is a good friend.
미영이는 모든 종류의 책을 읽는다. 그녀는 인터넷 사이트에서 몇 권의 소설책을 샀다. 그녀는 한 권을 나에게 빌려줬다. 그녀는 좋은 친구이다.

94　Mr. Grammar 기본편 2

Exercises

A one 또는 ones를 넣어 문장을 완성하시오.

1. A: Could you lend me a quarter?
   B: Sorry, I haven't got _____.

2. A: There are two dogs over there. Which one would you like?
   B: The big _____.

3. A: I don't have any money for new magazines.
   B: Why don't you read old _____?

4. A: Which schoolbag is yours?
   B: The black _____.

5. A: How many people were there?
   B: Sally and I were the only _____.

B 밑줄 친 부분이 맞으면 빈칸에 O표, 틀렸으면 바르게 고치시오.

1. A: Did you buy a new car?
   B: Not yet. I have to sell <u>my old ones</u> first.   _____

2. A: There are two umbrellas over there. Which one is yours?
   B: <u>The red one.</u>   _____

3. A: Chunsoo lives in a house.
   B: Which one?
   A: <u>The ones</u> with a red roof.   _____

4. A: Are they your friends?
   B: Which ones?
   A: <u>The one</u> in the school uniforms.   _____

5. A: Which cup do I use?
   B: <u>The ones</u> on the table.   _____

C 보기의 단어를 사용하여 문장을 완성하시오.

big	cheaper	used	clean	spicy

1. This sofa is too expensive. Do you have a cheaper one?

2. I like Korean food, especially _____.

3. Is this a new bike? No, it's _____.

4. These glasses are dirty. Could we use _____?

5. I have two hamburgers. Which one would you like? _____.

3 everybody / nobody / all / most / some

Checkpoint

Everyone drinks water.
Nobody lives alone.
All of us live together.
Most of his books are new.

모든 사람은 물을 마신다. | 누구도 혼자 살지 않는다. | 우리 모두는 같이 산다. | 그의 책 대부분은 새것이다.

1 **everybody / everyone**은 사람에, **everything**은 사물에 쓴다. 의미는 복수지만 단수로 취급한다.

Everybody (= Everyone) has a story. 모두가 할 말이 있다.

Money isn't everything. 돈이 다는 아니다.

Everything is all right. 모든 게 괜찮다.

2 **nobody**는 사람에, **nothing**은 사물에 쓴다. **none**은 사람/사물에 모두 쓸 수 있고 이들 모두 단수로 취급한다.

Nobody (= no one) answered my question. 아무도 내 질문에 대답하지 않았다.

There's nothing easy. 쉬운 것은 없다.

I went to the shop to buy some apples. But they had none.
나는 사과를 좀 사기 위해 가게에 갔다. 하지만 없었다.

None of my friends is alike. 내 친구들 중 누구도 비슷하지 않다.

None of my friends are alike. (비격식체에서는 none 다음에 오는 명사가 복수이면 복수 취급한다)
내 친구들 중 누구도 비슷하지 않다.

3 **all / most / some + of + 명사**가 주어로 쓰일 때 명사가 복수이면 복수동사, 단수이면 단수동사를 쓴다.

All of my brothers are students. 내 모든 형제들은 학생이다.	All of my money is in the bank. 내 돈 전부는 은행에 있다.
Most of my friends are busy. 내 친구 대부분은 바쁘다.	Most of my fruit was sold. 내 과일의 대부분은 팔렸다.
Some of my neighbors are helpful. 내 이웃 몇몇은 도움이 된다.	Some of my time is spent on homework. 내 시간의 조금은 숙제하는 데 사용되었다.

Exercises

A   빈칸에 everybody / everything 중 알맞은 것을 넣어 문장을 완성하시오.

1. _____ knows about it.

2. There's nothing left. A thief took _____.

3. _____ needs a hobby.

4. Her son is _____ to her.

5. Why are you crying? Is _____ all right?

B   빈칸에 알맞은 동사를 넣어 문장을 완성하시오.

1. Everything (be) _____ possible.

2. Nobody (know) _____ the fact.

3. Nothing (be) _____ secret.

4. Everybody (have) _____ an opinion.

5. No one (be) _____ alone.

C   괄호 안에서 알맞은 것을 고르시오.

1. Most of my friends (are / is) from Korea.

2. Some of the students (study / studies) hard.

3. None of us (is / are) bad. (격식체)

4. All of them (is / are) healthy.

5. None of my homework (was / were) done. (비격식체)

6. Some of the furniture (was / were) broken.

7. All of your friends (is / are) gentle.

8. Most of my time (was / were) spent on studying English.

D   주어진 표현을 이용하여 다음을 영작하시오.

1. 우리 중 몇 명은 다른 학교에 다닌다. (우리 중 몇 명 = some of us)

    ----

2. 모든 사람은 아주 중요하다. (모든 사람 = everybody)

    ----

3. 대부분의 내 친구들은 그 여름 캠프에 갔다. (대부분의 = most of)

Review Test

A 괄호 안에서 알맞은 것을 고르시오.

1. (It / This) was unusually cold for April.
2. (It / This) is good to exercise every day.
3. I have a lot of pens. You can borrow (one / ones).
4. I have two pens. Which (one / ones) would you like?
5. (Nobody / No) knows.
6. (Most people / Most the people) want to live long.
7. (Everything / Everybody) has his or her opinion.
8. (All the people / All the person) worked hard.
9. I have (nothing / no) to do.
10. (Nobody / No body) talked to me this morning.

B 다음 문장에서 틀린 부분을 찾아 바르게 고치시오.

1. All us go to school.

2. Everybody were happy.

3. This is good to know about the exam.

4. Some my friends passed the test.

5. No of us are perfect.

6. Most them study really hard.

7. It is difficult learn other languages.

8. A: I have some DVDs.
   B: Can I borrow ones?

C 빈칸에 it과 one 중 알맞은 것을 넣어 문장을 완성하시오.

1. A: What time is [   ]?
   B: It's nine.

2. A: How far is [   ] to Daejeon from here?
   B: It's about 150km.

3. A: [   ] is raining now.
   B: That's too bad. We can't go to the park today.

4. A: I'll exercise every single day.
   B: [   ] is easy to say that.

5. A: Do you have a grammar book here?
   B: Yes, there's [   ] right over there.

6. [   ] was Saturday afternoon.

7. There are many teachers at school. [   ] of them is my uncle.

D 보기의 단어를 사용하여 문장을 완성하시오.

all of	some	any	something	anybody

1. A: Would you like [   ] coffee?
   B: Thanks, but I already had [   ].

2. A: Did you see [   ] new?
   B: No, I didn't.

3. There's [   ] to eat on the table.

4. There weren't [   ] students in the classroom.

5. [   ] my relatives live in Seoul.

E 주어진 표현을 이용하여 다음을 영작하시오.

1. 우리 모두는 유머감각이 있다. (유머감각 = a sense of humor)

   _____

2. 너와 같은 사람은 없다. (none을 이용)

   _____

3. 너에게서 좋은 소식을 들으니 좋구나. (~에게서 소식을 듣다 = hear from ~)

   _____

Reading Exercises

A 다음 글을 읽고 물음에 답하시오.

A: I am looking for my receipt. I think… the wind blew <u>it</u> away from me. Did you see <u>it</u>?

B: No, I didn't see <u>it</u>. But…

A: But what?

B: But I saw Chunsoo and (his / him) dog on the playground, and…

A: And what?

B: And his dog had a piece of paper in its mouth.

Words receipt 영수증   wind 바람   blow away from (바람)이 불어서 ~에게서 날아가다

1. 밑줄 친 it이 공통으로 가리키는 단어는 무엇인가?

   (A) receipt   (B) wind

   (C) house   (D) Sue

2. 괄호 안에 알맞은 인칭대명사를 고르시오.

   _____

B 다음 글을 읽고 물음에 답하시오.

Many fires are caused by cooking. Cooking is the number one cause of (1) (all / every) home fires. Never leave something cooking on the stove without watching it. Three out of ten home fires start in the kitchen. Many people are injured or killed from kitchen fires. (2) (Everybody / Every) can prevent kitchen fires. Follow safety rules, and you can keep yourself safe.

Words three out of ten 10 중 3   injure 다치다   prevent 예방하다   follow 따르다

1. (1), (2)에 알맞은 표현을 순서대로 고르시오.

   (A) all – Everybody   (B) all – Every

   (C) every – Everybody   (D) every – Every

2. 윗글에 따르면 부엌화재를 피하기 위한 방법이 무엇인지 영어로 쓰시오.

   _____

   _____

C 다음 글을 읽고 물음에 답하시오.

My friends and I took the day off from our after-school program. (1) (It / They) was not a day for studying anyway. (2) (It / They) was a beautiful summer day.

Words take the day off 하루 쉬다   after-school 방과후

1. (1), (2)에 알맞은 대명사를 고르시오.

    (1) _____   (2) _____

2. 친구들과 내가 왜 방과후 프로그램을 쉰 것 같은지 추론해 보시오.

    (A) 방과후 프로그램이 없는 날이기 때문에   (B) 날씨가 너무 좋아서
    (C) 공부하고 싶어서   (D) 여름에는 방학하기 때문에

D 다음 글을 읽고 물음에 답하시오.

Have you seen a rainbow? Rainbows are so pretty. Rainbows are seen after
(1) _____ rains and the sun is out. They are in the form of an arch. We see
(2) _____ the colors of the rainbow. The main colors are red, orange, yellow,
green, blue, indigo, and violet.

Words rainbow 무지개   arch 아치

1. 윗글의 주제는 무엇인지 고르시오.

    (A) Rainbow   (B) It rains.
    (C) The sun shines.   (D) Colors

2. 빈칸 (1), (2)에 알맞은 표현을 순서대로 고르시오.

    (A) it – all   (B) it – it
    (C) all – it   (D) all – all

Hey, Mr. Grammar!

How does grammar help?

Grammar helps you write better.

Grammar is an important tool in reading.

Grammar makes your English more perfect!

완료시제
Perfect Tenses

완료시제는 『have + p.p.』로 표현하며, 현재완료, 미래완료, 과거완료가 있다.

	현재완료	미래완료	과거완료
형태	have + p.p.	will have + p.p.	had + p.p.
비교	• 시간이 확실하지 않은 과거 사건에 사용 • 과거에서 현재까지 일어나 온 사건에 사용	• 미래 특정 시점에 사건이 발생했을 것이라고 생각할 때 사용	• 과거 기준 시점 이전에 발생한 사건에 사용

동사의 완료 Ⅰ

1 현재완료의 형태

Checkpoint

At age 10, I learned the rules of soccer. I have played soccer since then. I have played on various teams.

나는 10살 때 축구의 규칙을 배웠다. 그 이후로 지금까지 축구를 해왔다. 나는 다양한 팀에서 뛰었다.

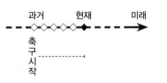

1 현재완료는 have/has + p.p. (과거분사)로 표현한다. have 다음에 –ing나 과거동사 등은 올 수 없다.

I have played soccer for years. 나는 몇 년 동안 축구를 해왔다.

She has finished her work. 그녀는 일을 마쳤다.

Spring has came/coming. (X) → Spring has come. (O) 봄이 왔다.

동사종류	동사원형	과거	과거분사
규칙동사	finish play talk	finished played talked	finished played talked
불규칙동사	go teach have	went taught had	gone taught had

2 현재완료의 부정문과 의문문

부정문 have/has + not + p.p.	I have not seen her for 10 days. (축약: I've not 또는 I haven't) He has not called yet. (축약: He's not 또는 He hasn't)
의문문 have/has + 주어 + p.p.?	Have you heard about the book? Has he lost his confidence?
짧은 답변 have/haven't has/hasn't	A: Have you eaten breakfast? B: Yes, I have. 또는 No, I haven't. A: Has he lost weight? B: Yes, he has. 또는 No, he hasn't. (Yes, I've. 또는 Yes, he's. 라고 쓰지 않는다)

Reading Point

현재완료 표현은 과거나 일정 기간 동안 발생해 온 사건에 쓰인다. 특정한 시간이 명시되지 않으면 '과거사건'을 나타낸다.

A goose lives in a little house. The goose *has lost* a feather. She was looking all over her house for it.

거위 한 마리가 작은 집에 살고 있다. 거위는 깃털 하나를 잃었다. 거위는 깃털을 찾기 위하여 온 집안을 둘러보고 있었다.

Exercises

A 다음 동사를 현재완료형으로 고치시오.

1. send → have / has sent
2. drink → ....
3. make → ....
4. begin → ....
5. wake → ....
6. run → ....
7. sleep → ....
8. speak → ....
9. keep → ....
10. catch → ....

B 다음 문장의 동사를 현재완료형으로 고치시오.

1. I have breakfast. → I have had breakfast.
2. She cleans her room. → ....
3. My mother cooks rice. → ....
4. He drives a car. → ....
5. I open the door. → ....
6. Jane sends a letter. → ....
7. Sue studies Spanish. → ....
8. They leave the airport. → ....

C 다음 문장에서 틀린 부분을 찾아 바르게 고치시오.

1. I have just finishing my homework. ....
2. She has already flew to Jeju. ....
3. I have seen not Sam for a week. ....
4. Sam has went to LA. ....
5. Has he call his friends? ....
6. They have have lunch. ....
7. I have forget my password. ....
8. My teacher has telling me about the book. ....
9. My job has teaching me a lot. ....
10. She not has read the book yet. ....

2 현재완료의 의미

Checkpoint

I was born in Seoul. I have lived there for many years.
I have visited some countries. I have been to Canada.

나는 서울에서 태어났다. 서울에서 오랫동안 살아 왔다.
나는 몇몇 나라들을 방문했다. 나는 캐나다에 갔었다.

1. 지속의미

　　　과거　　　현재　　　미래
- - - ◇◇◇◇◆ - - -

2. 과거의미

　　　과거　　　현재　　　미래
- - - ◇ - - - ◆ - - -

1　지속의미의 현재완료 : 과거에 시작된 사건이 현재까지 지속될 때 쓰며, since/for와 함께 쓰는 것이 일반적이다.

I have lived in Korea since I was born. 나는 태어난 이후부터 지금까지 한국에 살고 있다.

He has lived in Korea since 2002. 그는 2002년부터 지금까지 한국에 살고 있다.

They have lived in Korea for five years. 그들은 5년 동안 한국에서 살아왔다.

2　과거의미의 현재완료

a. 불특정 과거 : 과거의 특정하지 않은 시간을 나타낸다. 주로 already, just, recently, lately, yet 등과 같이 쓴다. 특정한 시간 표현(yesterday, last week 등)이 쓰이면 과거동사로 쓴다.

I have read the book. 나는 (과거에) 그 책을 읽었다.

I have read the book last week. (X) → I read the book last week. (O)
나는 지난 주에 그 책을 읽었다.

I haven't finished my work yet. 나는 아직도 일을 끝내지 못했다.

Have you met him yet? 너 벌써 그를 만났니?

Our Christmas tree has just arrived! 크리스마스 트리가 방금 도착했다.

I have recently moved to Daegu. 나는 최근 대구로 이사했다.

My driver's license has expired recently. 나의 운전면허증은 최근에 만료됐다.

b. 경험과 횟수 : twice, times, ever, never 등과 같이 쓴다.

I have visited the café twice. 나는 그 카페에 두 번 갔었다.

Sue has been to Canada three times. 수는 캐나다에 세 번 다녀왔다.

I have never visited the café. 나는 그 카페에 가본 적이 없다.

Have you ever seen him? 그를 만난 적 있니?

Reading Point

'과거부터 지속되어 온 사건'을 의미하는 현재완료의 쓰임을 다음 문장에서 살펴보자.

Myunghee is fluent in English. She *has studied* English *for ten years*. She *has recently studied* Chinese and Japanese.
명희는 영어를 잘 한다. 그녀는 10년 동안 영어를 공부해 왔다. 최근에 중국어와 일본어도 공부하고 있다.

Exercises

A 괄호 안의 동사를 현재완료형으로 고치시오.

1. Thomas (stay) [＿＿＿＿＿＿＿] in Seoul since January.
2. Juho (work) [＿＿＿＿＿＿＿] with her for a year.
3. I (never, give) [＿＿＿＿＿＿＿] up.
4. We (just, update) [＿＿＿＿＿＿＿] our website.
5. The plane (already, arrive) [＿＿＿＿＿＿＿] at the airport.

B 다음 문장을 보고 어떤 의미로 쓰였는지 구분하시오.

1. He has just lost his job. .... 불특정 과거 ....
2. He has searched for a job for a month. ....
3. Sooyong has been to Busan twice. ....
4. I have already won the race. ....
5. I have dreamed of being a teacher for ten years. ....
6. They have recently sent us samples. ....
7. I've learned a lot since then. ....
8. He has recently become a Korean citizen. ....
9. I have never traveled overseas. ....
10. Have you forgotten my name? ....

Chapter **9**
완료
시제

C 빈칸에 알맞은 표현을 넣어 문장을 완성하시오.

1. A: Hey, Soojung! It's been a long time.　B: Hi, Mark! It's great to see you again.
   A: How have you been?　B: I [＿＿＿＿＿] pretty busy.

2. A: Where have you been today, George?　B: I [＿＿＿＿＿] to the library.
   A: I didn't see you there.　B: I was in the computer room.

D 주어진 표현을 이용하여 다음을 영작하시오.

1. 그녀는 내 웹사이트를 전혀 방문한 적이 없다. (웹사이트 = website)

   ----

2. 나는 10살 이후에 지금까지 영어를 공부해 왔다. (10살 이후에 지금까지 = since I was 10)

   ----

3. 나는 이미 점심을 먹었다. (이미 = already)

   ----

4. 너는 백두산에 가본 적 있니? (백두산 = Baekdoo Mountain)

   ----

3 since / for / ago

Checkpoint

Minsik has lived in Seoul since he was born. He was a salesman six years ago. But he is a teacher now. He has taught English for five years.

민식은 태어난 이후부터 지금까지 서울에 살고 있다. 그는 6년 전에는 세일즈맨이었는데 지금은 선생님이다. 그는 5년 동안 영어를 가르쳐 왔다.

1 since / for

a. **since + 과거시점** : since는 과거시점과 결합해야 되며, '~이후 지금까지'란 의미가 된다.

since + 주어 + 동사 : since I was born 내가 태어난 이후 지금까지

since + 과거시간 + 명사 : since my birth 내가 태어난 이후 지금까지 / since 2004 2004년 이후 지금까지

I have lived in Korea since I was born. 내가 태어난 이후에 지금까지 한국에 살아왔다.
I have lived in Korea since my birth. 내가 태어난 이후에 지금까지 한국에 살아왔다.
I have lived in Korea since 2000. 2000년 이후에 지금까지 한국에 살아왔다.

b. **for + 기간** : for 다음에는 기간을 나타내는 명사가 오며, '~동안'의 의미를 가진다.

for + 기간 + 명사 : for fifteen years 15년 동안 / for five days 5일 동안 / for three hours 세 시간 동안

I have lived in Korea for fifteen years. 나는 15년 동안 한국에서 살아왔다.
I have studied for three hours. 나는 세 시간 동안 공부를 해왔다.

I live / lived in Korea since I was born. (X) (since는 현재/과거시제와 같이 쓰일 수 없다)
I have lived in Korea for I was born. (X) (for 다음에 주어 + 동사는 쓰일 수 없다)
I have lived in Korea since fifteen years. (X) (since 다음에 기간이 쓰일 수 없다)
It is three years since I saw you. (O) 너를 만난 후 3년이 지났지.

2 **ago: ago는 명백한 과거의미이기 때문에 과거동사와 같이 쓰인다.**

Jim studied grammar three hours ago. 짐은 세 시간 전에 문법공부를 했다.

Jim has studied grammar three hours ago. (X) (ago는 현재완료와 같이 쓰일 수 없다)

Exercises

A since나 for 중 알맞은 것을 넣으시오.

1. _____ January 2005
2. _____ five months
3. _____ two hours
4. _____ she got married
5. _____ yesterday
6. _____ last week
7. _____ about five years
8. _____ the 1990s
9. _____ 6:30 in the morning
10. _____ two weeks

B 다음 문장에서 틀린 표현을 찾아 바르게 고치시오.

1. A: How long have you lived in Daejeon?
   B: Since about seven years.
   _____

2. A: Are you still waiting?
   B: Yes, it takes forever. I've been here for 9:00.
   _____

3. A: When did you start reading this book?
   B: I have started two hours ago.
   _____

4. A: What's your favorite sport?
   B: Baseball. I've played it for I was ten. I love playing and watching it.
   _____

C 주어진 표현을 이용하여 다음을 영작하시오.

1. 나는 15년 동안 서울에서 살아왔다.
   _____

2. 나는 이 컴퓨터를 3주 전에 샀다.
   _____

3. 그는 3시부터 선생님과 이야기하고 있다. (~와 이야기하다 = talk to/with)
   _____

4. 우리는 어젯밤에 영화를 봤다. (어젯밤 = last night)
   _____

4 완료시제와 잘 쓰이는 부사들

Checkpoint

A: **Are we there** yet?

B: **No, not** yet.

A: **We've** already **driven for three hours.**

B: **We** still **need to drive 10 miles.**

A : 우리 벌써 도착했니? | B : 아니, 아직. | A : 우리 벌써 세 시간이나 달렸잖아. | B : 우리 아직도 10마일은 더 달려야 돼.

1 already / yet

a. already : 기대한 것보다 '먼저, 이미, 벌써'라는 의미로, 주로 긍정문에 쓰인다. be동사 / 조동사 뒤, 일반동사 앞에 쓴다.

Jane has already arrived. 벌써 여기 와있어.

I have already been **to Jeju.** 나는 이미 제주도에 다녀 왔다.

I have been **to Jeju** already. (문장 뒤에 쓰일 수도 있다) 나는 이미 제주도에 다녀 왔다.

Is it already **December?** (의문문에 쓰이면 놀람의 표현) 벌써 12월이야?

b. yet : 현재까지 일이 일어나지 않았을 때, '아직, 벌써'라는 의미로 쓴다. 주로 부정문과 의문문에 사용하며, 문장의 끝에 쓴다.

A: **Is Jane here?** 제인 왔니?

B: **No, she** has not arrived yet. 아니, 아직 도착하지 않았어.

A: Has **Jane** come yet? 제인 벌써 왔니?

B: **No, not yet. She's arriving soon.** 아직. 금방 도착할 거야.

2 just / still

a. just : '방금 전, 곧'이란 의미로 쓰이며, be동사 / 조동사 뒤, 일반동사 앞에 쓴다.

A: **Is Jane here?** 제인 왔니?

B: **Yes, she** has just arrived. 방금 도착했어.

The bus just left **the terminal.** 버스가 방금 전 터미널을 출발했다.

b. still : '아직'이란 의미로 쓰이며, be동사 / 조동사 뒤, 일반동사 앞에 쓴다. 부정문에서는 동사 앞에 쓴다.

A: **Where are you, Sarah?** 세라. 너 지금 어디 있니?

B: **I'm** still **coming.** 곧 도착해요.

It is still **dark outside.** 밖은 아직도 어둡다.

I still have **a lot of work to do.** 나는 아직도 할 일이 많다.

I still haven't finished **my work.** 나는 아직도 내 일을 끝내지 못했다.

John still can't **read.** 존은 아직도 읽지 못한다.

Exercises

A 빈칸에 **already**나 **yet**을 넣어 문장을 완성하시오.

1. We have _____ seen the movie.
2. You don't have to write to him. I've _____ done it.
3. Please call me later. I haven't finished my lunch _____.
4. We've _____ decided.
5. Have you met them _____?
6. Is it _____ 11 o'clock?
7. I haven't seen him _____.
8. We've _____ learned about it.
9. They have _____ been to the beach.
10. Is the pasta cooked _____?

B 빈칸에 **already, yet, still, just** 중 하나를 넣어 문장을 완성하시오.

1. It's 9:00 PM. The baby has _____ fallen asleep. (방금)
2. It's 6:30 AM. He hasn't woken up _____.
3. It's 9:00 AM. He is _____ asleep.
4. It's 9:30 AM. He has _____ gotten up. (방금)
5. It's 9:45 AM. He has _____ eaten his meal. (이미)
6. Hello? Are you _____ there?
7. Please call her at work. She's _____ left home. (이미)
8. Take an umbrella with you. It's _____ raining.
9. I've _____ completed college. I'll get a job. (방금)
10. I've _____ completed college, but I haven't found a job. (이미)

C 빈칸에 알맞은 단어를 넣어 문장을 완성하시오.

1. A: Can I take the train?　　　　　　　　B: I'm sorry. It has _____ left.
2. A: Have you gotten the mail _____?　　B: No, not yet.
3. A: Have you ordered mine _____?　　B: Yes, I have.
4. A: I'm tired.
   B: You've _____ done too much work.
   A: Right. I need some rest now.
   B: Go ahead.

Review Test

A   빈칸에 알맞은 표현을 찾으시오.

1. Jason has lived in Korea _____ ten years.
    (A) since   (B) for
    (C) yet   (D) ago

2. Gahyun has attended the program _____ 2005.
    (A) since   (B) for
    (C) yet   (D) ago

3. Mr. Park graduated from high school 10 years _____.
    (A) since   (B) for
    (C) yet   (D) ago

4. Minsik has driven that car _____ he was 18.
    (A) since   (B) for
    (C) yet   (D) ago

5. *The Simpsons* has been on TV _____ about twenty years.
    (A) since   (B) for
    (C) yet   (D) ago

6. *Animal Farm* was written a long time _____.
    (A) since   (B) for
    (C) yet   (D) ago

7. The bus has _____ arrived.
    (A) since   (B) still
    (C) just   (D) yet

8. Has Minsun arrived _____?
    (A) since   (B) still
    (C) just   (D) yet

9. Sumin has not called me _____.
    (A) since   (B) still
    (C) just   (D) yet

10. I _____ haven't found my cell phone.
    (A) since   (B) still
    (C) just   (D) already

B 다음 밑줄 친 부분을 바르게 고치시오.

1. He <u>has lost</u> his camera yesterday.

   ----

2. She <u>has read</u> *Animal Farm* last year.

   ----

3. Dohyun's father has worked for the company <u>since 20 years</u>.

   ----

4. Mr. Lee has taught math at our school <u>for 2006</u>.

   ----

5. I <u>have renewed</u> my driver's licence last month.

   ----

6. We have used the computer <u>since a long time</u>.

   ----

7. I <u>was</u> to Jeju twice.

   ----

8. My mother learned to skate <u>20 years since</u>.

   ----

9. The game has just begun <u>10 minutes ago</u>.

   ----

10. I have already watched the movie <u>last week</u>.

C 주어진 표현을 이용하여 다음을 영작하시오.

1. 나는 부산에 세 번 방문한 적이 있다. (세 번 = three times)

   ----

2. 그의 어머니는 나에게 저녁 식사를 요리해주셨다. (불특정 과거 시간으로)

   ----

3. 나는 2005년 이후에 그를 만나지 못했다. (만나다 = see)

   ----

4. 10년 전에 우리는 같은 학교에 다녔다. (~에 다니다 = attend)

   ----

5. 나는 LA에 전혀 가본적이 없다. (전혀 = never)

Reading Exercises

A 다음 글을 읽고 물음에 답하시오.

> The Golden Gate Bridge is one of the symbols of the USA. It is located in San Francisco, California. The bridge was built about 70 years _____.
> It is surely one of the most beautiful bridges in the world. It is also one of the tallest bridges. It has been a great place to visit.

Words Golden Gate Bridge 금문교 be located 위치하다

1. 빈칸에 알맞은 표현을 고르시오.

   (A) since   (B) ago
   (C) for   (D) already

2. Golden Gate Bridge는 왜 방문하기에 좋은 곳인지 두 가지 이유를 영어로 쓰시오.

   (1) _____
   (2) _____

B 다음 에베레스트산에 대한 글을 읽고 물음에 답하시오.

> Mount Everest is the world's largest mountain. It is in the Himalayas. It is named after Sir George Everest. (Since / For) 1921, more than 1,400 people have climbed Mount Everest. Since 1953, more than 600 climbers have reached the summit. However, at least 170 climbers have died attempting to climb Mount Everest.

Words be named after ~의 이름을 따서 이름을 짓다 reach 도달하다 summit 정상

1. 윗글에 따르면 1953년부터 몇 명이 정상에 도달했는지 영어로 쓰시오.

   _____

2. 괄호 안에 알맞은 표현을 고르시오.

   _____

3. 에베레스트산 정상에 도달하려고 시도하다가 몇 명이 죽었는지 영어로 쓰시오.

   _____

C 다음 달력에 관한 이야기를 읽고 물음에 답하시오.

As February 29, 2008, approaches, some people may notice something unusual about the date. Last year, there was no February 29. In fact, there has not been a February 29 _____ the year 2004. Why has February 29 occurred only once in four years? To know this fact, it is necessary to understand our calendar.

Words approach 다가오다 notice 알아채다 occur 발생하다, 일어나다 necessary 필요한

1. 2월 29일은 몇 년에 한 번씩 찾아 오는가?

   (A) every two years   (B) every three years
   (C) every four years   (D) since 2004

2. 빈칸에 알맞은 표현을 고르시오.

   (A) for   (B) since
   (D) ago   (D) already

3. 윗글 다음에 전개될 이야기는 무엇에 관한 것일지 추론해 보시오.

   (A) about the calendar   (B) about February
   (D) about February 2008   (D) about last year

D 다음 글을 읽고 물음에 답하시오.

Many people like to go to amusement parks to have fun, but I don't! Last year, a group of my friends decided to spend the whole day at Everland. I thought I would have a very good time. But I was wrong. I had the worst time ever.
We went on too many roller coasters. At first, we were all very excited, and I screamed. My friends wanted to ride more of them. So, for three hours, we didn't stop to rest. I finally threw up. I was very embarrassed. I haven't been there (since / for / ago) then.

Words amusement park 놀이공원 decide 결정하다 spend (시간을) 보내다, 쓰다 rest 쉬다 throw up 토하다
     be embarrassed 당황스럽다

1. 윗글의 "I"는 왜 놀이공원에 가기 싫어하는지 본문을 참조하여 영어로 쓰시오.

   _____

2. 괄호 안에 알맞은 표현을 고르시오.

   _____

동사의 완료 Ⅱ

1 현재완료와 관련된 시제의 비교

Checkpoint

I mailed a letter to Larry. He waited for it for a week.
He has just gotten it. I think he is happy now.

나는 래리에게 편지 한 통을 보냈다. 그는 일주일 동안 편지를 기다렸다.
그는 방금 전에 편지를 받았다. 나는 그가 지금 행복할 거라고 생각한다.

1 단순과거와 현재완료: 단순과거는 과거의 특정한 시간에 발생한 사건에, 현재완료는 과거의 불특정한 시간에 발생한 사건에 쓴다.

I sent the letter last week. ('지난 주'(last week)라는 특정한 시간) 나는 그 편지를 지난 주에 보냈다.

I have already sent the letter. ('이미'(already)는 과거이긴 하지만 특정한 시간이 아니다) 나는 이미 그 편지를 보냈다.

Larry received it yesterday. 래리는 어제 그것을 받았다.

Larry has just received it. 래리는 방금 그것을 받았다.

❶ for가 단순과거에 쓰이면 사건이 과거에 종료된 것이지만, 현재완료에 쓰이면 현재까지 계속되는 것을 의미한다.
Jennifer was in Seattle for two weeks. 제니퍼는 시애틀에 2주 동안 체류했었다.
Jennifer has been in Seattle for two weeks. 제니퍼는 시애틀에 2주 동안 머물고 있다.

2 단순현재와 현재완료: 단순현재는 현재상태를 강조하지만, 현재완료는 한 기간의 상태를 강조한다.

I live in Seoul. 나는 (현재) 서울에 산다.

I have lived in Seoul for a long time. 나는 서울에서 오랫동안 살아왔다.

I have an MP3 player. 나는 (현재) MP3 플레이어를 가지고 있다.

I have had an MP3 player for years. 나는 몇 년째 MP3 플레이어를 가지고 있다.

Reading Point

일반적으로 현재완료는 단순현재나 단순과거 등과 같은 시제들과 섞여서 쓰인다.

Sam *travels* a lot for business. He *traveled* to Rome three years ago. He *stayed* there for a month. He *went* to China last year. He *has been* in China since then. He *has stayed* in a hotel.

Sam은 사업상 여행을 많이 한다. 그는 3년 전 로마에 갔다. 그곳에서 한 달을 머물렀다. 그는 작년에 중국에 갔다. 그는 그 이후부터 지금까지 중국에 있다. 그는 호텔에 머물고 있다.

Exercises

A 불특정한 과거시간에는 '불특정', 특정한 과거시간에는 '특정'으로 표시하시오.

1. Mr. Kim has stayed at the Sleepy Hotel. ....
2. He stayed in the Sleepy Hotel for a week last year. ....
3. He has been there twice. ....
4. Mrs. Kim visited there in March. ....
5. She's been to Daejeon many times. ....
6. Jonathan wrote an article a few hours ago. ....
7. He has already written an article. ....
8. He read the book yesterday. ....
9. He has read the book many times. ....
10. Albert has recently traveled to China. ....

B 빈칸에 단순과거 또는 현재완료를 넣어 문장을 완성하시오.

1. I (go) [   ] to a concert last month.
2. I (be) [   ] at the concert for two hours yesterday.
3. Sarah (drive) [   ] very slowly last night.
4. She (bake) [   ] an apple pie last weekend.
5. She (overcook) [   ] it at that time.
6. Seyon's father (just, retire) [   ]. (불특정 과거)
7. He (just, see) [   ] the article. (불특정 과거)
8. Yesterday (be [   ] my birthday.
9. It (snow) [   ] last night.
10. It (already, melt) [   ]. (불특정 과거)

C 다음 문장에서 틀린 부분을 찾아 바르게 고치시오.

1. A: Where were you during your vacation?
   B: I've been in Daejeon. ....

2. A: How long were you there?
   B: I've been there for two weeks. ....

3. A: What did you do?
   B: I learn French. ....
   A: French? Do you know it?
   B: Yes, I have studied it for two months. ....

2 현재완료 진행

Checkpoint

I arrived at a café at 1:00. I ordered kimbab at 1:10.
It's 1:30 now. I have been waiting for it for twenty
minutes!

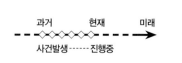

나는 1시에 식당에 도착했다. 1시 10분에 김밥을 주문했다. 지금 1시 30분이다. 지금까지 20분 동안 기다리고 있다!

---

1 현재완료 진행의 형태: 현재완료 진행은 『현재완료 + 현재진행』이므로 『have/has + p.p.』와 『be + ing』의 결합이다. 즉, 『have/has been + ing』로 표현하면 된다.

I have been reading for two hours. 나는 두 시간 동안 읽고 있다.

It has been snowing for five hours. 눈은 다섯 시간 동안 내리고 있다.

2 현재완료 진행과 현재진행: 현재진행은 현재의 동작을 강조하지만, 현재완료 진행은 과거에 시작된 동작이 현재에도 진행되고 있음을 강조한다.

My teacher started teaching at 9 o'clock. 선생님은 9시에 가르치기 시작하셨다.

It's 11 o'clock now. He is still teaching. 지금 11시다. 그는 여전히 가르치고 있다.

He has been teaching for two hours. 그는 두 시간동안 가르치고 있다.

He has been teaching since 9 o'clock. 그는 9시부터 가르치고 있다.

I have been knowing Jason for three years. (X)

→ I have known Jason for three years. (O) 나는 3년 동안 제이슨을 알고 지냈다.

3 현재완료 진행과 현재완료: 기간을 나타내는 경우 어떤 동사들은 현재완료나 현재완료 진행에 모두 사용할 수 있으며, 기본적으로 같은 의미이다.

I have worked on this project for two years. 나는 이 프로젝트를 2년간 해왔다.

I have been working on this project for two years. 나는 이 프로젝트를 2년간 해왔다.

Reading Point

현재완료 진행은 과거에 사건이 시작되었고, 현재에도 그 동작이 유지되고 있는 것이다.

Sujung *went* to school at 8:30 this morning. Her class *started* at 9:00. It's 10:00 now. She *is still sitting* in class. She *has been sitting* there for an hour.

수정이는 오늘 아침 8시 30분에 학교에 갔다. 수업은 9시에 시작되었다. 지금 10시다. 수정이는 아직도 교실에 앉아 있다. 교실에 한 시간 동안 앉아 있는 것이다.

Exercises

A 다음 문장을 현재완료 진행형으로 쓰시오.

1. He is working. ....
2. She is sleeping. ....
3. I am cooking. ....
4. They are living. ....
5. My brother is playing. ....
6. Jonathan is exercising. ....
7. I am reading. ....
8. It is raining. ....
9. Hanee is sleeping. ....
10. The dog is barking. ....

B 다음 문장의 동사부분에서 틀린 곳을 바르게 고치시오.

1. Mr. Smith has been knowing her for years. ....
2. She has been believing in God since she was 15. ....
3. He has possessing the land. ....
4. I have been wanting a DVD player. ....
5. Angela has liking the film for a long time. ....
6. He has been owning a car. ....
7. Jade wants a bike for a long time. ....
8. I have been forgetting my password. ....
9. She has been remembering my name. ....
10. This website exists for many years. ....

C 빈칸에 알맞은 단어를 넣어 문장을 완성하시오.

1. I (watch) [   ] TV now. I (watch) [   ] a comedy show for 30 minutes.

2. We (eat) [   ] dinner now. We (eat) [   ] for an hour.

3. Greg called his client at 9:00. He is still talking with her. He (talk) [   ] with her for two hours.

4. A: Hi, Mark.   B: Hi, Julie.
   A: Are you living in this town?   B: Yes, I moved here last year.
   A: Really? Did you?   B: Certainly. I (live) [   ] here for a year.

3 과거완료

Checkpoint

I left home at 8:30 this morning. I caught a bus at 9:00.
In other words, I had left home before I caught a bus.

나는 오늘 아침 8시 30분에 집을 나섰다. 9시에 버스를 탔다.
다시 말하자면, 나는 버스를 타기 전에 집을 나섰다.

과거이전	과거	현재

- - ◇ - - - - - + - - - - - - -
had + p.p.

---

1 **과거완료의 형태:** 과거완료는 『had + p.p.』로 표현하며, 과거를 기준으로 그 이전 시점을 나타낸다.

Sungho had stepped out when Dan called. 댄이 전화했을 때 성호는 밖에 나가 있었다.

Dan called after Sungho had stepped out. 성호가 밖에 나간 후에 댄이 전화를 했다.

2 **과거완료와 현재완료**

a. 현재시간을 기준으로 불특정한 과거시간을 쓸 때는 현재완료를 쓴다.

I am not sleepy now. I have overslept.
나는 지금 졸리지 않다. 나는 늦잠을 잤다.

b. 과거를 기준으로 그 이전시간을 쓸 때는 과거완료를 쓴다.

I was not sleepy at 11:00. I had overslept.
나는 11시에 졸리지 않았다. 나는 늦잠을 잤었다.

I had already read the book before I bought it. 나는 그 책을 사기 전에 이미 읽었다.

3 **과거완료진행:** 과거완료진행은 『had been + ing』로 표현하며, 과거 특정 시점에 사건이 지속되고 있음을 나타낸다.

Sunny had been watching TV when I called. 써니는 내가 전화했을 때 TV를 보고 있었다.

When my father got home, I had been reading. 아빠가 집에 오셨을 때 나는 독서 중이었다.

❗ 과거완료진행형에도 상태동사는 사용할 수 없다.
Sunny had been knowing him. (X) → Sunny had known him. (O) 써니는 그를 알고 있었다.

Reading Point

과거완료는 과거시간 기준이 주어져야 사용할 수 있다. 한 문장 안에 과거시간 기준이 없다면 과거완료가 들어 있는 문장 앞에 과거시간이 주어진다.

Sungho *had participated* in many activities before he *graduated* from college. He *had played* football on a team. He *had volunteered* as a camp counselor.
성호는 대학을 졸업하기 전 많은 활동에 참가했다. 그는 팀에서 축구선수로 활약했다. 그는 캠프 카운셀러로서 자원봉사를 하기도 했다.

Exercises

A 다음 문장에서 먼저 일어난 사건에 ✓표 하시오.

1. I found out that she had sent me a letter.
   A. _____ I found out.   B. ___✓___ She sent me a letter.

2. The train had arrived when I got to the station.
   A. _____ The train arrived.   B. _____ I got to the station.

3. Bill had finished the night shift and was on his way home.
   A. _____ Bill finished the night shift.
   B. _____ He was on his way home.

4. By the time I went to bed that night, I had watched a movie.
   A. _____ I went to bed late.   B. _____ I watched a movie.

5. I sent her a book because I had received a gift from her.
   A. _____ I sent her a book.   B. _____ I received a gift.

B 다음 두 가지 사건을 보고 한 문장으로 완성하시오.

1. He visited me. → He joined the army.
   → Before he ___had joined___ the army, he visited me.

2. She checked the tires. → She drove her car.
   → After she _____ the tires, she _____ her car.

3. I studied so hard. → I got all A's.
   → I _____ all A's because I _____ so hard.

4. All the players did their best. → They lost the game again
   → All the players _____, but they _____ the game again.

C 다음 문장에서 틀린 부분을 찾아 바르게 고치시오.

1. We often chatted online. We had been knowing each other for years.

   ----

2. Don has left his office when I got there.

   ----

3. I had eaten dinner by the time he visits me.

   ----

4 미래완료

Checkpoint

I'm going to write a letter tomorrow. By 2:00 PM, I will have been writing for 30 minutes. By 2:30, I will have sent it.

나는 내일 편지를 쓸 것이다. 오후 2시면, 30분 동안 편지를 쓰고 있을 것이다. 2시 30분까지는 편지를 보내게 될 것이다.

---

1 미래완료의 형태 : 「will have + p.p.」로 표현하며, '~하게 될 것이다'란 의미를 갖는다.

He will have cleaned his room by two o'clock. 2시까지는 그가 방을 청소하게 될 것이다.

By next February, I will have graduated from school. 2월이면 나는 학교를 졸업하게 될 것이다.

2 미래완료의 의미

a. 미래 특정 시점 이전에 사건 종료

By Saturday, you will have received the package.
토요일까지는 소포를 받게 될 것이다.

I will have decided before I get home.
나는 집에 도착하기 전에 결정하게 될 것이다.

b. 미래 특정 시점까지 사건 지속

I will have been in Canada for a year by December.
12월이 되면 나는 캐나다에 1년을 있게 된다.

By 5:00 PM, she will have studied for two hours.
오후 5시가 되면 그녀는 두 시간 동안 공부하게 된다.

3 미래완료진행 : 「will have been + ing」로 표현하며, 미래 특정 시점에도 사건이 진행되고 있음을 나타낸다.

By 5:00 PM, I will have been working for eight hours.
오후 5시까지 나는 여덟 시간 동안 일을 하고 있을 것이다.

Lisa will have been cooking for an hour by the time I get home.
내가 집에 도착할 때까지 한 시간 동안 리사는 요리를 하고 있을 것이다.

❗ 미래완료진행형에도 상태동사는 사용할 수 없다.
I will have been owning a car. (X) → I will have owned a car. (O) 나는 차를 갖게 될 것이다.

Reading Point

미래완료 표현은 미래 특정 시점이 되면 사건이 종료될 수도 있고, 그 특정 시점까지 지속될 수도 있다. 아래 표현들은 사건의 종료를 다루는 글이다.

By 2015, we *will have made* some trips to the moon. By 2020, we *will have sent* humans to Mars. We *will have sent* supplies ahead for their stay.

2015년까지 우리는 달로 여행을 가게 될 것이다. 2020년까지 우리는 사람들을 화성에 보내게 될 것이다. 우리는 그 사람들이 화성에 머무를 수 있도록 미리 공급물자를 보내게 될 것이다.

Exercises

A 미래완료 또는 미래완료진행을 넣어 문장을 완성하시오.

1. By next month, I (work) will have worked for the company for five years. (미래완료)
2. I (wait) _____ for 30 minutes by the time she arrives. (미래완료진행)
3. This time next year, I (graduate) _____ . (미래완료)
4. This time next year, I (live) _____ in the city for seven years. (미래완료)
5. I (drive) _____ for three hours when I arrive in Busan. (미래완료진행)
6. She (be) _____ in Jeonju for two years when her husband retires. (미래완료)
7. He (teach) _____ English for 30 years by next month. (미래완료)
8. I (finish) _____ my homework by Saturday. (미래완료)

B 미래완료 또는 미래완료진행을 넣어 문장을 완성하시오.

1. A: We have a meeting on October 1.
   B: I can't be there. I (go) _____ on vacation.

2. A: What are you doing tonight?
   B: I'm visiting my grandparents at 7:00.
   A: What are you doing at 8:00?
   B: I (be) _____ there for an hour by 8:00.

3. A: How long have you worked for your company?
   B: Next month I (be) _____ there for 20 years.
   A: That's quite a long time.
   B: I know. I like my job very much. How about you?
   A: I (work) _____ for my company for a year by next month.

C 다음 문장에서 틀린 부분을 찾아 바르게 고치시오.

1. A: I will graduate in February.
   B: So, you will graduate in March. _____

2. A: Our class starts at 9:00. It's 8:45.
   B: It'll take 20 minutes to get there.
   A: Right. It will be starting when we arrive. _____

3. A: I'll be home at 11:00 tonight.
   B: Can I call you at 11:30?
   A: No. Please call me at 11:10. I fell slept by 11: 30. _____

Review Test

다음 문장에 알맞은 표현을 고르시오.

1. Insik returned the book he _____.
   (A) had borrowed   (B) borrowed
   (C) will have borrowed   (D) borrow

2. Mrs. Kim _____ to the city, and then she left there.
   (A) has traveled   (B) had traveled
   (C) will have traveled   (D) travel

3. We _____ each other for 10 years.
   (A) was knowing   (B) know
   (C) have known   (D) have been knowing

4. Mr. Kim _____ the Bible since he was 10.
   (A) had read   (B) has read
   (C) read   (D) is reading

5. By this weekend, I _____ my homework.
   (A) will have finished   (B) had finished
   (C) have finised   (D) finish

6. She _____ goodbye before I leave.
   (A) said   (B) had said
   (C) has said   (D) will have said

7. I missed the bus because I _____.
   (A) had overslept   (B) overslept
   (C) has overslept   (D) oversleep

8. We _____ on the phone for two hours.
   (A) had been   (B) have been
   (C) are   (D) had

B 다음 문장에서 틀린 부분을 찾아 바르게 고치시오.

1. We have been owning the house for 10 years.

   ----

2. I have been knowing Mr. Bean since 2005.

   ----

3. Mr. Jang has been having a lot of money.

   ----

4. I have been loving soccer since the 2002 World Cup.

------

5. Mr. Smith had lived in Seoul for five years.

------

6. Bosung has studied Spanish before he went to Spain.

------

7. Mr. Lee has taught English until he retired.

------

8. He has rented a car before he bought one.

------

9. My father sold the car that I have cleaned.

------

10. Yoonsoo have cooked dinner by the time I visit him.

C 주어진 표현을 이용하여 다음을 영작하시오.

1. 우리 프로그램은 성공적이었다. (have + p.p.를 이용)

------

2. 내 친구들은 중학교에 가기 전에 영어를 공부했다. (had + p.p.를 이용)

------

3. 나는 이 휴대폰을 3년 동안 사용해왔다. (휴대폰 = cell phone)

------

4. 내 친구들은 이 책을 이미 다 읽었다. (불특정 과거)

------

5. 나의 형은 그 회사에서 3년 동안 일해왔다. (현재완료진행을 이용)

A 다음 글을 읽고 물음에 답하시오.

Dear Daddy-Long-Legs,

First, I have some great news. Jerusha Abbot (1) has become an author. My poem, "From My Tower," will appear in the *February Monthly*. I will send you a copy of it. Isn't that great?

I've been doing so many other things as well. (2) I've learned how to skate. I can now skate around without falling down.

Words **author** 저자 **appear** 나타나다 **fall down** 넘어지다

1. 밑줄 친 (1), (2)의 현재완료 시제의 의미는 무엇인가?

(A) 과거 불특정한 시간 (B) 지속적 의미
(C) 경험 (D) 횟수

2. 글쓴이가 말하는 "좋은 소식"이 무엇인지 영어로 쓰시오.

_____

B 다음 글을 읽고 물음에 답하시오.

I put it in a very safe place. Now, I can't remember where it is. I (1) _____ in all my drawers, in my closet, underneath my bed, inside my books, and in my secret box. Finally, I knew where I (2) _____ it.

Words **underneath** 밑의 **inside** 안의 **secret** 비밀

1. 빈칸 (1)에 알맞은 표현을 고르시오.

(A) have looked (B) looked have
(C) looking (D) was looking

2. 빈칸 (2)에 알맞은 표현을 고르시오.

(A) put (B) will have put
(C) has been putting (D) had put

C 다음 글을 읽고 물음에 답하시오.

Mr. Lee has been our teacher for many years. He (tend) the trees and flowers at school. He gave all of his heart to us. But he can no longer teach. He must be in pain these days.

Words tend 돌보다 no longer 더 이상 ~않는 in pain 고통을 겪는 must be ~임에 틀림없다

1. 괄호 안의 동사를 현재완료형으로 고치시오.
   _____

2. 윗글에 따르면 이 선생님은 어떤 마음인가?
   (A) 즐거운 마음   (B) 고통스러운 마음
   (C) 정원에서 놀고 싶은 마음   (D) 농부가 되고자 하는 마음

3. 밑줄 친 문장을 해석하시오.
   _____

D 다음 글을 읽고 물음에 답하시오.

Everybody in the valley was waiting for a man. People thought, "He is rich, so he can do great things."(Sunset came,) and many people gathered to see the famous man. Suddenly, there was the noise of wheels moving along the road. "He's coming!" someone cried. "He has finally arrived!"

Words wait for ~을 기다리다 gather 모이다 famous 유명한 suddenly 갑자기 noise 소음 wheel 바퀴 arrive 도착하다

1. 괄호 안의 문장을 현재완료형으로 고치시오.
   _____

2. 밑줄 친 문장의 현재완료 동사가 어떤 의미(과거 또는 지속)로 쓰였는지 쓰시오.
   _____

Level Up daylight saving time에 관한 이야기

우리나라에서는 88올림픽 때 시행된 적이 있는 summer time은 영어로는 daylight saving time이라고 부른다. 많은 사람들이 summer time이라고 부르는데 summer time은 "여름"이라는 말이다. 따라서 "일광절약시간"이란 의미로 영어를 쓰고 싶다면 daylight saving time이라고 써야 한다.

Hey, Mr. Grammar!

How does grammar help?

Grammar helps you write better.

Grammar is an important tool in reading.

Grammar makes your English more perfect!

동사들의 변신

Verbs

영어의 동사에는 크게 두 종류가 있다. 하나는 자동사, 다른 하나는 타동사이다. 타동사는 목적어를 가지는 동사로 문장에서 수동태로 쓰일 수 있다. 수동태는 『be + p.p.(과거분사)』의 형태로 쓰이며 '~을 받다/되다' 등 수동 의미로 사용된다.

한편 동사는 to와 결합하여 『to + 동사원형』의 형태로 명사/형용사/부사의 자리에 쓰일 수 있는데 이를 'to부정사'라고 부른다. 동사는 『V + ing』의 형태로 쓰이기도 하는데, 문장에서 명사의 자리에만 쓰일 수 있기 때문에 '동명사'라고 부른다.

to부정사나 동명사 모두 문장의 동사는 아니라는 것에 주의하자.

Unit 20

수동태

1 수동태의 기본 구조

> **Korean** is spoken in Korea.
> **This book** is written in Korean.
>
> 한국어는 한국에서 말해진다. | 이 책은 한국어로 쓰여졌다.

• 능동태는 주어가 스스로 행위를 하는 것이지만, 수동태는 주어가 행위를 받는 것이다.

1 자동사와 타동사: 자동사는 목적어가 필요하지 않은 동사지만, 타동사는 목적어가 필요한 동사이며, '~을/를'의 의미를 가진다. 많은 동사들은 자동사와 타동사로 겸해서 쓰일 수 있다.

Flowers grow in the garden. **(자동사)** 꽃들은 정원에서 자란다.
I grow flowers in the garden. **(타동사, flowers = 목적어)** 나는 정원에서 꽃을 기른다.

Davis always writes. **(자동사)** 데이비스는 항상 끄적거린다.
Davis always writes letters. **(타동사, letters = 목적어)** 데이비스는 항상 편지를 쓴다.

2 수동태의 기본 구조: 타동사로 쓰인 문장만 수동태로 쓸 수 있다. 수동태는 주어가 '받다/당하다/되어지다' 등 수동의 의미로 쓰인다.

능동태	S + V + O	**Bob** grows flowers. 밥은 꽃을 기른다.
		① 능동태의 목적어를 수동태의 주어로 쓴다.
		② 능동태의 동사는 수동태의 be + p.p.로 바꾸어 쓴다.
		③ 능동태의 주어는 수동태에서 by + 명사의 형태로 쓴다.
수동태	S + be + p.p. + by + N	**Flowers** are grown by Bob. 꽃은 밥에 의하여 재배된다.

Donna wrote this letter. 도나가 이 편지를 썼다.
→ **This letter** was written by Donna. 이 편지는 도나에 의해 쓰여졌다.

My father built this building. 아버지가 이 빌딩을 지으셨다.
→ **This building** was built by my father. 이 빌딩은 아버지에 의해 지어졌다.

3 규칙동사와 불규칙동사

a. 규칙동사는 동사원형에 ed를 붙여서 과거형과 과거분사형을 만들고, 불규칙동사는 이런 규칙이 없다.

동사 종류	동사원형(현재)	과거	과거분사
규칙동사	taste	tasted	tasted
	study	studied	studied
	change	changed	changed
	finish	finished	finished
불규칙동사	be (am/are/is)	was/were	been
	have	had	had
	know	knew	known
	run	ran	run

b. 불규칙동사는 다음과 같이 네 가지 유형이 있다.

유형	동사원형(현재)	과거	과거분사
AAA (현재/과거/과거분사의 형태가 서로 같은 것)	hit	hit	hit
	cut	cut	cut
	put	put	put
	read	read	read
	cast	cast	cast
	set	set	set
	hurt	hurt	hurt
ABB (과거/과거분사의 형태 가 서로 같은 것)	begin	began	begun
	teach	taught	taught
	think	thought	thought
	find	found	found
	catch	caught	caught
	build	built	built
ABC (현재/과거/과거분사의 형태가 서로 다른 것)	write	wrote	written
	eat	ate	eaten
	give	gave	given
	wear	wore	worn
	see	saw	seen
	grow	grew	grown
	take	took	taken
ABA (현재와 과거분사의 형 태만 서로 같은 것)	run	ran	run
	come	came	come
	become	became	become

Exercises

A 다음 문장을 보고, 동사가 자동사인지 타동사인지 구분하시오.

1. (a) I will change my plan.   타동사
   (b) Time changes.   자동사

2. (a) A friend of mine grew a tree. _____
   (b) Children grow up quickly. _____

3. (a) I live in Incheon. _____
   (b) I live a happy life. _____

4. (a) I study English. _____
   (b) I study at a library. _____

5. (a) I eat lunch at the café. _____
   (b) I eat at the café. _____

B 다음 문장에서 수동태의 형태가 잘못된 부분을 바르게 고치시오.

1. My plan was change.

   _____

2. English is speak in Canada.

   _____

3. Vegetables are grew in the garden.

   _____

4. An apple was eat.

   _____

5. I was excite.

   _____

C 다음 문장을 수동태로 바꾸시오.

1. Karen built the house. _____

2. People speak Korean here. _____

3. People stopped the car. _____

4. She drives the sports car. _____

5. Wendy taught me. _____

D 다음 주어진 동사의 과거형과 과거분사형을 쓰시오.

	현재(동사원형)	과거	과거분사
1.	taste		
2.	hit		
3.	cut		
4.	run		
5.	come		
6.	become		
7.	be		
8.	begin		
9.	start		
10.	open		
11.	close		
12.	eat		
13.	write		
14.	give		
15.	wear		
16.	see		
17.	hear		
18.	teach		
19.	think		
20.	catch		
21.	build		
22.	find		
23.	take		
24.	finish		
25.	know		
26.	listen		
27.	sing		
28.	sleep		
29.	get		
30.	call		

2 by + 명사

Checkpoint

Joe's song is sung by Sean.

English is spoken in many countries.

조의 노래는 선에 의하여 불려진다. | 영어는 많은 국가에서 말해진다.

1 능동태의 주어는 수동태에서 『by + 명사』로 쓴다. 즉, 명사 자리에는 능동태의 주어에 쓰였던 명사를 쓰면 된다. 하지만 인칭대명사를 쓸 때는 by 다음에 목적격을 쓴다.

Larry made this doll. 래리가 이 인형을 만들었다.

→ This doll was made by Larry. 이 인형은 래리에 의해 만들어졌다.

She / He / They / I / You made this doll. 그녀 / 그 / 그들 / 내 / 네가 이 인형을 만들었다.

→ This doll was made by her / him / them / me / you. (O)

이 인형은 그녀 / 그 / 그들 / 나 / 너에 의해 만들어졌다.

→ This doll was made by she / he / they / I. (X) (주격대명사를 전치사 뒤 목적어 자리에 쓸 수 없다)

2 '행위의 주체'가 누구인지 밝히는 것이 중요할 때 쓴다.

This building was built by Ryan Smith. (Ryan Smith가 지었다는 것을 강조할 때 쓴다)

이 빌딩은 라이언 스미스에 의하여 지어졌다.

The thief was caught by a little girl. (작은 소녀에게 잡혔다는 것이 중요하기 때문에 썼다)

그 도둑은 작은 소녀에 의해 붙잡혔다.

➕ '행위의 주체'를 밝힐 때는 수동태보다는 능동태로 쓰는 것이 일반적이다.

Ryan Smith built this building. 라이언 스미스는 이 빌딩을 지었다.

A little girl caught the thief. 한 작은 소녀가 그 도둑을 잡았다.

3 누가 '행위의 주체'인지 말하는 것이 중요하지 않거나, 말할 필요가 없거나, 불분명할 때, 『by + 명사』는 쓸 필요가 없다.

Korean is spoken in Korea (by Koreans). (누가 한국에서 한국어를 쓰는지 말할 필요가 없다)

한국어는 한국에서 사용된다.

This building was built in 2006. (누가 빌딩을 지었는지 중요하지 않다) 이 빌딩은 2006년에 지어졌다.

My cell phone was stolen yesterday. (누가 가져갔는지 불분명하다) 내 휴대폰은 어제 도난 당했다.

Reading Point

『by + 명사』가 중요하지 않거나, 굳이 말할 필요가 없는 경우에는 쓰이지 않는 글을 많이 볼 수 있다. 다음의 예를 보자.

Mother Teresa *was born* in Macedonia in 1910. She left home at 18 and joined the Sisters of Loreto. She *was sent* to India.

마더 테레사는 1910년 마케도니아에서 태어났다. 그녀는 18세에 집을 떠나 로레토 자매회에 가입했다. 그리고 인도로 보내졌다.

Exercises

A 다음 능동태 문장을 수동태 문장으로 바꾸시오.

1. They caught a shark.
   → A shark was caught.

2. We speak Korean in Korea.
   → ....

3. We clean our room every day.
   → ....

4. They built the tower in 2006.
   → ....

5. We use this computer every day.
   → ....

Chapter 10
동사들의
변신

B 다음 문장에서 틀린 부분을 찾아 바르게 고치시오.

1. My cell phone was break last week. ....

2. He born in Daejeon. ....

3. This computer made in Korea. ....

4. My MP3 player was repairing. ....

5. His car was steal. ....

C 주어진 표현을 이용하여 다음을 영작하시오.

1. 보성은 차(tea)로 알려져 있다. (보성 = Bosung / ~로 알려져 있다 = be known for)

   ....

2. 나는 그 파티에 초대받았다. (초대하다 = invite)

   ....

3. 우표는 여기서 팔리고 있습니다. (우표 = stamps)

   ....

4. 물은 산소와 수소로 나누어진다. (산소 = oxygen / 수소 = hydrogen)

   ....

5. 쌀은 아시아에서 재배된다. (재배하다 = grow)

   ....

3 수동태의 시간, 부정문, 의문문

Checkpoint

My computer is being repaired.
This camera is not broken.
Are you invited?

내 컴퓨터가 수리되고 있다. | 이 카메라는 고장나지 않았다. | 너 초대받았니?

1 단순현재 / 과거 / 미래형의 수동태: 현재 / 과거 / 미래동사와 「be + p.p.」를 써서 만든다.

시간	수동태	예
현재	am / are / is + p.p.	Our office is closed now.
과거	was / were + p.p.	I was invited to Chris' birthday party.
미래	will be + p.p.	This class will be taught in English.
진행형	be + being + p.p.	My camera is (was / will be) being repaired.

2 완료형의 수동태: 현재 / 과거 / 미래완료형 동사와 「be + p.p.」를 써서 만든다.

시간	수동태	예
현재완료	have / has been + p.p.	Our office has been closed now.
과거완료	had been + p.p.	I had been invited before I left.
미래완료	will have been + p.p.	This class will have been taught in English.

3 수동태의 부정문 : not은 be동사와 조동사의 뒤에 쓴다.

Our office is not closed now. 우리 사무실은 지금 닫는다.
I was not invited to Chris' birthday party. 나는 크리스의 생일파티에 초대받지 않았다.
This class will not be taught in English. 이 강의는 영어로 진행되지 않을 것이다.

4 수동태의 의문문 : be동사와 조동사를 주어와 바꾸고 의문부호(?)를 문장의 끝에 붙인다.

Your office is closed now.
→ Is your office closed now? 너희 사무실은 지금 닫혔니?
Were you invited to Chris' birthday party? 너는 크리스의 생일파티에 초대받았니?
Will this class be taught in English? 이 강의는 영어로 진행되나요?

Exercises

A 괄호 안의 지시에 따라 주어진 표현을 이용하여 수동태 문장을 완성하시오.

1. [my room / paint] (현재진행)   My room is being painted.
2. [my room / clean] (과거)
3. [the door / repair] (과거)
4. [the building / build] (현재진행)
5. [the shop / close] (현재완료)
6. [the work / do] (미래완료)
7. [my key / lose] (과거)

B 괄호 안의 지시에 따라 수동태 문장을 완성하시오.

1. I was invited. (부정)   I was not invited.
2. I was born in Taiwan. (부정)
3. It is sold here. (부정)
4. The homework has been done. (의문)
5. The bike has been stolen. (의문)
6. She was born in Seoul. (의문)
7. The door was broken. (의문)

Chapter 10
동사들의 변신

C 주어진 표현을 이용하여 다음을 영작하시오.

1. 몇 명의 사원들은 해고되었다. (사원들 = employees / 해고하다 = lay off)

2. 이곳에서는 영어가 사용됩니다. (사용하다 = use)

3. 우리 학교는 서울에 위치해 있습니다. (위치하다 = be located)

4. 그 체육관은 2000년에 지어졌다. (체육관 = gym / 짓다 = build)

5. 그 사고로 네 명이 죽었다. (사고 = accident)

Review Test

A 두 문장 중에서 수동태로 쓸 수 있는 문장 앞에 ✓ 로 표시하고 수동태 문장으로 바꾸시오.

1. (a) [✓] They are flying kites.
   (b) [   ] An airplane is flying.
   → Kites are being flown.

2. (a) [   ] We eat every day.
   (b) [   ] We eat an apple every day.
   → _____

3. (a) [   ] I woke up at 7:00.
   (b) [   ] My baby woke me up.
   → _____

4. (a) [   ] We play the game.
   (b) [   ] We play on the playground.
   → _____

5. (a) [   ] The water is boiling now.
   (b) [   ] We are boiling the water now.
   → _____

B 다음 문장에서 틀린 부분을 찾아 바르게 고치시오.

1. A friend of mine was invited me.

2. He was send to LA.

3. She born in 2006.

4. He was take to the hospital.

5. She will be show on TV tonight.

6. He knows for his humor.

7. Wine made from grapes.

8. The tower was building last year.

9. My car was sell yesterday.

10. The decision will be making by tomorrow.

C 주어진 표현을 이용하여 수동태 문장을 완성하시오.

1. [the letter / send / yesterday]

   _____

2. [his car / steal / this morning]

   _____

3. [rice / cook / every day]

    ---

4. [my car / break / last night]

    ---

5. [my homework / finish / by tomorrow]

    ---

6. [bananas / import]

    ---

7. [he / call / Mr. Bean]

    ---

8. [the problem / correct / yesterday]

D   주어진 표현을 이용하여 다음을 영작하시오.

1. 우리의 숙제가 주어졌다. (숙제 = assignment / 주다 = hand out)

    ---

2. 그 프로젝트는 내일까지 완성될 것이다. (완성하다 = finish)

    ---

3. 그 사람은 체포되었다. (체포하다 = arrest)

    ---

4. 그녀는 서울에서 태어났다.

    ---

5. 그 빌딩은 5년 전에 지어졌다. (짓다 = build)

Reading Exercises

A 다음 글을 읽고 물음에 답하시오.

> It was a good game. The Tigers won 10 to 8, but the Lions were happy. They had played better than ever.
> Trophies (hand out). Most of the trophies went to Jongmin, Sam, and Harry.
> But the last one didn't. The Most Improved Player Award went to Hyunsu. It was the first trophy he had ever won.

Words   hand out 주다/수여하다

1. 괄호 안의 표현을 수동태(과거)로 바꾸어 쓴 것 중 맞는 것을 고르시오.

   (A) were hand out   (B) were handed out

   (C) was handed out   (D) handed out

2. 마지막에 주어진 트로피는 누가 받았는가?

   (A) Hyunsu   (B) Sam

   (C) Harry   (D) Jongmin

B 다음 일기를 읽고 물음에 답하시오.

> July 10, 2007
>
> My examinations were finally over today. I'm (1) <u>excite</u> about spending one month on a farm. I really thank my mom for sending me there. I've lived in a big city all my life. I have never stayed on a farm. I'll do many activities with my cousins. They've waited for me for a long time. We are (2) <u>interest</u> in soccer and baseball.

Words   examination 시험   finally 마침내   spend (시간/돈)을 쓰다   activity 활동   cousin 사촌   wait for ~을 기다리다

1. 밑줄 친 (1), (2)를 바르게 고치시오.

   (1) _____

   (2) _____

2. 윗글에 따르면 글쓴이의 사촌들은 어디에 살고 있나?

   (A) 대도시   (B) 소도시

   (C) 농장   (D) 해외

C 다음 글을 읽고 물음에 답하시오.

"Everyone knows tangerines don't grow in Seoul," said Junil. "Tangerines grow in Jeju." "Oh, no," said Seho, "They grow tangerines in other places, too. My father gave me this book. The book says how tangerines (bring) to Jeju and other places."

Words grow 자라다, 기르다

1. 괄호 안의 표현을 수동태로 바꾸시오.

   _____

2. 윗글에 이어서 어떤 내용의 글이 올지 추론해 보시오.
   (A) 감귤의 일생   (B) 감귤의 맛
   (C) 감귤의 위치   (D) 감귤의 유래

D 다음 나비에 관한 내용을 읽고 물음에 답하시오.

The butterfly is an insect. Butterflies are (1) <u>know</u> for their wings. They are colorful and bright. Butterfly wings are a bit like bird wings. Bird wings are (2) <u>make</u> of feathers, but butterfly wings are (3) <u>make</u> of tiny overlapping scales. The wings are (4) <u>color</u> in various patterns.

Words butterfly 나비 insect 곤충 wing 날개 feather 깃털 overlap 겹치다 scale 비늘

1. 윗글의 주제를 고르시오.
   (A) Kinds of butterflies   (B) Bird wings
   (C) Butterflies are insects.   (D) Butterfly wings

2. 밑줄 친 (1)~(4)의 동사를 형태에 맞게 바꾸시오.
   (1) know _____   (2) make _____
   (3) make _____   (4) color _____

Level Up   **수동태와 능동태**

영어로 글을 쓸 때 수동태를 자주 쓰는 것은 좋지 않다. 자신의 의견을 써서 독자들을 설득시키려는 글을 쓸 때는 능동태 위주의 문장을 써야 한다. 특별히 주제문을 쓸 때는 수동태로 쓰지 말고 능동태로 쓰기로 하자. 그러나 수동의 표현이 꼭 필요한 부분에서는 써야 한다.

또한 모든 타동사가 수동태 문장으로 바뀌는 것은 아니다. 따라서 능동태를 수동태로, 수동태를 능동태로 바꾸는 연습은 영어로 글을 쓰는데 많은 도움이 되지 않더라도, 문장 구조를 익히는 데 도움이 된다. 영어로 쓰여진 글을 읽을 때 수동태 문장이 언제, 어떻게 쓰였는지 잘 파악하면서 수동태 쓰는 감각을 익혀 둔다면 좋은 영어를 구사하게 될 것이다.

1 to부정사 1

Checkpoint

I want to speak fluent English.
He wants to marry me.

나는 유창한 영어를 하고 싶다. │ 그는 나와 결혼하고 싶어한다.

1 부정사란 동사원형을 말하고, to부정사는 『to + 동사원형』을 말한다.

동사원형	to부정사 (to + 동사원형)
study	to study
eat	to eat
play	to play

I'm ready to eat. 나는 먹을 준비가 되어 있다.
I want to study hard. 나는 열심히 공부하고 싶다.
Children like to play. 아이들은 놀기를 좋아한다.

2 decide, expect, hope, plan, learn, want, wish, refuse, promise, mean 등과 같은 동사는 뒤에 to부정사를 요구하며, -ing를 쓰면 안 된다.

I decided to learn Spanish. 나는 스페인어를 배우기로 결심했다.
She wants to talk to you. 그녀가 너와 말하기를 원한다.
They plan to invite me. 그들은 나를 초대하려고 한다.
I hope to see her again. 나는 그녀를 다시 보고 싶다.
He refused to leave. 그는 떠나기를 거부했다.
I decided learning Spanish. (X) (decide 뒤에는 to부정사를 써야 한다)

Exercises

A 괄호 안에서 알맞은 것을 고르시오.

1. Junho wanted (to play / playing) with Tom.
2. Tom planned (to go out / go out).
3. They decided (to stay / staying) at home.
4. We hope (to go / go) to college.
5. I promised (to help / helping) her.

B 다음 문장에서 틀린 부분을 찾아 바르게 고치시오.

1. He decided leave the team.   He decided to leave the team.
2. I wish seeing you again.   ....
3. He wants being rich.   ....
4. He promised doing so.   ....
5. We expected find it.   ....

Chapter 10
동사들의
변신

C 주어진 표현을 이용하여 현재형 시제로 문장을 완성하시오.

1. [I / plan / read / every day]

2. [I / hope / see / you / soon]

3. [He / want / be / a doctor]

4. [She / plan / be / a lawyer]

5. [They / need / take a rest]

D 주어진 표현을 이용하여 다음을 영작하시오.

1. 나는 나의 사촌의 결혼에 가기를 원한다. (결혼 = wedding)

2. 나는 신문을 읽기로 결심했다. (결심하다 = decide)

3. 그는 그 일을 그만 두는 것을 거부했다. (거부하다 = refuse / 그만두다 = quit)

4. 나는 그렇게 말하려고 의도했던 것은 아니다. (의도하다 = mean)

2 to부정사 2

Checkpoint

I told him to stop smoking.
He advised me to practice every day.

나는 그에게 담배를 끊으라고 말했다. | 그는 나에게 매일 연습하라고 충고했다.

1 ask, advise, allow, cause, enable, expect, lead, teach, tell, want 등과 같은 동사는 뒤에 「목적어 + to부정사」를 써서 목적어에게 그 행동을 하도록 한다.

Bill asked me to sing. 빌은 내게 노래를 부르라고 요청했다.
Bill asked me singing. (X) (목적어 + to + 동사원형의 형식이어야 한다)
Bill asked me sing. (X)
Bill asked me to singing. (X)
My parents allowed me to drive. 부모님께서 내가 운전하는 것을 허락하셨다.
I want you to call me soon. 네가 나에게 곧 전화하기를 바란다.

2 to부정사는 목적어 보어 위치에 쓰여 명사처럼 쓰이기도 하고, 명사 뒤에서 명사를 수식하여 형용사처럼 쓰이기도 하며, 형용사, 부사, 동사 뒤에서 이들을 수식하여 부사처럼 쓰이기도 한다.

기능	위치	예
명사	보어 자리	My goal is to be a teacher. 내 목표는 선생님이 되는 것이다.
	목적어 자리	I want to be a teacher. 나는 선생님이 되길 원한다.
형용사	명사 뒤(명사 수식)	I have an ability to learn. 나는 배울 능력이 있다.
부사	형용사 뒤(형용사 수식)	I'm ready to go. 나는 갈 준비가 되어 있다.
	동사 뒤(동사 수식)	He came to see me. 그가 나를 보러 왔다.

Reading Point

「동사 + 목적어 + to부정사」의 형태는 문장에 유익하게 쓰이므로, 이러한 동사들을 외워 두자.

A bee sat on a white rock. A ladybug came and sat beside him. The ladybug said to the bee, "Is this your rock?" The bee *told the ladybug to go* home.
벌이 흰바위 위에 앉았다. 무당벌레가 와서 그의 곁에 앉았다. 무당벌레가 벌에게 말했다. "이게 네 바위니?" 벌은 무당벌레에게 집에 가라고 말했다.

Exercises

A 괄호 안에서 알맞은 것을 고르시오.

1. My mom allowed me (to sleep / sleeping) over.

2. Hayoung asked me (to be / is) there.

3. She told me (to work / working) hard.

4. My brother caused me (to travel / travel).

5. The Internet enables us (to get / getting) closer.

B 다음 문장에서 틀린 부분을 찾아 바르게 고치시오.

1. Mom expected me exercise every day. ....

2. She taught me listening carefully. ....

3. My parents told me study abroad. ....

4. My friends expect me to calling them. ....

5. He advised me studies alone. ....

Chapter 10
동사들의
변신

C 밑줄 친 부정사가 명사, 형용사, 부사 중 어떤 것으로 쓰였는지 쓰시오.

1. I planned to pray every day. ....

2. His plan is to win the game. ....

3. I don't have enough time to tell you. ....

4. I'm happy to see you. ....

5. He went to meet her again. ....

D 주어진 표현을 이용하여 다음을 영작하시오.

1. 나는 네가 그 회의에 참석하기를 원한다. (참석하다 = attend)

   ....

2. 나는 네가 그 시험에 합격하기를 기대한다. (합격하다 = pass)

   ....

3. 그녀는 내가 그에게 전화하도록 부탁했다. (부탁하다 = ask)

   ....

4. 그는 내게 책을 만드는 것을 가르쳤다. (가르치다 = teach)

   ....

Checkpoint

Mom made me clean my room.
Mom let me play outside.
Mom got me to sleep.

엄마는 내가 방을 청소하도록 시키셨다. | 엄마는 내가 밖에 나가서 노는 것을 허락하셨다. | 엄마는 내가 잠을 자도록 하셨다.

1 make/have/let은 뒤에 「목적어 + 동사원형」을 써야 한다. 의미는 세 동사가 완전히 다르다.

동사	문장 구조	동사의 의미
make		…을 하도록 하다 / 만들다. (= force: 강제성 있음)
have	+ 목적어 + 동사원형	…을 하도록 하다. (= cause: 강제성 없음)
let		…을 허락해 주다. (= allow: 허락하다)

I made him cry. 나는 그를 울게 했다.

His joke made me laugh. 그의 농담이 나를 웃게 만들었다

She had him call me back. (강제성 없음) 그녀는 그가 나에게 전화를 하도록 했다.

My parents let me buy a dog. = My parents allowed me to buy a dog.

부모님께서는 내가 개를 사도록 허락하셨다.

I made him to cry. (X) (make/have/let 동사의 목적어 다음에 to부정사를 쓰면 안 된다)

She had him to call me. (X)

My parents let me to buy a dog. (X)

2 get은 '~을 하도록 하다'의 의미로 쓰이며, 뒤에 「목적어 + to부정사」를 써야 한다.

She got him to call me back. 그녀는 그가 나에게 전화를 하도록 했다.

My mom got me to eat chicken again. 어머니는 내가 다시 닭고기를 먹도록 하셨다.

She got him call me back. (X) (get의 목적어 다음에 동사원형을 쓰면 안 된다)

3 help는 '~을 도와주다'의 의미로 쓰이며, 뒤에 to부정사와 동사원형 모두 쓸 수 있다.

I helped my mom to clean her room. (O) 나는 어머니가 청소하시는 것을 도와드렸다.

= I helped my mom clean her room. (O)

Exercises

A 괄호 안의 동사를 알맞은 형태로 바꾸어 쓰시오.

1. I made him ___stand___ (stand) behind me.
2. He made me _____ (calm down) again.
3. He got me _____ (start) singing.
4. She helped him _____ (win) the race.
5. My parents let me _____ (sleep over).
6. They taught me _____ (be) a teacher.
7. Do you want me _____ (visit) your blog?
8. Dahyun had him _____ (take) a seat.

B 다음 문장에서 틀린 부분을 찾아 바르게 고치시오.

1. They let him to work.
   They let him work.

2. The doctor advised me keep warm.

3. She had me to go outside.

4. He led me get up early.

5. Jonathan made his sister to laugh.

C 주어진 표현을 이용하여 다음을 영작하시오.

1. 이 책은 내가 영어를 향상시키는 데 도움이 돼요. (향상시키다 = improve)

2. 내가 그것에 관하여 알려줄게. (let을 써서)

3. 그가 너에게 이메일을 쓰도록 할게. (have를 써서)

4 동명사

Checkpoint

It stopped raining.
Traveling is fun.

비가 그쳤다. | 여행하는 것은 재미있다.

1 동명사: 『동사원형 + ing』의 형태로, 명사의 역할을 한다. 또한 동명사는 자체적으로 목적어를 가질 수도 있다.

I enjoy walking. (동명사) 나는 걷는 것을 즐긴다.
I enjoy eating apples. (동명사 + 목적어) 나는 사과 먹는 것을 즐긴다.

2 동사 + ing: avoid, enjoy, deny, finish, give up, mind, quit, suggest 같은 동사가 오면 뒤에 동명사가 와야 한다. 이때 동명사는 목적어이다.

They avoided talking about money. 그들은 돈에 관하여 말하기를 꺼려했다.
I enjoy learning English. 나는 영어 배우는 것을 즐긴다.
I finished doing my work. 나는 내 일을 마쳤다.
Do you mind answering a few questions? 몇 가지 질문에 답변하실 수 있나요?
I quit driving a couple of days ago. 나는 며칠 전에 운전하는 것을 그만두었다.

3 주어와 보어 자리에 쓰이는 동명사: 동명사는 주어와 보어로도 쓰일 수 있다. 이때에도 동명사의 우리말 의미는 '~하는 것 / ~하기'이다.

Riding a bike is fun. (주어) 자전거를 타는 것은 재미있다.
To ride a bike is fun. (X) → Riding a bike is fun. (O)
(문법적으로 to부정사가 주어 자리에 올 수는 있지만, 실제로는 잘 쓰이지 않는다)
My hobby is riding a bike. (보어) 내 취미는 자전거 타는 것이다.

Reading Point

다음과 같이 자연스런 문장의 흐름 속에서 동명사의 쓰임을 익혀보자.

Sujung *stopped cutting* the grass. "What are you doing in my garden?" she asked a boy. "I *enjoy playing*," he answered.
수정이는 잔디깎는 것을 멈췄다. "우리 정원에서 뭐하는 거니?" 그녀는 소년에게 물었다. "즐겁게 놀고 있어요." 그 소년은 대답했다.

Exercises

A 괄호 안의 동사를 알맞은 형태로 바꾸어 쓰시오.

1. I enjoy ⟨eating⟩ (eat) out.
2. I don't mind _____ (fail) something.
3. She avoided _____ (answer) the question.
4. _____ (get up) early is good for your brain.
5. He decided _____ (stay) home.
6. He promised _____ (work) together.
7. I finished _____ (read).
8. I want _____ (study) abroad.
9. Willy suggested _____ (have) more talks.
10. Dan hopes _____ (drive) his car.

B 다음 문장에서 틀린 부분을 찾아 바르게 고치시오.

1. I don't mind to work late at night. _____
2. I enjoy to watch TV. _____
3. All of us hope passing the exam. _____
4. We finished to wash the car. _____
5. They need taking pictures. _____

C 주어진 표현과 동명사를 이용하여 다음을 영작하시오.

1. 밖에 눈이 오던 것이 멈췄어요. (멈추다 = stop)

   _____

2. 나는 테니스 치는 것을 즐겼다. (즐기다 = enjoy)

   _____

3. 시간을 낭비하는 것은 좋지 않아요. (낭비하다 = waste)

   _____

4. 그는 일을 끝냈다. (끝내다 = finish)

   _____

5. 내 친구 아버지는 담배를 끊으셨다. (끊다 = quit)

   _____

5 주의해야 할 동명사

Checkpoint

You can improve your health by eating well.
I'm used to eating slowly.

너는 잘 먹음으로써 더 건강해질 수 있다. | 나는 천천히 먹는 것에 익숙해져 있다.

---

1 전치사 + 동명사: 전치사 다음에는 동명사 또는 명사를 쓰며, to부정사는 쓸 수 없다.

I am interested in riding a bike. (동명사) 나는 자전거 타는 것에 관심이 있다.

I am interested in the bike. (명사) 나는 그 자전거에 관심이 있다.

I am interested in to ride a bike. (X) (전치사 다음에 to부정사는 쓸 수 없다)

Parents are responsible for raising their children. 부모들은 아이들을 양육할 책임이 있다.

He is good at writing stories. 그는 글을 잘 쓴다.

2 전치사 to + 동명사: look forward to, be used to와 같이 to가 전치사로 쓰이면 동명사 또는 명사와 같이 써야 한다.

I am looking forward to seeing you. (동명사) 나는 너를 만나기를 기대한다.

I am looking forward to your e-mail. (명사) 나는 너의 이메일을 기다리고 있다.

I am looking forward to see you. (X)

I am used to cooking. (동명사) 나는 요리하는 것에 익숙해져 있다.

I am used to cold weather. (명사) 나는 추운 날씨에 익숙해져 있다.

I am used to cook. (X)
Olive oil is used to cook. (O) (to부정사) 올리브유는 요리하는 데 사용된다.

Reading Point

전치사 + 동명사는 문장에서 많이 쓰이는 표현이다.

Yesterday, we made Mom's lunch for her. It was her first day at her new job. We decided to surprise her *by packing* her a lunch.

어제 우리는 엄마를 위해 점심을 만들었다. 엄마가 새 직장에 첫 출근하시는 날이었다. 우리는 엄마를 위해 도시락을 싸서 엄마를 놀라게 만들기로 결심했다.

Exercises

A 괄호 안에서 알맞은 것을 고르시오.

1. Here are some tips for (saving / to save) water.
2. This is the guide to (working / work) overseas.
3. She wants to (leaving / leave) now.
4. I'm tired of (talking / talk) about it.
5. He decided to (going / go) to Canada.
6. There are five steps to (buying / buy) a new car.

B 다음 문장에서 틀린 부분을 찾아 바르게 고치시오.

1. I'm interested in learn English. ....
2. I learn English by to sing songs. ....
3. He's planning to going back to school. ....
4. I'm good at drive. ....
5. She's looking forward to visit you soon. ....
6. I expect her to coming back soon. ....

Chapter 10 동사들의 변신

C 주어진 표현을 이용하여 다음을 영작하시오.

1. 나는 한국어를 말하는 것에 익숙해져 있어요. (~에 익숙하다 = be used to ~)

   ....

2. 저는 당신으로부터 곧 소식을 듣기 원합니다. (소식을 듣다 = hear from)

   ....

3. 나는 목표를 잘 세운다. (목표를 잘 세우다 = set goals)

   ....

4. 기름은 집을 난방하는 데 사용된다. (집을 난방하다 = heat homes)

   ....

5. 너는 수업을 받을 책임이 있다. (수업을 받다 = attend classes)

   ....

6 to부정사와 동명사

Checkpoint

I started to write a story.
I started writing a story.

나는 이야기를 쓰기 시작했다.

1 시작, 계속의 의미인 **begin, start, continue**와 감정, 선호 의미의 **love, like, prefer, hate** 같은 동사들은 뒤에 to부정사 또는 동명사가 오더라도 같은 의미를 가진다.

I started writing online in 2006. = I started to write online in 2006.
나는 2006년에 온라인상에 글을 쓰기 시작했다.

2 like / love / prefer / hate같은 동사들이 **would**와 같이 쓰이면 동명사를 쓰지 않고 **to부정사**를 쓴다.

I would prefer to live in a small town. 나는 작은 마을에 살고 싶어요.

Would you like to have some cake? Yes, I'd love to. (I'd = I would)
케이크 좀 드시겠어요? 네, 좋아요.

I would prefer living in a small town. (X) (would + prefer + 동명사로 쓸 수 없다)

I prefer living / to live in a small town. (O) (would가 없으면 prefer + 동명사 / to부정사 가능)
나는 작은 마을에 사는 것을 선호한다.

3 **remember, forget, regret**와 같은 동사들은 동사 뒤에 **to부정사**가 오면 미래의 의미, **동명사**가 오면 과거의 의미를 가진다.

I forget to read the book. = I forget that I will read the book. (미래 의미)
나는 그 책을 읽는 것을 잊고 있다.

I forget reading the book. = I forget that I read the book. (과거 의미: read는 과거동사)
나는 그 책을 읽은 것을 잊고 있다.

Reading Point

to부정사나 동명사를 목적어로 쓰는 동사들은 외워야 한다. 문장 가운데서 자연스럽게 습득하자.

I was waiting for Dad. I picked up a newspaper. I found a story about a little boy. I *started reading.* Soon *I began to laugh.*
나는 아빠를 기다리고 있었다. 나는 신문을 집어 들었다. 한 작은 소년에 관한 이야기를 발견했다. 나는 읽기 시작했다. 곧 나는 웃기 시작했다.

Exercises

A 괄호 안의 동사를 동명사, to부정사, 또는 둘 다로 고쳐서 문장을 완성하시오.

1. He began _____ (learn) English.
2. They started _____ (build) the bridge.
3. I continued _____ (eat).
4. I prefer _____ (live) in a big city.
5. I'd prefer _____ (stay) longer.
6. I'd like _____ (have) a cup of coffee.
7. She forgot _____ (bring) her purse. (미래의미)
8. He remembered _____ (talk) to me. (과거의미)
9. I'd love _____ (meet) you.
10. I regretted _____ (buy) it too quickly. (과거의미)

B 다음 문장에서 틀린 부분을 찾아 바르게 고치시오.

Chapter 10 동사들의 변신

1. A: Where would you like to stay?
   B: I'd prefer being in a tent.
   _____

2. A: How do you spend your time?
   B: I like spend time alone.
   _____

3. A: Would you like coming to the party?
   B: I'd love to, but I have to be at home.
   _____

4. A: What would you like to drink?
   B: I'd like having a cup of tea.
   _____

C 주어진 표현을 이용하여 다음을 영작하시오.

1. 너 나를 만났던 것을 잊었구나. (잊다 = forget)
   _____

2. 나는 그 영화를 보고 싶어요. (~을 하고 싶다 = would like to)
   _____

3. 나는 수영하는 것을 선호한다. (~을 선호하다 = prefer to/~ing)
   _____

4. 그는 스키 타는 것을 좋아한다. (스키 타다 = ski)
   _____

5. 나는 그녀와 말했던 것을 후회한다. (후회하다 = regret)
   _____

Review Test

A 괄호 안의 동사를 알맞은 형태로 바꾸어 쓰시오.

1. I really enjoyed _____ (dance) at home.
2. She wants _____ (be) an engineer.
3. He's just finished _____ (read) the book.
4. We hope _____ (go) to college.
5. She asked him _____ (meet) her parents.
6. I wish _____ (donate) this gift.
7. Light enables us _____ (see) colors.
8. I don't mind _____ (get) fat.
9. He wants her _____ (go) on a diet.
10. Many people quit _____ (smoke).

B 다음 문장에서 틀린 부분을 찾아 바르게 고치시오.

1. I got strong by eat a lot. ....
2. Dad told me be quiet. ....
3. I had him to speak loudly. ....
4. Mom let me to have a cell phone. ....
5. I got him call me back. ....
6. I quit to waste my time. ....
7. I'm used to drive safely. ....
8. The doctor advised me getting more sleep. ....
9. I avoid to go shopping too late. ....
10. I'd prefer staying here. ....

C 다음 문장에서 have / make / let / get 동사의 쓰임이 틀린 곳을 바르게 고치시오.

1. A: Hello?
   B: Hello? Is Minsung there?
   A: No. He's just stepped out. Can I take a message for him?
   B: No, thanks.
   A: Okay. I'll have him to call you back.
   B: Thanks a lot.

2. A: I've just decided to stay longer.
   B: What made you to change your mind?

   ....

3. A: I can't make him go there.
   B: I see. You can let him to decide.

   ....

4. A: Mom, I was invited to Junsoo's birthday party.
   B: Talk to your dad. He'll let you to go.

   ....

5. A: I have to make a wake-up call to him early in the morning. But I'm not sure if I can do it.
   B: Don't worry. I'll get him wake up.

   ....

D   다음 문장에 알맞은 표현을 고르시오.

1. .... breakfast makes me healthy.
   (A) Eating   (B) To eat   (C) To be eaten   (D) Being eaten

2. Larry asked her .... a package.
   (A) send   (B) to send   (C) sending   (D) sent

3. Meg is interested in .... a bike.
   (A) to ride   (B) ride   (C) rode   (D) riding

4. Ted has already finished .... on his homework.
   (A) work   (B) to work   (C) working   (D) worked

5. My father taught me .... people kindly.
   (A) treat   (B) to treat   (C) treating   (D) treated

E   주어진 표현을 이용하여 다음을 영작하시오.

1. 나는 그녀에게 이메일을 보내야 된다는 것을 기억한다. (이메일을 보내다 = e-mail)

   ....

2. 나는 네가 나에 관하여 알면 좋겠어. (want를 써서)

   ....

3. 그녀는 그 책을 읽는 것을 포기했다. (포기하다 = give up)

   ....

Reading Exercises

A 다음 글을 읽고 물음에 답하시오.

> Today was my day! It was my birthday. Mom, Dad, and I went to a theme park.
> They wanted (1) _____ the special day with me. There was a lot to do
> there. There were more than ten rides.
> Mom and Dad picked some slow rides first. A train whistle blew. It was loud. "Let's
> (go) on that," I begged. The train started (2) _____.

Words a theme park 테마공원 pick 선택하다 beg 애원하다/간청하다

1. 빈칸 (1), (2)에 알맞은 표현을 순서대로 고르시오.

(A) to spend – chug   (B) spend – to chug

(C) to spend – chugging   (D) spending – chugging

2. 괄호 안의 **go**의 형태로 알맞은 것을 고르시오.

(A) go   (B) to go

(C) going   (D) goes

B 다음 글을 읽고 물음에 답하시오.

> Chanho was always interested in (1) (talk). He enjoyed (2) (make) up stories. He
> spent a lot of time telling stories to his family. When he learned (3) (write), his
> parents had him (4) (put) his ideas down on paper.

Words make up 꾸며내다/만들다 spent (spend의 과거, 과거분사) 쓰다/사용하다

1. 빈칸 (1), (2)에 알맞은 동사의 형태를 순서대로 고르시오.

(A) talk – make   (B) to talk – making

(C) to talk – to make   (D) talking – making

2. 빈칸 (3), (4)에 알맞은 동사의 형태를 순서대로 고르시오.

(A) to write – put   (B) writing – putting

(C) writing – put   (D) to write – putting

C 다음 글을 읽고 물음에 답하시오.

> Old Jehan Daas became very weak. It was impossible for him to (1) <u>go out</u> with the cart anymore. So little Nello collected money at the markets. He worked hard and honestly. The farmers were happy (2) <u>to do</u> business with such a fine, hardworking boy.

Words **weak** 연약한 **collect** 모으다 **do business** 사업을 하다 **hardworking** 열심히 일하는

1. 밑줄 친 (1), (2)의 to부정사가 명사, 형용사, 부사 중 무엇으로 쓰였는지 쓰시오.

   (1) _____

   (2) _____

2. 윗글에 따르면 닐로는 어떤 아이인가?

   (A) 성실한 아이　　　　　　　　　　(B) 늙은 아이
   (C) 약한 아이　　　　　　　　　　　(D) 돈만 밝히는 아이

Chapter 10
동사들의
변신

D 다음 글을 읽고 물음에 답하시오.

> One of my favorite things about school is my art class. We have a great teacher–Mr. Park. He is a wonderful artist. I love (to watch / watch) him draw and paint. He taught us how to mix paint for our paintings. We draw and paint in class almost every day. Some days, we look at pictures of other artists. It is interesting (1) _____ this. It helps me (2) _____ of my painting or drawing.

Words **favorite** 좋아하는

1. 괄호 안에 알맞은 표현을 고르시오.

   _____

2. 빈칸 (1)에 알맞은 표현을 고르시오.

   (A) do　　　　　　　　　　　(B) doing
   (C) to do　　　　　　　　　　(D) done

3. 빈칸 (2)에 알맞은 표현을 모두 고르시오.

   (A) to think　　　　　　　　　(B) thinking
   (C) think　　　　　　　　　　(D) thought

Hey, Mr. Grammar!

How does grammar help?

Grammar helps you write better.

Grammar is an important tool in reading.

Grammar makes your English more perfect!

조동사의 세계
Auxiliary Verbs

조동사는 동사를 도와주는 동사로, 독립적으로 쓰이지 못하고
반드시 본동사와 같이 쓰이며 『조동사 + 동사원형』의 형태로 쓰인다.

조동사에는 can / could / may / might / should / ought to / must / will /
would 등이 있다.

조동사 I 의미와 종류

Unit 22

조동사 I

1 조동사의 의미와 종류

Checkpoint

Alex may play with us today.
Alex can play with us now.

알렉스는 오늘 우리와 놀지 모른다. | 알렉스는 지금 우리와 놀 수 있다. .

1 조동사란 can / could / may / might / should / ought to / must / will / would 등 본동사를 도와 주는 동사이며, 항상 본동사와 같이 쓰인다. 『조동사 + 동사원형』의 형태로 쓰인다.

I can do it. 나는 그것을 할 수 있다.
They might be wrong. 그들은 틀릴지도 모른다.
You should leave now. 넌 지금 떠나야 한다.

2 주어의 인칭과 수에 따라 be동사 / 일반동사는 변하지만 조동사는 항상 같은 형태로 쓰인다.

be동사 / 일반동사	조동사
I am a teacher.	I can be a teacher.
He is a teacher.	He can be a teacher.
They are teachers.	They can be teachers.
He likes apples.	He may like apples.
They like apples.	They may like apples.

3 두 개 이상의 조동사를 겹쳐서 쓰지 못하며, 조동사 다음에는 반드시 동사원형이 와야 한다.

We may make friends at work. (O) 우리는 직장에서 친구를 사귈 수도 있다.

We may made friends at work. (X)
We may making friends at work. (X)
We may to make friends at work. (X)
We may can make friends at work. (X)

Reading Point

조동사는 본동사와 같이 쓰여 의미를 이룬다.

My sister *can play* the piano, but I *can't (play)*. I *will ask* her to teach me how to play.
내 여동생은 피아노를 칠 수 있지만 나는 못 친다. 그녀에게 피아노 치는 법을 가르쳐달라고 부탁할 것이다.

Exercises

A 다음 문장에서 조동사를 찾으시오.

1. Your teacher will contact you soon.
2. You should know something about your test.
3. Sharks might swim near people.
4. Students must understand the school rules.
5. You may come in.
6. It might rain today.
7. Could you please open the door?
8. He can do his homework alone.
9. Would you please give it to me?
10. You can use my phone.

B 다음 문장에서 틀린 부분을 찾아 바르게 고치시오.

1. You may going back home.
2. You could updated your blog every day.
3. English must to be a global language.
4. Many students would liking to learn English.
5. Dogs bark might because of noises.
6. You can may play the piano.
7. Students should learned to think.
8. You should to study harder.
9. You must has the wrong number.
10. He can reading quickly.

C 주어진 표현을 이용하여 다음을 영작하시오.

1. 우리는 숙제를 같이 할 거야. (숙제를 하다 = do homework)

2. 우리는 영어로 말할 수 있다.

3. 너는 지금 당장 집에 가는 것이 좋다. (당장 = right now)

4. 너는 주스를 좀 마셔도 된다.

5. 너는 훌륭한 야구선수가 될 거야. (~이 되다 = become)

2 능력

I can play tennis.
He could ride a bike at 5.
He couldn't speak English.

나는 테니스를 칠 수 있다. | 그는 다섯 살 때 자전거를 탈 수 있었다. | 그는 영어로 말을 할 수 없었다.

1 현재와 미래의 능력을 말할 때 can을 쓰며, '~을 할 수 있다'의 의미로 쓴다. 과거의 능력은 could를 쓰며, '~할 수 있었다'의 의미로 쓴다.

She can play hockey. 그녀는 하키를 할 수 있다.

He can speak English. 그는 영어를 할 수 있다.

I can do it. 난 그것을 할 수 있어요.

Nari could read at 5. 나리는 다섯 살 때 책을 읽을 수 있었다.

She could swim at 6. 그녀는 여섯 살 때 수영을 할 수 있었다.

She could drive at 18. 그녀는 열 여덟 살 때 운전을 할 수 있었다.

2 능력의 의미로 쓰는 can/could는 be able to로 바꾸어 쓸 수 있다. 또한 다른 조동사와 같이 쓸 때는 can을 쓰지 않고 be able to를 쓴다.

She can play hockey. = She is able to play hockey. 그녀는 하키를 할 수 있다.

He can speak English. = He is able to speak English. 그는 영어를 할 수 있다.

I can read it. = I'm able to read it. 나는 그것을 읽을 수 있다.

I will can help you. (X) → I will be able to help you. (O) 난 너를 도와줄 수 있을 거야.

3 능력의 부정은 『can/could + not + 동사원형』으로 쓴다.

I can tell you about it. 그것에 관하여 너에게 말해줄 수 있어요.

→ I cannot* tell you about it. 그것에 대해 말할 수 없어요.

→ I can't tell you about it.

* 흔히 can not으로 두 단어를 떼어 쓰지 않고, 붙여 쓴다.

I could play the piano. 나는 피아노를 칠 수 있었다.

→ I could not play the piano. 나는 피아노를 칠 수 없었다.

→ I couldn't play the piano.

Exercises

A 다음 그림을 보고 can / can't 또는 could / couldn't를 넣어 문장을 완성하시오.

1.　　　　2.　　　　3.　　　　4.　　　　5.

1. He bought a bicycle yesterday. He ⌶can ride a bicycle⌶ now.
   He ⌶＿＿＿＿＿＿＿＿⌶ two weeks ago.

2. She began riding a horse at 10. She ⌶＿＿＿＿＿＿＿＿⌶ at 9.
   She ⌶＿＿＿＿＿＿＿＿⌶ now.

3. I finished working at 5 o'clock. I ⌶＿＿＿＿＿＿＿＿⌶ by 4:30.
   Now I ⌶＿＿＿＿＿＿＿＿⌶ relax at home.

4. She started playing the piano three years ago.
   She ⌶＿＿＿＿＿＿＿＿⌶ pretty well now.
   But she ⌶＿＿＿＿＿＿＿＿⌶ at all five years ago.

5. He learned how to play hockey when he was 15.
   He ⌶＿＿＿＿＿＿＿＿⌶ when he was 10.
   He ⌶＿＿＿＿＿＿＿＿⌶ very well now.

B 주어진 상황에 맞게 could 또는 couldn't를 넣어 문장을 완성하시오.

1. 상황: I was really busy at work last week.
   But I ＿＿＿＿＿＿＿＿＿ take a day off.

2. 상황: She had a lot of experience.
   She ＿＿＿＿＿＿＿＿＿ work independently.

3. 상황: He was a slow reader.
   He ＿＿＿＿＿＿＿＿＿ read a book in one hour.

4. 상황: She had a severe cold.
   But she ＿＿＿＿＿＿＿＿＿ sing yesterday.

5. 상황: I learned how to play the guitar.
   I ＿＿＿＿＿＿＿＿＿ play the guitar for his birthday party.

3 허락

Checkpoint

You can read my newspaper.
You may read my newspaper.
You can't read my newspaper.

너는 내 신문을 읽어도 된다. | 제 신문을 읽어도 좋습니다. | 너는 내 신문을 읽으면 안 된다.

1 **can**: 일반적인 허락을 나타내며 우리말 의미는 '~해도 된다' 정도이다. 가까운 사람이나 격식 없는 대화에 많이 쓴다.

A: I need to fill out this document, but I don't have a pen. 이 서류를 작성해야 하는데 펜이 없네.
B: You can use my pen. 내 펜을 써도 돼.

A: Mom, can I play outside? 엄마, 나가서 놀아도 돼요?
B: Yes, you can. 그래, 놀아도 돼.

2 **may**: 격식을 차린 허락을 나타낸다. can과 비슷한 의미이지만, 일상생활에서는 can보다는 훨씬 덜 쓰인다.

You may have a seat, sir. 자리에 앉으셔도 됩니다.
May I borrow your pen for a minute? 잠시 펜을 빌려도 되겠습니까?

3 허락의 부정: **cannot / may not**을 쓴다. '~하면 안 된다'라는 의미로 쓰이며, 축약은 can't로 표현하고, **may not**은 축약하지 않는다.

You cannot/can't play outside. 너는 나가 놀면 안 돼.
You may not play outside.

Reading Point

부모와 자녀간에는 격식을 차리지 않은 경우라도 may가 허락의 의미로 사용되는 것을 종종 볼 수 있다.

"I'll fry some eggs," said Mom. "After you eat them, brush your teeth. Then you *may go* to the zoo."
"내가 계란을 부칠게," 엄마가 말씀하셨다. "그걸 먹은 후에 이를 닦아라. 그리고 나서 동물원에 가도 좋아."

Exercises

A 빈칸에 can이나 may를 넣어 비격식체로 문장을 완성하시오.

1. A: Mom, [＿＿＿＿＿] I eat lunch now? (비격식)
   B: Sure, go ahead.

2. A: You [＿＿＿＿＿] watch TV after you finish your homework. (비격식)
   B: Yes, Dad. I know.

3. A: How do I pay for my course? (격식)
   B: You [＿＿＿＿＿] pay by cash or check.

4. A: [＿＿＿＿＿] I order an application online? (격식)
   B: No, you can't.

B 빈칸에 can이나 may를 넣어 문장을 완성하시오.

1. A: I have to call my father right now. But I can't find a pay phone.
   B: Don't worry. You [＿＿＿＿＿] use my cell phone. (비격식)

2. A: Dad, they invited me for dinner. [＿＿＿＿＿] I join them? (비격식)
   B: Of course you can.

3. A: I don't have any cash.
   B: You [＿＿＿＿＿] use a credit card. (격식)

4. A: What can I bring to the exam?
   B: You [＿＿＿＿＿] bring a pencil and an eraser. (비격식)

5. A: [＿＿＿＿＿] I see the doctor? (격식)
   B: Sure, please come in.

Chapter 11
조동사의
세계

C 주어진 문장을 can이나 may 또는 부정형을 넣어 바르게 고치시오.

1. Have a seat here.
   You may have a seat here. .... (격식)

2. You are allowed to leave now.
   .... (격식)

3. You are not allowed to talk during the test.
   .... (비격식)

4. Take my umbrella.
   .... (비격식)

5. You are not allowed to come home so late.
   .... (비격식)

Review Test

A 다음 대화에 알맞은 것을 고르시오.

1. A: Mom, _____ I eat all the food on the table?
    B: Yes, you can.
    (A) will   (B) can
    (C) must   (D) should

2. A: I don't have enough time. Can I leave now?
    B: Yes, of course. You _____ leave now.
    (A) will   (B) can
    (C) must   (D) should

3. A: Can I call him right now?
    B: Yes, you _____.
    (A) will   (B) can
    (C) must   (D) should

4. A: I'm so tired. I can't take another step.
    B: You _____ take a break. (허락)
    (A) must   (B) cannot
    (C) can   (D) should

5. A: _____ I see Mr. Park? (격식)
    B: No. I'm sorry, but he's gone for the day.
    (A) Must   (B) May
    (C) Can   (D) Should

B 다음 문장에서 틀린 부분을 찾아 바르게 고치시오.

1. Last week, I could going skiing. But this week, I can't.

    ----

2. He was so busy, so he could not to e-mail me.

    ----

3. I didn't have enough money. I couldn't buying the car.

    ----

4. For two weeks, I couldn't talked to him on the phone.

    ----

5. When I was 10, I couldn't skiing.

    ----

6. At age 5, Don can play the piano. He's 10 now.

_____

7. Can I have your attention, please? (격식)

_____

8. A: What instrument can you play?
   B: I can be play the flute.

_____

9. A: Mom, can I to dye my hair red?
   B: Red would be a pretty big change. And what if you hate it?

_____

10. A: Can I see the doctor? (격식)
    B: He's busy now. Please wait a moment.

_____

C 다음 문장에 알맞은 조동사를 넣어 문장을 완성하시오.

1. A: Mom, I'm invited to Alex's party tonight.
   B: Bill, you ___can / may___ go to the party.

2. A: Mom, can I invite my friends?
   B: Yes, you _____.

3. A: Can I borrow your dictionary for a minute?
   B: Sure, you _____ use it.

4. I've learned English for 5 years.
   Now I _____ speak English pretty well.

5. I've learned English for 5 years.
   I _____ speak English at all 6 years ago.

Reading Exercises

A   다음 글을 읽고 물음에 답하시오.

The best thing about going to school is learning to read. Books are great friends.
They (1) _____ help you to learn about something. They (2) _____ go
anywhere with you. You (3) _____ read about animals, far away places,
people, and anything else. You (4) _____ get great ideas from books, too.

Words far away 멀리 떨어진

1.   빈칸 (1)~(4)에 공통으로 들어갈 표현을 고르시오.

(A) can   (B) should

(C) have to   (D) must

2.   윗글에 따르면 책을 통하여 할 수 없는 것은?

(A) 동물에 관하여 알기   (B) 멀리 떨어진 장소 알기

(C) 아이디어 얻기   (D) 친구 사귀기

B   다음 글을 읽고 물음에 답하시오.

Our Earth has a special day. It is a little like a birthday. Earth Day is celebrated on
April 22 each year. We celebrate Earth Day to remind us to take care of our Earth.
We need to keep our rivers, lakes, and ponds clean. We need to keep trash cleaned
up. We can all keep our Earth clean. We (can / could) start by cleaning up the trash
in our schools, homes, and neighborhoods. We can have good water to drink. Our
world will be more beautiful.

Words celebrate 기념하다   remind 상기시키다   take care of ~을 돌보다

1.   괄호 안에 알맞은 표현을 쓰시오.

_____

2.   지구의 날이 왜 기념되고 있는지 본문을 참조하여 영어로 쓰시오.

_____

3.   우리가 지구를 깨끗하게 지키면 어떤 결과가 있는지 두 가지를 본문을 참조하여 영어로 쓰시오.

(1) _____

(2) _____

C 다음 글을 읽고 물음에 답하시오.

My cousin Minkyu is always wishing for things. He wishes for new shoes. He wishes for new clothes. He wishes for a new car. My younger brother Wooil wishes for different things. Wooil wishes for a computer. He wishes he (1) _____ fly. He wishes he (2) _____ travel to Paris. I like to wish, too. I wish I (3) _____ speak English well. I wish I (4) _____ help others. I wish I could see my friends every day.

Words wish 원하다, 바라다

1. 빈칸 (1)~(4)에 공통으로 들어갈 표현을 고르시오.
   (A) could   (B) should
   (C) have to   (D) must

2. 내 동생이 원하는 것이 아닌 것은 무엇인가?
   (A) 컴퓨터   (B) 인터넷
   (C) 날기   (D) 파리 여행

조동사 Ⅱ

1 가능성과 추측

Checkpoint

It may rain tomorrow.
It might snow tomorrow.
It could hail tomorrow.

내일 비가 올지 모른다. │ 내일 눈이 올지 모른다. │ 내일 우박이 떨어질지 모른다.

1 가능성을 표현할 때는 『may / might / can / could + 동사원형』을 쓴다.

a. 모두 '~일 것 같다'는 의미로 쓰이지만, might은 가능성이 더 낮을 때 쓴다. 이때 could나 might은 과거 사건 의미가 아니고, 현재나 미래의 가능성을 나타내는 것이다.

It may snow tonight. (가능성 50% 정도) 오늘밤에 눈이 올 것 같다.

It can snow tonight. (가능성 50% 정도)

It could snow tonight. (가능성 50% 정도)

It might snow tonight. (가능성 약 50% 이하)

b. may not / might not(= perhaps not)은 '아마도 아닌 것 같다'고 생각할 때 쓰며 cannot / could not(= not possible)은 '확실히 일어나지 않는다'고 확신할 때 쓴다.

It may not snow tonight. 오늘밤에 아마도 눈이 오지 않을 것 같다.

It might not snow tonight. 오늘밤에 아마도 눈이 오지 않을 것 같다.

It cannot snow tonight. (100% 확신할 때 사용) 오늘밤에 눈이 올 리 없어.

It could not snow tonight. (100% 확신할 때 사용) 오늘밤에 눈이 올 리 없어.

❗ Maybe it will snow tonight. (O) (maybe는 부사이고 문장 앞에 쓴다)
It maybe snow tonight. (X) (부사이므로 동사자리에 쓸 수 없다)

2 논리적 근거로 확실한 추측을 할 때는 『must + 동사원형』을 쓴다.

You stayed up all night. You must be sleepy. 너 밤샜구나. 틀림 없이 졸리겠다.

He plays tennis well. He must practice every day. 그는 테니스를 잘 친다. 매일 연습하는 게 틀림 없다.

➕ 부정은 『must not + 동사원형』으로 쓴다.
Sue didn't eat any apples. She must not like apples. 수는 사과를 먹지 않았어. 사과를 좋아하지 않는 게 분명해.

Reading Point

might은 may/can/could에 비하여 가능성이 비슷하거나 적을 때 사용한다. 기준을 정확히 나눌 수는 없으나, 말하는 사람이 약 50% 정도 이하의 가능성이 있다고 생각하면 might을 사용한다.

It *might snow* tonight. It *might pile up*, or it *might* melt. It *could* just *dust* your garden.
오늘밤 눈이 올지도 모른다. 눈은 쌓일 수도 녹을 수도 있다. 그저 정원을 덮을 수도 있다.

Exercises

A 빈칸에 **may / might / can / could**을 넣어 문장을 완성하시오.

1. A: What are you doing tonight?
   B: I'm not sure, but I _____ go shopping.
2. A: Go shopping? With whom?
   B: I _____ go with my sister.
3. A: Oh, you have a sister! What is she going to do this weekend?
   B: She _____ stay home.
4. A: Does she go to school or work?
   B: She goes to college now, but she _____ start working next year.
5. A: What kind of job is she going to have?
   B: She _____ become a stewardess.

B 가능성(**may / might / can / could**)이나 추측(**must**)을 나타내는 조동사를 넣어 완성하시오.

1. A: It's cold today, isn't it?
   B: Yes, it is. It _____ snow tonight.
2. A: Our team lost again.
   B: No. I can't believe it. It _____ be true.
3. A: She studies really hard and pays attention in class.
   B: Wow! She _____ be a hard worker.
4. A: Junsoo goes to the movies every day.
   B: He _____ love the movies.
5. A: Soojin ate everything on her plate except the onions.
   B: She _____ like onions.

C 빈칸에 **must** 또는 **must not**을 넣어 문장을 완성하시오.

1. A: You know what? I passed the test.
   B: Really? You _____ be happy.
2. A: I tried to call Susan, but there's no answer.
   B: She _____ be busy right now.
3. A: I gave bananas to the kids, but they didn't eat them at all.
   B: They _____ be hungry.
4. A: Wow! The basketball players are drinking a lot of water.
   B: Yeah. They _____ be thirsty.
5. A: I can't solve this problem. I've been working on it for hours.
   B: It _____ be very difficult.

2 충고

Checkpoint

You should know about the program.
You'd better hurry up.
You must be there.

너는 그 프로그램에 대해 알아야 해. | 서두르는 게 좋겠어. | 너는 거기에 꼭 가야 된다.

1 **should / ought to**: 가벼운 충고에 쓴다. 둘 다 '~해야 한다' 라는 같은 의미이지만 일상생활에서는 **should**를 많이 쓴다. 부드럽게 말하려면 **maybe**와 함께 쓴다.

A: My final exams will be next week. 다음 주에 기말고사가 있어.

B: You should / ought to study hard this weekend. 너 이번 주말에 공부 열심히 해야 되겠는데.

A: I'm hungry now. 지금 배고파.

B: Maybe you should have a sandwich and a coffee. 샌드위치와 커피를 먹는 것이 좋겠다.

❶ 부정은 「should not + 동사원형」을 쓰며, ought to는 쓰지 않는다.
You shouldn't watch TV all day. 넌 하루종일 TV를 봐서는 안 된다.

2 **had better + 동사원형**: should보다 더 강한 권고나 경고를 할 때 쓴다. should보다 훨씬 더 가까운 미래 (당장 발생할 일)에 쓰며, 특히 이 충고를 듣지 않으면 좋지 않은 일이 예상될 때 많이 쓴다. 정중한 표현은 아니다.

You had better do your homework first. 너 먼저 숙제를 해두는 것이 좋겠다.

Our bus comes in 10 minutes. We'd better hurry. 버스가 10분 안에 도착한다. 우리는 서둘러야 돼.

❶ 부정은 「had better + not + 동사원형」으로 쓴다.
A: There's a snake over there. 저기 뱀이 있네.
B: You can look, but you'd better not touch it. 봐도 되지만 만지지는 않는 게 좋을 거야.

3 **must**: 가장 강력한 충고나 제안에 쓰며 '의무'의 의미를 가진다. 부정은 「must not + 동사원형」이다.

You must stop smoking immediately. 너 지금 당장 담배를 끊어야 해.

You must not lose faith. 믿음을 잃어선 안 된다.

Reading Point

had better를 이용하여 만든 다음 크리스마스 캐롤의 노래 가사를 살펴보자.

You'd better watch out, you'd better not cry, you'd better not pout, I'm telling you why, Santa Claus is comin' to town.

조심하는 게 좋아. 울면 안 돼. 토라지지도 말고, 이유를 말해줄게. 마을에 산타클로스가 오기 때문이지. (해석은 우리말 캐롤과 다른 부분이 있음, comin'은 coming의 축약)

Exercises

A 주어진 동사를 넣어 문장을 완성하시오.

open	call	drink	be	wear

1. When you are thirsty, you should _____ water.
2. We should _____ winter jackets in the winter.
3. If the air is stuffy, you should _____ the windows.
4. If you have a traffic accident, you should _____ the police.
5. During a concert, you should _____ quiet.

B 빈칸에 **had better** 또는 **had better not**을 넣어 문장을 완성하시오.

1. Class starts in five minutes. We _____ hurry up.
2. The bus leaves at 5 in the morning, so you _____ get up early.
3. You _____ slow down before we get a speeding ticket.
4. You _____ play outside today. It's raining.
5. A: Can I wear jeans to the job interview?
   B: No, you _____ change.
6. We _____ fail the test.
7. I need some exercise. I _____ walk to school.
8. I have an exam tomorrow. I _____ spend too much time playing.
9. The pot is too hot. You _____ touch it.
10. It's eleven o'clock. I _____ go to bed.

C 빈칸에 **must**나 **must not**을 넣어 문장을 완성하시오.

1. Children _____ drink alcohol.
2. You _____ lock the door before you leave.
3. A: My computer isn't working.
   B: You _____ reinstall the Windows program.
4. Teenagers _____ go outside late at night.

D 다음 문장에서 틀린 부분을 찾아 바르게 고치시오.

1. I'd better to get going. _____
2. You should working out every day. _____
3. You must not to drink and drive. _____
4. You'd not better speed up in a school zone. _____
5. They ought have equal rights. _____

3 의무와 금지

Checkpoint

You have to pay taxes.
You don't have to pay any fees.
You must not drive faster than 100km/h.

너는 세금을 내야 한다. | 너는 요금을 낼 필요가 없다. | 너는 시속 100km 이상으로 운전해서는 안 된다.

1 **must / have to / have got to** : '의무'를 의미한다. 주로 **have to**를 많이 쓰며, **have got to**는 비격식체로 구어체에서 많이 쓴다. **must**는 **have to**에 비해 일상 생활영어보다는 법률이나 문서에서 주로 쓴다.

I have to get up early tomorrow. 나는 내일 아침 일찍 일어나야 한다.

I've got to get up early tomorrow. 나는 내일 아침 일찍 일어나야 한다.

Bike riders must obey the traffic rules. (must는 안내문, 법률, 문서 등에 주로 쓰인다)
자전거를 타는 사람들은 교통법규를 준수해야 한다.

I had to get up early today. (과거는 모두 had to로 쓴다) 나는 오늘 일찍 일어나야 했다.

2 **do not have to / do not need to / need not** : '불필요'를 의미한다.

There's no class tomorrow. I don't have to get up early. 내일은 수업이 없다. 일찍 일어날 필요가 없다.
　　　　　　　　　　　　　　　 I don't need to get up early.
　　　　　　　　　　　　　　　 I need not get up early.

3 **must not** : '금지'를 의미하며, 축약형은 **mustn't**이다.

People must not (=mustn't) drink and drive. 음주운전을 해서는 안 된다.

Drivers must not (=mustn't) use cell phones while driving.
운전자들은 운전 중에 휴대폰을 사용하면 안 된다.

Exercises

A 밑줄 친 부분을 바르게 고치시오.

1. I <u>have hand</u> in my assignment today. ....
2. We <u>must not to overlook</u> our duty. ....
3. You <u>don't have prepare</u> it all by yourself. ....
4. He <u>must paying</u> his tuition. ....
5. I <u>have to calling</u> my father. ....

B 본인의 상황에 맞게 다음 질문에 답하시오.

1. What do you have to do for homework?

   ....

2. What do you have to do for your final exams?

   ....

3. Is there anything you have to do tonight?

   ....

4. Is there anything you must not do in your life?

   ....

5. What is something you do not have to do tonight?

   ....

C 주어진 조동사를 넣어 문장을 완성하시오.

must	have to	had to	don't have to	must not

1. You [............] wear your seatbelt while driving.
2. I've already cleaned up my room. I [............] do it again.
3. You [............] put any waste into the river.
4. You [............] have a dream. If you lose your dreams, you will die.
5. I [............] return the books yesterday.

4 공손한 질문

Checkpoint

Would you please close the door?
Could you please close the door?
Can you please close the door?

문 좀 닫아주시겠어요?

1 May / Could / Can I ~?: 상대방의 허락을 받을 때 쓴다. 모두 같은 의미이지만 Can I ~?는 비격식체로, 주로 친한 사이에 또는 격식을 차리지 않을 때 쓴다.

Can I please* see your ID card? 신분증 좀 보여주시겠습니까?
Could I please see your ID card? (can보다 더 공손한 표현이며, 과거표현이 아니다)
May I please see your ID card? (격식)을 차린 표현이므로 친한 사이에서는 사용하지 않는다)
* please는 더욱 공손한 표현이 되며, 문장 끝에 나올 수도 있고, 생략해도 된다.

Can I see your ID card, please? (문장 뒤에 please를 쓴 경우)
Can I see your ID card? (please 생략)

May I speak to Jason, please? (격식을 차린 업무상 전화 대화) 제이슨과 통화할 수 있을까요?
Can I talk to Jason (please)? (비격식)
Is Jason there (please)? (비격식)

2 Would / Could / Will / Can you ~? : 상대방의 도움을 요청할 때 쓴다.

Would you please help me? 도와주실 수 있나요?
Will you please help me?
Could you please help me?
Can you please help me? (많이 쓰이는 비격식체이다)

May you please fax it to me? (X) (May you?는 도움을 요청할 때 사용되지 않는 표현이다)

Reading Point

다음 전화 대화의 일부를 살펴 보자. 일상적으로 많이 쓰이는 Can I ~?를 사용하고 있다.

Clerk: Sleepy Hotel, Jen speaking. How may I help you?
John: *Can I* speak to Mr. Kim, please? I'm not sure what room he's in.

Clerk: 슬리피호텔, 젠입니다. 무엇을 도와드릴까요?
John: 김 선생님과 통화하고 싶은데요. 그가 어느 방에 투숙하고 있는지는 모르겠어요.

Exercises

A   May I ~? 또는 Can I ~?를 넣어 문장을 완성하시오.

1. I'd like to see Mr. Park.
   → Can I see Mr. Park?   (비격식)
        May I see Mr. Park?   (격식)

2. I want to see your dictionary.
   →   (비격식)
   →   (격식)

3. I'd like to visit your office.
   →   (비격식)
   →   (격식)

4. I want to borrow your pen.
   →   (비격식)
   →   (격식)

5. Is Hanna there? (전화 대화)
   →   (비격식)
   →   (격식)

Chapter 11
조동사의
세계

B   Would you ~? 또는 Can you ~?를 넣어 문장을 완성하시오.

1. I want you to read this book for me.
   Would you please read this book for me?   (격식)

2. Pass me the tomato sauce.
                                                  (비격식)

3. Give me a ride to the station.
                                                  (비격식)

4. You can fax me your transcript.
                                                  (격식)

5. I want you to put my name on the waiting list.
                                                  (격식)

6. Send me your application.
                                                  (격식)

7. I want you to help me out.
                                                  (비격식)

8. Turn the light on.
                                                  (비격식)

Review Test

A 다음 대화에 알맞은 것을 고르시오.

1. A: I hurt my finger.
   B: You _____ see a doctor.
   (A) will   (B) may   (C) had better   (D) can

2. A: I want to improve my English.
   B: You _____ meet a lot of English-speaking people.
   (A) will   (B) may   (C) can   (D) should

3. A: Would you have a cup of tea?
   B: Yes, I _____ .
   (A) would   (B) may   (C) can   (D) should

4. A: Is this bag yours?
   B: No. It _____ be Hyunsoo's or his brother's.
   (A) would   (B) may   (C) had better   (D) should

5. A: Is this book yours?
   B: No. It _____ be Greg's. I saw him reading it here.
   (A) must   (B) may   (C) had better   (D) should

6. A: It is going to pour soon.
   B: I know. I _____ take my umbrella.
   (A) must   (B) may   (C) can   (D) should

7. A: I'm so tired.
   B: You _____ go to bed right now. (충고)
   (A) must   (B) may   (C) can   (D) should

8. A: What are you going to do this weekend?
   B: I _____ go skiing.
   (A) am going to   (B) cannot   (C) can   (D) should

B 다음 문장에서 틀린 부분을 찾아 바르게 고치시오.

1. A: Hey, I won the lottery!
   B: You must to be joking.

   -

2. A: Is Jack there? (전화 대화)
   B: There's nobody here by that name. You must having the wrong number.

   -

3. A: Do you have the time?
   B: It's 1:45.
   A: Oh, I have run. My class starts at 2:00.

---

4. A: Would you telling me your name?
   B: I'm Albert.

---

5. A: I'd like to talk to him right away.
   B: Take your time. You'd better to wait until tomorrow.

---

6. A: It maybe snow tonight.
   B: It's going to be exciting.

---

7. A: I got some good news in the mail. I might will work for this company.
   B: That's great.

---

8. A: It's snowing.
   B: We'd not better climb today.

C 빈칸에 알맞은 조동사를 넣어 문장을 완성하시오.

1. A: What are you doing tonight?
   B: I _____ go to Alex's party. (50% 가능성)

2. A: Are you going to watch a movie tonight?
   B: I don't know. I _____ go out or read a book. (50% 가능성)

3. A: It looks heavy. _____ I give you a hand? (비격식)
   B: Yes, please.

4. A: Are you ready to order? (식당에서)
   B: Yes. _____ I have a cup of tea first? (비격식)

Reading Exercises

A 다음 대화를 읽고 물음에 답하시오.

> Betty: (1) <u>Would</u> you like to have lunch with me tomorrow?
> John: Certainly.
> Betty: What time is best for you?
> John: Anytime after 11:00 o'clock (2) <u>could</u> be fine.

Words certainly 물론, 확실히   anytime 언제든지

1. 밑줄 친 (1)의 would는 무슨 의미로 쓰였는가?

   (A) 의무   (B) 추측
   (C) 가능성   (D) 공손한 질문

2. 밑줄 친 (2)의 could는 무슨 의미로 쓰였는가?

   (A) 의무   (B) 추측
   (C) 가능성   (D) 공손한 질문

B 다음 글을 읽고 물음에 답하시오.

> I had so much stress last week at school. I (1) <u>had to</u> spend a lot of time on my math homework. My teacher said, "You (2) <u>shouldn't</u> come to school without it next week."

Words stress 스트레스, 긴장   spend 쓰다/사용하다

1. 밑줄 친 (1)의 had to는 무슨 의미로 쓰였는가?

   (A) 의무   (B) 불필요
   (C) 금지   (D) 충고

2. 밑줄 친 (2)의 shouldn't는 무슨 의미로 쓰였는가?

   (A) 의무   (B) 불필요
   (C) 금지   (D) 충고

C 다음 글을 읽고 물음에 답하시오.

Junsoo asked, "Dad, how did you catch the horse?" His father told him the whole story. Then he said, "You don't have school tomorrow. It's Saturday. So, tomorrow, I'm going to train the horse. (1) Would you help me?" "Oh, yes! I would! What time can we start?" Junsoo said, "Nine o'clock (2) would be fine with me."

Words catch 잡다   train 훈련시키다

1. 밑줄 친 (1)의 would는 무슨 의미로 쓰였는가?
   (A) 의무   (B) 가능성
   (C) 충고   (D) 공손한 질문

2. 밑줄 친 (2)의 would는 무슨 의미로 쓰였는가?
   (A) 의무   (B) 가능성
   (C) 충고   (D) 공손한 질문

D 다음 글을 읽고 물음에 답하시오.

I visit my friend Taesung about once a month. He lives in my neighborhood. We do not attend the same school. But we go to the same summer camp each year. We met at an English village three years ago. We became close friends. There's a rule between us. We (1) must speak English. It was hard at first. But now we (2) can talk in English. We (3) can sing songs in English.

Words once 한번   neighborhood 이웃   same 같은

1. 밑줄 친 (1)의 must는 어떤 의미로 쓰였는가?
   (A) 허락   (B) 예측
   (C) 의무   (D) 금지

2. 밑줄 친 (2), (3)의 can이 공통으로 의미하는 것은 무엇인가?
   (A) 의무   (B) 충고
   (C) 가능성   (D) 능력

3. 윗글의 내용과 다른 것을 고르시오.
   (A) 그들은 다른 학교에 다닌다.   (B) 그들은 영어를 열심히 배운다.
   (C) 그들은 영어가 모국어이다.   (D) 그들은 이웃에 산다.

Hey, Mr. Grammar!

How does grammar help?

Grammar helps you write better.

Grammar is an important tool in reading.

Grammar makes your English more perfect!

균형의 세계
Conjunctions

문장에서 둘 이상의 단어/구/절을 나열할 때 등위접속사를 중심으로 앞과 뒤에
같은 성격의 단어/구/절을 나열하게 되는데 이를 균형구조라 부른다.

이러한 등위접속사에는 and/or/but/so/yet 등이 있다.

Unit 24

등위접속사

1 등위접속사와 균형구조

Checkpoint

There are a book and pens on the desk.
He's leaving tonight, so he's busy now.

책상 위에 책과 펜이 있다. │ 그는 오늘밤 떠난다. 그래서 지금 바쁘다.

1 등위접속사: 많이 쓰이는 등위접속사는 **and, or, but, so** 등이 있다. 등위접속사는 문장과 문장을 연결하는 역할을 하고, 단어와 단어, 구와 구를 연결할 때에도 사용한다. 셋 이상을 열거할 때는 ,(comma)를 찍어 열거하며, 마지막 열거되는 것 앞에 등위접속사를 쓴다.

문장 + 문장 : 등위접속사 앞에 comma(,)를 찍는게 일반적이다.	I am a student, but I teach. 나는 학생이지만 가르친다. S V S V
단어 + 단어 : comma를 찍지 않는다.	I have a dog and a cat. 나에게 개와 고양이가 있다.
구 + 구 : comma를 찍지 않는다.	I work in the evening or at night. 나는 저녁이나 밤에 일을 한다.

I have a dog, a cat, and a bird. (O) = I have a dog, a cat and a bird. (O)
I have a dog, a cat, and I have a bird. (X) (세 가지의 균형이 맞지 않다. 마지막의 I have를 제거)

2 균형구조: 등위접속사를 기준으로 앞과 뒤에 같은 종류의 품사를 쓰는 것이 일반적이다.

I am a teacher and writer. (명사 + 명사) 나는 교사이자 작가이다.
I am a teacher and writing. (X) (앞과 뒤의 균형이 맞게 writer로 바꿔 써야 한다)

I teach at school and write at home. (동사 + 동사) 나는 학교에서 강의하고, 집에서는 글을 쓴다.
I teach at school and writing at home. (X) (앞과 균형을 맞추어 write으로 써야 한다)

I am tired and thirsty. (형용사 + 형용사) 나는 피곤하고 목마르다.
I am tired and thirst. (X) (thirst는 명사이므로 형용사인 thirsty로 바꿔 써야 한다)

Reading Point

문장의 균형을 맞추어 쓸 때는 등위접속사를 이용하여 앞과 뒤에 같은 형태의 구조가 오도록 해야 한다.

My dad *and* I arrived early at the auction. A crowd was already there. They were looking at cars, tools, *and* other items for sale.

아버지와 나는 그 경매장에 일찍 도착했다. 군중들이 이미 와 있었다. 그들은 자동차, 도구, 그리고 다른 매매 물품들을 보고 있었다.

Exercises

A , (comma)가 필요한 곳에 , (comma)를 넣고, 필요없으면 넣지 마시오.

1. Joe is tall handsome and humorous.
2. Sean is tall and handsome.
3. There are a book a notebook a pencil and an eraser on the table.
4. The book and pencil belong to Joe.
5. I went shopping met a friend and drank a cup of coffee.
6. I missed the bus but wasn't late for class.
7. She was tired sleepy and hungry.
8. A: I'm going to the grocery store.
   B: Again? Why?
   A: I'm going to buy salt milk butter flour sugar and tuna fish.

B 다음 밑줄 친 부분을 바르게 고치시오.

1. He is a teacher and <u>writing</u>.
2. She called me and <u>asking a question</u>.
3. Some apples were green, sour, and <u>bitterness</u>.
4. I am here to see her and <u>talking</u> to her.
5. I <u>eating</u> and thought.
6. My mom mixed eggs, flour, <u>salty</u>, and sugar.
7. I was listening to music and <u>to read</u> a book.
8. I got two pieces of paper, <u>a pen</u>.
9. Leaves make food from <u>air sunlight</u>.
10. She fell asleep and <u>to dream</u>.

Chapter 12
균형의
세계

C 주어진 표현을 이용하여 다음을 영작하시오.

1. 나는 공을 드리블해서 슛했다. (드리블하다 = dribble / 슛하다 = shoot)

2. 나는 폴과 마리아와 함께 집에 갔다. (폴 = Paul / 마리아 = Maria)

3. 우리는 집에 와서 짐을 꾸렸다. (집에 오다 = get home / 짐을 꾸리다 = pack)

4. 그녀는 영어, 수학, 그리고 과학을 공부한다. (과학 = science)

5. 나는 늦게 일어나서 그 버스를 놓쳤다. (놓치다 = miss)

2 and / or

Checkpoint

I don't know, and I don't care.
I'll stay home or go to work.

난 모른다. 그리고 관심도 없다. | 나는 집에 있거나 일을 나갈 것이다.

1 **and**: '~와 / 그리고'의 의미이며, 앞과 뒤에 대등한 의미를 연결할 때 쓴다.

I have a dog. + His name is Cat. = I have a dog, and his name is Cat.

나에게 개 한마리가 있는데 그 개의 이름은 Cat이다.

Peter bought a pencil and an eraser. **(명사 + 명사)** 피터는 연필 한 자루와 지우개 하나를 샀다.

The pen is simple and nice. **(형용사 + 형용사)** 그 펜은 단순하고 좋다.

Children learn at home and at school. **(구 + 구)** 아이들은 가정과 학교에서 배운다.

I got up at 6:00, had breakfast at 7:00, and left home at 8:00. **(세 동사의 연결)**

나는 6시에 일어나서, 7시에 아침을 먹고, 8시에 집에서 떠났다.

The pen is simple, nice, and light. **(형용사 세 개를 연결)**

2 **or**: '또는'이란 의미이며, 앞과 뒤의 내용 둘 중 하나를 선택할 때 쓴다.

Are you from Korea? + Are you from China? = Are you from Korea or (are you from) China? 넌 한국 출신이니 아니면 중국 출신이니?

Are you from Korea, Japan, or China? 넌 한국. 일본. 아니면 중국 출신이니?

She will call you or (she will) e-mail you.

(앞 절과 뒷 절의 주어와 동사가 서로 같으면 생략할 수 있다) 그녀가 전화를 하든지 이메일을 할 거야.

3 **and / or을 쓸 때 주의할 점**

a. 접속사 없이 두 문장(또는 절)을 연결할 수 없다. 또한 문장 시작되는 부분에 등위접속사를 쓰지 못한다. (비격식체에서는 쓸 수 있다)

I have a dog, his name is Cat. (X) → I have a dog, and his name is Cat.

I have a dog. And his name is Cat. **(비격식체)** → I have a dog, and his name is Cat.**(격식체)**

b. 단어와 단어를 연결할 때 등위접속사를 써야 한다.

The pen is simple, nice. (X) → The pen is simple and nice. (O)

The pen is simple, nice, light. (X) → The pen is simple, nice, and light. (O)

Exercises

A , (comma)나 and / or가 필요한 곳이 있다면 넣어서 문장을 완성하시오.

1. He doesn't drink drive.

   ....

2. Can we keep this between you me?

   ....

3. Can I pay by cash credit card?

   ....

4. Walk carefully don't run!

   ....

5. There were a lot of boys girls.

   ....

6. Factories make toys computers cars.

   ....

B 다음 문장에서 틀린 부분을 찾아 바르게 고치시오.

1. The sun was warm, the birds sang.

   ....

2. Is it Saturday and Sunday today?

   ....

3. I woke up at 6:00. And then I slept again. (격식체)

   ....

4. Which do you prefer, juice and soda pop?

   ....

C 주어진 표현을 이용하여 다음을 영작하시오.

1. 나는 7학년이고, 내 형은 10학년이다. (7/10학년이다 = be in grade 7/10)

   ....

2. 우리는 문을 닫고 잠갔다. (닫다 = close / 잠그다 = lock)

   ....

3. 내가 좋아하는 음식은 김치, 불고기, 그리고 비빔밥이다. (불고기 = bulgogi / 비빔밥 = bibimbap)

   ....

3 but / so

Checkpoint

The door was locked, so I knocked.
I knocked, but there was no answer.

그 문이 잠겨 있어서 나는 노크를 했다. │ 나는 노크했지만 대답이 없었다.

1 **but:** '~하지만/그러나'의 의미이며, 기대하지 않던 결과가 이어진다.

I was tired, but I didn't fall asleep. (기대하지 않던 결과) 나는 피곤했지만 잠들지 않았다.

I missed the bus, but I wasn't late for class. 나는 버스를 놓쳤지만 수업에 늦지는 않았다.

2 **so:** '그래서'라는 의미이며, 기대하던 결과가 이어진다.

I missed the bus. (원인) → I was late for class. (기대하던 결과)

= I missed the bus, so I was late for class. 나는 버스를 놓쳐서 지각했다.

I was tired. (원인) → I fell asleep. (기대하던 결과)

= I was tired, so I fell asleep. 나는 피곤해서 잠이 들었다.

3 **but/so/because**

a. **because:** '~ 때문에'라는 의미이며, 원인(이유)이 이어진다.

I fell asleep. (결과) ← I was tired. (원인)

→ I fell asleep because I was tried. 나는 피곤했기 때문에 잠들었다.

I didn't go out. (결과) ← The weather was cold. (원인)

→ I didn't go out because the weather was cold. 날씨가 추웠기 때문에 나는 외출하지 않았다.

b. **so**와 **but**은 문장 중간에, **because**는 문장 중간과 앞에 모두 쓸 수 있다.

I was tired, so I fell asleep. (문장 중간)

I was tired, but I didn't fall asleep. (문장 중간)

Because I missed the bus, I was late for class. (문장 앞)

I fell asleep because I was tired. (문장 중간)

➕ 비격식체(이야기책, 신문기사 등)에서는 문장 앞에도 쓴다.
   I was tired. But I didn't fall asleep.
   I was tired. So I fell asleep.

Reading Point

일상적으로 격식체(에세이, 공식문서 등)보다는 비격식체가 많이 쓰인다.

Did she mean to hurt his feelings? Paul didn't know. *So* he smiled. He pretended he didn't care. *But* he did.

그녀가 그의 감정을 상하게 하려고 했을까? 폴은 알 수가 없었다. 그래서 그는 미소지었다. 그는 신경 쓰지 않는 척 했지만 그렇지 않았다.

Exercises

A 빈칸에 so / but / because 중 알맞은 것을 넣어 문장을 완성하시오.

1. She was thirsty, [＿＿＿＿＿] she went to buy a drink.
2. He studied hard, [＿＿＿＿＿] he failed.
3. He failed [＿＿＿＿＿] he didn't study enough.
4. She is beautiful, [＿＿＿＿＿] her voice is husky.
5. I was hungry, [＿＿＿＿＿] I had a donut.
6. I was hungry [＿＿＿＿＿] I didn't eat at all.
7. He was smiling [＿＿＿＿＿] he was happy.
8. He was happy, [＿＿＿＿＿] he was smiling.
9. I was late [＿＿＿＿＿] I overslept.
10. My computer was broken, [＿＿＿＿＿] I bought a new one today.

B 다음 문장에서 틀린 접속사를 찾아 바르게 고치시오.

1. It was windy, so we played table tennis outside. ＿＿＿＿＿＿
2. It was windy, but we played in the gym. ＿＿＿＿＿＿
3. We played in the gym, so it rained today. ＿＿＿＿＿＿
4. Carrots are healthy food, but they are good for you. ＿＿＿＿＿＿
5. Dan is tall, so he isn't strong. ＿＿＿＿＿＿
6. Dan isn't tall, because he is strong. ＿＿＿＿＿＿
7. So I have good friends, I'm happy. ＿＿＿＿＿＿
8. But he won the game, he was excited. ＿＿＿＿＿＿
9. It looked expensive. But it was cheap. ＿＿＿＿＿＿
10. It was not expensive. So I bought it. ＿＿＿＿＿＿

Chapter 12
균형의
세계

C 주어진 표현을 이용하여 다음을 영작하시오.

1. 나는 곧 시험이 있기 때문에 바쁘다. (시험이 있다 = have exams)

   ＿＿＿＿＿＿＿＿＿＿＿＿＿＿＿＿＿＿＿＿＿＿＿＿＿

2. 그가 그곳에 없어서 우리는 기다렸다. (기다리다 = wait)

   ＿＿＿＿＿＿＿＿＿＿＿＿＿＿＿＿＿＿＿＿＿＿＿＿＿

3. 오늘 날씨가 따스했지만 나는 겨울 자켓을 입었다. (따스한 = warm / 입다 = wear)

   ＿＿＿＿＿＿＿＿＿＿＿＿＿＿＿＿＿＿＿＿＿＿＿＿＿

Review Test

A   다음 문장에서 , (comma)가 필요한 곳에 , (comma)를 넣고, 필요없으면 넣지 마시오.

1. There are necklaces brooches and pins in the box.

2. I'm sick and tired.

3. She baked cakes and her mother sold them.

4. I called her but she didn't answer.

5. The ring is beautiful but expensive.

B   다음 밑줄 친 부분을 바르게 고치시오.

1. My father planted corn, beans, and <u>he planted lettuce</u>.

   ----

2. They laughed at him. <u>So he was sad</u>. (격식)

   ----

3. It was cold. <u>But</u> it was not windy. (격식)

   ----

4. <u>Soojin, Jongsoo</u> ate a lot of cherries.

   ----

5. Kathy lives with <u>her mother father</u>.

   ----

6. I tasted <u>vanilla, chocolate, caramel</u>.

   ----

7. I'm sorry, <u>and</u> I think you're wrong.

   ----

8. We were <u>cold, hungry</u>.

   ----

9. It made me happy, <u>but</u> I smiled.

   ----

10. I ate a lot. <u>So</u> I was not full. (격식)

C   빈칸에 so나 but을 넣어 문장을 완성하시오.

1. He is on a diet, [   ] he eats a lot.

2. He is hungry, [   ] he eats a lot.

3. She wants to lose weight, [   ] she exercises.

4. She wants to lose weight, _____ she doesn't exercise.

5. We left home early, _____ we were late.

6. We left home early, _____ we didn't miss the bus.

7. I was lost, _____ I called him.

8. I called him, _____ he didn't answer.

9. It was warm yesterday, _____ we went out.

10. It was hot today, _____ I wore long sleeves.

D 빈칸에 **because**나 **so**를 넣어 문장을 완성하시오.

1. He studied hard, _____ he passed the test.

2. _____ he studied hard, he passed the test.

3. Mothers eat a lot _____ they feed their babies.

4. Mothers feed their babies, _____ they eat a lot.

5. Jaesun is sleepy _____ he didn't get a good night's sleep.

6. He stayed up all night, _____ he is sleepy.

7. _____ it snowed a lot, the bus was delayed.

8. It rained a lot, _____ we stayed at home.

9. We practice soccer every day, _____ we are good at it.

10. _____ he speaks English, he has no problem traveling overseas.

E 다음 문장에서 틀린 부분을 찾아 바르게 고치시오.

1. His car ran over a nail and getting a flat tire.

   ----

2. The dog barked and to run away with a bone.

   ----

3. Should I add salty or pepper?

   ----

4. She picked an apple and cutting it up.

   ----

5. Ladybugs can be red, orange, or they can be yellow.

Reading Exercises

A 다음 글을 읽고 물음에 답하시오.

> AB MP3 Player
>
> How much can your pocket hold? That's up to you (and / also) your AB MP3 player.
> It holds up to 20,000 songs, up to 25,000 photos, and up to 100 hours of video. <u>You
> can browse movies in our store.</u> You can download such as movies *Harry Potter*,
> perhaps?

Words hold 담다, 가지다   be up to ~ ~에 달려 있다   browse 검색하다   up to~ ~까지

1. 괄호 안에 알맞은 단어를 쓰시오.

   _____

2. 위 광고에 AB MP3 player의 기능이 아닌 것은?

   (A) 노래 2만 곡 저장   (B) 2만5천 장의 사진 저장
   (C) 100시간의 비디오 저장   (D) 영화 업로드

3. 밑줄 친 부분을 해석하시오.

   _____

B 다음 글을 읽고 물음에 답하시오.

> Leaves make trees food. They make it from air (1) _____ sunlight.
> They also need water. Rainwater goes into the soil. <u>It</u> goes into trees' roots. <u>It</u> goes
> up the trees. It flows into veins. Veins are like little pipes. Leaves mix sunlight, air,
> (2) _____ water. Then they add something green. It's called chlorophyll.

Words sunlight 햇빛   rainwater 빗물   soil 토양   root 뿌리   vein 엽맥   flow 흐르다   mix 섞다   add 더하다   chlorophyll 엽록
소   be called~ ~라고 불리다

1. 빈칸 (1), (2)에 공통으로 들어갈 단어를 고르시오.

   (A) also   (B) but
   (C) or   (D) and

2. 밑줄 친 It이 공통으로 가리키는 명사는 무엇인가?

   (A) rainwater   (B) soil
   (C) air   (D) sunlight

C 다음 글을 읽고 물음에 답하시오.

Minjun closed his eyes _____ went back to sleep. At nine o'clock, the alarm rang. "Wake up, sleepyhead!" said his mother. Minjun got dressed and ate breakfast. He looked at his new watch. "Time to go to school," he said. Minjun opened the garage door. "It is the nicest bike," said Minjun. "Here is your helmet," said his mother. "Now you look great!"

Words sleepyhead 잠꾸러기 garage 차고 look at 바라보다 helmet 헬멧

1. 윗글에 따르면 민준이는 지금 무엇을 하려고 하는가?
   (A) 자전거 타기   (B) 차고 청소
   (C) 시계 수리   (D) 잠자기

2. 빈칸에 알맞은 접속사를 고르시오.
   (A) or   (B) and
   (C) but   (D) none

Hey, Mr. Grammar!

How does grammar help?

Grammar helps you write better.

Grammar is an important tool in reading.

Grammar makes your English more perfect!

전치사의 세계
Prepositions

전치사는 명사/대명사/명사구와 결합하여 형용사 또는 부사의 의미로 쓰인다.
형용사의 의미로 쓰이면 형용사구, 부사의 의미로 쓰이면 부사구가 된다.

전치사는 『전치사 + 명사/대명사/명사구』의 형태로 쓰이며,
전치사 다음에 오는 명사를 전치사의 목적어라고 부른다.
대명사가 오면 목적격으로 써야 한다.

Unit 25

전치사

1 시간 전치사 1

Checkpoint

We're going to Seattle in July.
There's a meeting at 10:00.
You don't have to go to school on Sunday.

우리는 7월에 시애틀에 간다. │ 10시에 회의가 있다. │ 일요일에 학교에 갈 필요가 없다.

1 in + 시간 : 월 / 연도 / 계절 / 하루의 일부

Jiwon was born in October. 지원이는 10월에 태어났다.
Sue graduated in 2006. 수는 2006년에 졸업했다.
Most flowers bloom in spring. 대부분의 꽃은 봄에 핀다.
I get home in the afternoon. 나는 오후에 집에 온다.

➕ 특정일의 일부 : on Christmas Eve, on Sunday morning, on Saturday night 등
He will visit me on Saturday night.

2 at + 시간 : 정각 / 정확한 시간

I usually get up at 6:00 AM. 나는 보통 아침 6시에 일어난다.
I got a phone call at midnight. 나는 밤 12시에 전화를 받았다.

3 on + 시간 : 날짜 / 요일 / 특정일 + day

I go to church on Sundays. 나는 일요일마다 교회에 간다.
Eric was born on February 25, 2005. 에릭은 2005년 2월 25일에 태어났다.
Do you work on New Year's Day? 새해 첫날에도 일해요?
We will have a party on Thanksgiving Day. 우리는 추수감사절에 파티를 열 것이다.

Exercises

A 괄호 안에서 알맞은 것을 고르시오.

1. The 2010 Winter Olympics will be held (in / on / at) Vancouver.
2. Seoul is (in / on / at) South Korea.
3. It snows (in / on / at) winter.
4. I entered school (in / on / at) March 1, 2007.
5. The new school year starts (in / on / at) March.
6. I go to school (in / on / at) the morning.
7. They often have a party (in / on / at) Saturday night.
8. We get together (in / on / at) Christmas Eve.
9. The concert begins (in / on / at) noon.

B 다음 문장에서 잘못 쓰인 전치사를 찾아 바르게 고치시오.

1. I watch movies at Fridays.
2. We exchange gifts at Christmas Day.
3. She was born at 2005.
4. He visited LA on May.
5. The first class starts in 9:00 AM.
6. It rains a lot on summer.
7. I exercise at the evening.
8. We stay home in night.
9. What do you do at April Fools' Day?
10. We play jokes on people in April 1.

C 주어진 표현을 이용하여 다음을 영작하시오.

1. 여름에는 습하다. (습기 있는 = humid)

2. 그는 2월 18일에 졸업했다. (졸업하다 = graduate)

3. 나는 저녁에 학원에 간다. (학원 = a learning center)

4. 나는 일요일마다 교회에 간다. (교회 = church)

5. 그녀는 밤에 음식을 먹지 않는다.

2 시간 전치사 2

Checkpoint

She'll be back by 10:00.
She will not be here until 10:00.
He has studied English for years.

그녀는 10시까지는 돌아올 거야. | 그녀는 10시까지는 여기 없을 거야. | 그는 영어를 여러 해 동안 공부했다.

---

1 **by + 상황 발생 시점 (～이전에/～에) *vs.* until + 상황 종료 시점 (～까지)**

I'll be back by noon. 나는 정오 이전에 돌아올 거야.

= I won't be here until noon. 나는 정오까지 여기에 없을 거야.

(until S + V 가능: until she came back)

Our shop is open until noon. 우리 가게는 정오까지 영업한다.

= Our shop is closed by noon. 우리 가게는 정오에는 문 닫는다.

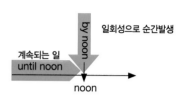

2 **since + 과거 상황 시작 시점 (～이후부터 현재까지) *vs.* for + 상황 발생 기간 (～동안)**

I have lived here since 2000.

나는 2000년 이후부터 현재까지 여기에서 살고 있다. **(since는 현재완료시제와 같이 쓴다)**

(since S + V 가능: since I was born)

I have lived here for five years. 나는 여기에서 5년 동안 살고 있다.

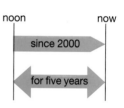

3 **before (～전에) *vs.* after (～후에)**

Call me before breakfast. 아침 식사 전에 전화해.

(before S + V 가능: before I eat breakfast)

I go to school after breakfast. 나는 아침 식사 후에 등교한다.

(after S + V 가능: after I eat breakfast)

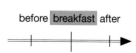

4 **for + 숫자 + 기간 / 시간 (～동안) *vs.* during + 기간 / 시간 명사 (～동안)**

She waited for one hour. 그녀는 1시간 동안 기다렸다.

She waited during my lunch hour. 그녀는 내 점심시간 동안 기다렸다.

She waited while I ate lunch. 그녀는 내가 점심 먹는 동안 기다렸다.

Reading Point

until과 by는 혼동하기 쉽다. 모두 우리말로 '～까지'로 해석되기 때문이다. 그러나 이 둘의 의미는 정반대이므로 주의하여 읽어야 한다.

"Sejin, I'll be back *by five o'clock*. Play with your sister *until then*." Just then, Sejin cried, "Mom! mom! It's snowing!"

"세진아, 5시까지는 돌아올게. 그때까지 동생이랑 놀아라. 바로 그때 세진이가 소리쳤다. "엄마! 엄마! 눈이 와요!"

Exercises

A 괄호 안에서 알맞은 것을 고르시오.

1. She will arrive here (by / until) 9 o'clock.
2. I will wait for her (by / until) 10 o'clock.
3. I'll play outside (by / until) 6 o'clock.
4. I'll get home (by / until) 6:30.
5. He will read your book (by / until) midnight.
6. A: We will call you (by / until) Monday.
    B: Don't be in hurry. I'll wait (by / until) Tuesday.

B 괄호 안에서 알맞은 것을 고르시오.

1. Bill has learned Korean (since / for) 2003.
2. Bill has learned Korean (since / for) three years.
3. She has been outside (since / for) 9:00 AM.
4. She has been outside (since / for) five hours.
5. Our office will be closed (since / for) two days.

C 괄호 안에서 알맞은 것을 고르시오.

1. They study (after / for) school.
2. They worked (during / for) eight hours.
3. She woke up (during / for) the night.
4. We woke up (before / for) sunrise.
5. It's dark (after / for) sunset.

Chapter **13**
전치사의
세계

D 주어진 표현을 이용하여 다음을 영작하시오.

1. 나는 휴가 동안에 책 한 권을 읽었다. (휴가 = vacation)

    ----

2. 내가 그곳에 10시까지 갈게. (그곳에 갈게 = be there)

    ----

3. 나는 10시까지 회의했어. (회의하다 = have a meeting)

    ----

3 장소전치사 1

Checkpoint

She had a doll in her arms.
I study at a language school.
I got on a bus.

그녀는 팔에 인형을 들고 있었다. | 나는 한 외국어학원에서 공부한다. | 나는 버스에 탔다.

1 **in + 장소: 공간의 내부 / 구역을 나타내며 의미는 '~에/에서'이다.**

in + 내부	in a car, in a classroom, in a building, in a box, in a bag
in + 구역 (나라/주/도시/마을 등)	in South Korea, in Seoul, in a city/town/village, in a park, in a garden
in + 신문/책/사진	in a newpaper, in a book, in a picture, in a photograph
in + 무관사 + 장소명	in hospital, in prison, in bed

I got in a car / a taxi. 나는 차/택시에 탔다.
She lives in Seoul. 그녀는 서울에 산다.
What did you read in the newspaper? 신문에서 무엇을 읽었니?
Kevin is in hospital. 케빈은 그 병원에 입원해 있다.

2 **at + 장소: 정확한 지점 / 주소를 나타내며 의미는 '~에/~에서'이다.**

at + 주소	at 777 Marine Drive, at 736 Clarke Road, at 629 Insa-dong
at + 지점	at the airport, at the party, at the concert, at Susan's place, at the computer, at the table
at + 무관사 + 장소명	at school, at university, at college, at home, at work

I live at 777 Insa-dong. 나는 인사동 777번지에 산다.
I sat at my computer. 나는 컴퓨터 앞에 앉았다.
She is at school. 그녀는 학교에 있다.

3 **on + 장소: 접촉면의 위 / 교통수단을 나타내며 의미는 '~위에'이다.**

on + 접촉면	on the floor, on the table, on my desk, on the ceiling on the wall, on the door, on the window (세로 접촉면)
on + 교통수단	on a bus, on a train, on a ship, on an airplane, on a bike

There is a book on my desk. 내 책상 위에 책이 한 권 있다.
My picture is on the wall. 내 그림이 벽에 걸려 있다.
I got on the bus. 나는 그 버스에 탔다.

Exercises

A 괄호 안에서 알맞은 것을 고르시오.

1. Jonathan lives (in / at) Canada.

2. Rebecca lives (in / at) 310 Angela Ave.

3. She got (in / at) the car.

4. What's (in / at) the book?

5. Don't play (in / at) the garden.

6. No one was (in / at) the building.

7. Taehyun sat (in / at) his computer.

8. A: Why did you miss the last meeting?

   B: I hurt myself. I was (in / at) hospital.

B 괄호 안에서 알맞은 것을 고르시오.

1. A fly is crawling (on / at) the ceiling.

2. I am (at / on) college now, but I'll find a job soon.

3. Do you live (in / on) campus?

4. They arrived (at / in) the airport.

5. An airplane is landing (at / in) Incheon.

6. I was (at / on) a bike.

7. She got (on / in) a train.

8. I met him (at / on) the concert.

9. The wheels (on / at) the bus go round and round.

10. Your name is (on / in) the door.

C 주어진 표현을 이용하여 다음을 영작하시오.

1. 나는 식탁 위에 컵 한 개를 올려놓았다. (놓다 = put)

   ----

2. 우리는 공원에서 캠프를 했다. (캠프를 하다 = camp)

   ----

3. 나는 그것을 그 책에서 읽었다. (읽다 = read)

   ----

4. 그 학교는 중앙로에 위치해 있다. (중앙로 = Center Street)

   ----

4 장소 전치사 2

Checkpoint

Nobody can get into the room.
I'm from Seoul.
He sat in front of me.

아무도 그 방에 들어갈 수 없다. | 나는 서울에서 왔습니다. | 그는 내 앞에 앉았다.

1 into (~의 안으로) *vs.* out of (~안 밖으로)

Don't go into the garden! 정원 안에 들어가지 마라!
I'm out of town today. 나는 오늘 도시를 떠나 있다.

2 to (~에/로) *vs.* from (~로 부터)

I went to Jeju last month. 나는 지난 해 제주에 갔다.
You can walk from here to the park. 너는 여기부터 공원까지 걸을 수 있다.
My father was a teacher from 1995 to 2005.
(시간에도 사용) 아버지는 1995년부터 2005년까지 선생님이셨다.

3 up (위로) *vs.* down (아래로)

He went up the mountain. 그는 산에 올라갔다.
I slid down the hill. 나는 언덕을 미끄러져 내려갔다.
She fell down the stairs. 그녀는 계단에서 굴러 떨어졌다.

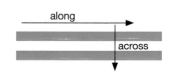

4 along (~을 따라서) *vs.* across (~을 건너서)

I walked along the sidewalk. 나는 인도를 따라 걸었다.
You can park along the street. 너는 길을 따라서 주차할 수 있다.
I walked across the road. 나는 길을 건넜다.

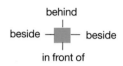

5 beside (= by: ~의 옆에), in front of (~의 앞에), behind (~의 뒤에)

Meg sat beside (= by) me. 멕은 내 옆에 앉았다.
She was in front of Tom. 그녀는 톰 앞에 있었다.
Tom was behind her. 톰은 그녀의 뒤에 있었다.

Exercises

A 괄호 안에서 알맞은 것을 고르시오.

1. He looked straight (into / out of) my eyes.
2. I go (to / into) school every day.
3. Jason is looking for a job. He is (from / out of) work.
4. He comes (from / out of) Jeju.
5. You can take it (into / out of) the oven and eat it.
6. How long does it take (from / out of) here to the station?
7. A: Is Ben there?
   B: No, he left here two hours ago.
   A: Where did he go?
   B: He went (to / into) Incheon.

B 괄호 안에서 알맞은 것을 고르시오.

1. She flew (across / down) the Pacific.
2. I walked (up / across) the stairs.
3. He went (down / along) the mountain before dark.
4. Kathy stood on my left. In other words, she stood (beside / behind) me.
5. She sat behind me. In other words, I was (in front / beside) of her.
6. A: Do you work out every day?
   B: Yes. How about you?
   A: I do. I run (along / across) the beach.

C 주어진 표현을 이용하여 다음을 영작하시오.

1. 우리는 오늘밤 비행기로 LA에 간다. (비행기로 ~에 간다 = fly to ~)

   ----

2. 우리는 길을 따라 걸었다. (~을 따라 걷다 = walk along ~)

   ----

3. 나는 지난 주에 이 도시를 떠나 있었다. (떠나있다 = be out of)

   ----

4. 이 책은 절판되었다. (절판된 = out of print)

   ----

5. 그는 내 앞에 앉았다. (앞에 = in front of)

   ----

5 장소 전치사 3

Checkpoint

I used to live around here.
Sarah is a grade above me.
It's below zero.

나는 이 근처에 살았다. | 세라는 나보다 한 학년 위다. | 현재 기온이 영하이다.

---

1 **above** (~보다 위에 / 높은) *vs.* **below** (~보다 밑에 / 낮은)

The sun is above the horizon. 해가 수평선 위에 있다.
There is a mirror above the sink. 세면대 위에 거울이 있다.
What is below the line? 그 선 밑에 무엇이 있니?

• above
• below

2 **over** (~위에) *vs.* **under** (~밑에)

An airplane is flying over the city. 비행기가 그 도시 상공을 날고 있다.
She held an umbrella over me. 그녀는 나에게 우산을 씌웠다.
My dog hid under the table. 나의 개가 식탁 밑에 숨었다.

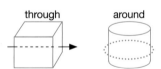
over
under

3 **around** (= round: ~주위에) *vs.* **through** (~을 통과하여)

We sat around the table. 우리는 식탁에 빙둘러 앉았다.
He walked through the city. 그는 그 도시를 걸어서 지나갔다.
He drove through a red light. 그는 빨간 신호를 통과해서 운전했다.

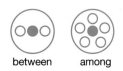
through   around

4 **between** (~둘 사이에) *vs.* **among** (~셋 이상 사이에)

I stood between Jim and Don. 나는 짐과 돈 사이에 서 있었다.
I stood between them. (them = 두 명)
I stood among my classmates. 나는 급우들 사이에 서 있었다.

between   among

Reading Point

전치사는 뒤에 어떤 명사와 결합하는 가에 따라 의미가 달라진다.

The train started to chug. It pulled us *around a mountain*. We went *through a tunnel*. We saw trees.
We saw a river.

그 기차는 칙칙폭폭 소리를 내기 시작했다. 기차는 산주위를 돌았고, 우리는 터널을 통과했다. 우리는 나무를 보았다. 우리는 강을 보았다.

Exercises

A 괄호 안에서 알맞은 것을 고르시오.

1. Anyang lies (between / among) Seoul and Suwon.
2. I'll have lunch (between / among) 1:00 and 1:30 today.
3. Eric is well known (between / among) people.
4. This book is popular (between / among) students.
5. You can park (between / among) the two buildings.
6. I get hungry (between / among) meals.
7. A: Please tell me what Susan said.
   B: Can you keep the secret?
   A: Sure, I can.
   B: Okay, listen. It's just (between / among) us.

B 괄호 안에서 알맞은 것을 고르시오.

1. Sean is standing (over / under) the tree.
2. The Earth goes (around / through) the sun.
3. Water freezes (above / below) zero.
4. I drove (around / through) the tunnel.
5. We were sailing (over / under) the bridge.
6. A: Excuse me. Can you tell me where the bookstore is?
   B: Yes, it's just (around / through) the corner.
   A: Thanks a lot.
   B: No problem.

C 주어진 표현을 이용하여 다음을 영작하시오.

1. 출구표시가 그 문 위에 있다. (출구표시 = the "Exit" sign)

   ----

2. 네 이름이 바로 내 이름 밑에 있다. (바로 내 것 밑에 = just below mine)

   ----

3. 우리는 그 나무 아래에 앉아 있었다. (그 나무 아래에 = under the tree)

   ----

4. 그는 많은 시련을 겪었다. (~을 겪다 = go through / 많은 시련 = difficulties)

   ----

5. 이것은 우리 사이의 일이야. (우리 사이 = between us)

   ----

6 기타 중요 전치사

Checkpoint

You can go there by car.
This story is about a pirate.
They repaired my car for 50,000 won.

너는 그곳에 차로 갈 수 있다. | 이 이야기는 한 해적에 관한 것이다. | 그들은 내 차를 5만원에 수리해줬다.

1 **by (~로 / ~함으로써 / ~옆에), with (~을 가지고서 / ~와 함께), without (~없이)**

I will go by bus. 버스로 갈게.
I exercise by dancing. 춤을 춤으로써 운동을 한다.
He sat by me. 그는 내 옆에 앉았다.

I sharpened the pencil with a knife. 나는 칼로 연필을 뾰족하게 깎았다.
I exercise with my father. 나는 아빠와 함께 운동한다.
I know a man with blue hair. 나는 파란 머리카락을 가진 사람을 안다.
Can you live without money? 너 돈 없이 살 수 있니?

2 **about (~에 관하여 / 대하여), of (~에 관하여 / 대하여)**

Are you talking about me? 나에 관해 말하는 거니?
I watched a movie about music. 나는 음악에 관한 영화를 봤다.
I dream about / of you. 나는 너에 관한 꿈을 꾼다.
I know about / of your talent. 나는 너의 소질을 알고 있다.

3 **for (~을 위하여 / 얼마에 / ~때문에 / ~에)**

Let's go out for lunch. 점심 먹으러 나가자.
This car is for sale. 이 차는 파는 거예요. **(for rent / for lease = 세 놓음)**
I sold my car for $1,000. 나는 천 달러에 차를 팔았다.
I exercise for several reasons. 나는 몇 가지 이유 때문에 운동을 한다.
Vancouver is famous for its parks. 밴쿠버는 공원들 때문에 유명하다.

Exercises

A 괄호 안에서 알맞은 것을 고르시오.

1. My father goes to work (with / by) car.
2. I went shopping (with / by) my mother.
3. All living things cannot survive (with / without) water.
4. She is writing a letter (with / by) a pen.
5. How did you get here? (With / By) bus.
6. I practice English (with / by) chatting.
7. I practice English (with / by) other students.
8. He's a man (with / by) a lot of money.
9. You should travel (with / by) care.
10. Please let us know (with / by) e-mailing us.

B 괄호 안에서 알맞은 것을 고르시오.

1. I'm worried (about / for) you.
2. We had to run (about / for) the train.
3. I read a book (about / for) the Korean War.
4. When I dream, I dream (by / of) you.
5. I'm thinking (by / of) you.
6. I'm not talking (with / about) the baseball games.
7. Korea is well known (about / for) its IT industry.
8. A: Do you have a car (for / about) sale? (전화 대화)
   B: Yes. You want to see it?
   A: Yes, how do I get there?
   B: You can get here (by / with) bus.

C 주어진 표현을 이용하여 다음을 영작하시오.

1. 나는 친구들과 말했다. (말하다 = talk)

   ----

2. 나는 걸어서 학교에 다닌다. (걸어서 = on foot)

   ----

3. 우리 학교는 밴드 때문에 유명하다. (~때문에 유명하다 = be famous for ~)

   ----

4. 그는 저녁 식사하러 나갔다. (나가다 = go out)

Review Test

A 괄호 안에서 알맞은 전치사를 고르시오.

1. Dad works (by / with) mom.

2. I got (on / in) the car.

3. She saw the eagle (in / on) the sky.

4. She planted pumpkins (for / about) her grandson.

5. The blind man lives (by / with) a dog.

6. Charlie put a cherry (at / in) his mouth.

7. The pumpkins turned (from / to) green to orange.

8. Wayne found a worm (on / in) his room.

9. He took the worm (into / out of) the house.

10. Potatoes grow (at / in) Gangwondo.

B 괄호 안의 해석에 맞게 밑줄 친 부분의 전치사를 바르게 고치시오.

1. I had a potato at dinner. (저녁 식사로) ....

2. Peter dressed up in his party. (파티를 위해) ....

3. He had a hat in his head. (머리에) ....

4. A ladybug sat on a bee. (벌의 옆에) ....

5. I was at a train. (기차에) ....

6. We will leave on noon. (정오에) ....

7. Do not lie at bed. Get up! (침대에) ....

8. Fish swam on the water. (물 속에) ....

9. They got in a bus. (버스에) ....

10. They rode the bus on the zoo. (동물원에) ....

C 다음 보기에서 문장에 알맞은 전치사를 고르시오.

1. He put .... his blue hat.
    (A) in   (B) on   (C) at

2. She is writing .... him now.
    (A) about   (B) by   (C) at

3.   New Orleans is .... sea level.
    (A) about   (B) to   (C) below

4.   The Earth moves _____ the sun.
     (A) about   (B) for   (C) around

5.   It's just _____ you and me.
     (A) about   (B) between   (C) among

6.   I saw a familiar face _____ the crowd.
     (A) about   (B) among   (C) between

7.   Don't go _____ the water! (물 속으로)
     (A) into   (B) about   (C) out of

8.   I put my backpack _____ the door. (문 뒤에)
     (A) into   (B) behind   (C) out of

9.   She walked _____ the road. (길 건너서)
     (A) into   (B) about   (C) across

D   주어진 표현을 이용하여 다음을 영작하시오.

1.   그녀는 정오에 점심 식사하러 간다. (정오에 = at noon)

     ----

2.   나는 토요일마다 체육관에 간다. (체육관 = the gym)

     ----

3.   우리는 부산행 버스를 탔다. (타다 = get on)

     ----

4.   우리는 그 공원을 걸어서 통과했다. (통과하여 = through)

     ----

5.   나는 저녁에 그녀를 만났다. (저녁 = evening)

Reading Exercises

A 다음 글을 읽고 물음에 답하시오.

One night, Jiwon had a dream. He and Gahyun were (at / on) a train station. He read a sign (between / above) the station. <u>It</u> said, "Jiwon's Train Station." <u>It</u> gave him happy feelings. <u>It</u> put a smile on his face. "All aboard!" cried a man.

Words have a dream 꿈을 꾸다

1. 괄호 안에 알맞은 전치사를 순서대로 고르시오.

   (A) at – between   (B) at – above

   (C) on – between   (D) on – above

2. 밑줄 친 It이 공통으로 가리키는 것은 무엇인가?

   (A) station   (B) sign

   (C) train   (D) dream

3. 윗글은 어떤 이야기인가?

   (A) 실제 이야기   (B) 꿈 이야기

   (C) 소설   (D) 전설

B 다음 글을 읽고 물음에 답하시오.

"Time to go shopping," Dad said. Rebecca was going (to / in) the store with her father. <u>They</u> needed flour. <u>They</u> were going to bake some bread. <u>They</u> rode a bus to the store. It took about 10 minutes to get there. They put the flour and other items (in / at) their bag.

Words flour 밀가루 ride a bus 버스를 타다

1. 레베카와 아빠가 가게에 간 이유는 무엇인가?

   (A) 구경하기 위하여   (B) 버스를 타기 위하여

   (C) 시간을 재기 위하여   (D) 밀가루를 사기 위하여

2. 밑줄 친 They가 공통으로 가리키는 명사는 무엇인가?

   (A) Rebecca and Dad   (B) minutes

   (C) items   (D) bread and flour

3. 괄호 안에 알맞은 전치사를 순서대로 고르시오.

   (A) to – in   (B) to – at

   (C) in – in   (D) in – at

C 다음 글을 읽고 물음에 답하시오.

Today was a cooking day. I looked (at / on) a cookbook. I made a cake. I added cold water to the cake mix. I put it into the oven to bake. I will bring the cake (to / at) a picnic.

Words cookbook 요리책   cake mix 케이크 재료

1. 괄호 안에 알맞은 전치사를 순서대로 고르시오.

   (A) at – to   (B) at – at

   (C) on – to   (D) on – at

2. 윗글에 따르면 나는 만든 케이크로 무엇을 할까?

   (A) 집에서 먹는다.   (B) 친구를 집으로 초대한다.

   (C) 소풍갈 때 가져간다.   (D) 오븐에 그대로 둔다.

D 다음 글을 읽고 물음에 답하시오.

Soyeon was visiting Uncle Tom at his house <u>by the beach</u>. It was a beautiful summer day. Soyeon built a giant sand castle in the morning. Soyeon wanted to play on the beach in the afternoon. She wanted to build another castle beside the giant one. Uncle Tom told her it was too sunny. Soyeon couldn't go out that afternoon. Soyeon had a chance to go to the beach again in the evening. There were a lot of people on the beach. Some were sitting (   ) the trees. Others were walking along the beach.

Words beach 해변   sand castle 모래성   have a chance to~ ~할 기회가 생기다

1. 소연이가 큰 모래성을 쌓은 때는 언제인가?

   (A) In the afternoon   (B) In the morning

   (C) In the evening   (D) At night

2. 밑줄 친 by the beach에서 by의 의미와 가장 가까운 전치사를 본문에서 찾으시오.

   (A) in   (B) on

   (C) at   (D) beside

3. 괄호 안에 알맞은 전치사를 고르시오.

   (A) under   (B) below

   (C) in   (D) to

MEMO
Mr.Grammar

MEMO
Mr.Grammar

MEMO
Mr.Grammar

MEMO

Mr.Grammar

MEMO

Mr.Grammar

Mr. Grammar

영문법 자신감!

정답 및 해설

기본편 2

DARAKWON

영문법 자신감!

정답 및 해설 　　기본편 2

DARAKWON

CHAPTER 7 수식어의 세계 Modifiers

Unit 12 형용사 I

1. 형용사의 종류
Exercises

A
1. sick, people 그녀는 아픈 사람들을 도왔다.
2. poor, people 그녀는 가난한 사람들도 도왔다.
3. old, people 그들 중에는 나이든 사람들이 있다.
4. many, people 많은 사람들이 동물과 같이 산다.
5. some, frogs 개구리 몇 마리가 있다.
6. four, legs 개구리는 네 개의 다리를 가졌다.
7. small, animals 개구리는 작은 동물이다.
8. small, groups 타조는 작은 무리를 지어 이동한다.
9. big, birds 타조는 큰 새이다.
10. heavy, bodies 그들의 날개는 무거운 몸을 지탱한다.

B
1. long 박쥐들은 긴 낮잠을 잔다.
2. yellow hair 벌들은 노란색 털을 가졌다.
3. warm 대부분의 박쥐들은 따뜻한 지역에 산다.
4. cold 어떤 박쥐들은 추운 곳에 산다.
5. five 마을에 다섯 명의 어부가 있었다.
6. small 무당벌레는 작은 점처럼 보인다.
7. white 벌 한 마리가 흰바위 위에 앉았다.
8. hard 그들은 딱딱한 의자에 앉았다.
9. big 그는 큰 부츠를 신고 있었다.
10. good 나는 좋은 꿈을 꾸었다.

C
1. I have brown eyes.
2. Seoul has huge mountains.
3. I live in a big city.
4. I like Italian food.
5. The black bag is mine.

2. 형용사의 두 가지 역할
Exercises
P.19

A
1. fast 토끼는 빨리 달린다.
2. slow 거북이는 느리다.
3. new 우리는 새 집으로 이사갔다.
4. big 우리 이웃에 큰 운동장이 있다.
5. many 저기에 많은 아이들이 있다.

B
1. cute 그녀는 귀여운 개들이 있다.
2. big 그 개들은 크다.

3. many ducks 그 개들은 많은 오리들과 논다.
4. a hot drink 뜨거운 음료수를 원해요.
5. new 그의 차는 새 것이다.

C
1. Jane owns a beautiful house.
   제인은 아름다운 집을 소유하고 있다.
2. He was so lucky. 그는 아주 운이 좋았다.
3. My parents are happy. 부모님은 행복하다.
4. That river is long. 그 강은 길다.
5. His house has a blue roof.
   그의 집은 파란색 지붕이 있다.

D
1. It is sunny today.
2. She lives a happy life.
3. I had a cold drink today.
4. The camp site was rocky.
5. I will not be busy this term.

3. 형용사의 다른 쓰임
Exercises
P.21

A
1. icy 그 길은 언 것 같다.
2. good 이 소스는 맛이 좋다.
3. sore 눈이 아프다.
4. sleepy 그는 졸려 보인다.
5. something sharp 내 구두에 무언가 뾰족한 것이 있다.
   ▶ -thing을 꾸미는 형용사는 뒤에 온다.
6. something odd 나는 무언가 이상한 것을 발견했다.
7. nothing new 우리는 새로운 것이 없다.
8. nothing much 여기에서 할 일이 많지 않다.
9. anything strange 나는 어떤 이상한 것도 보지 못했다.
10. bad A: 오늘 기분이 어떠니? B: 나쁘지 않아.

B
1. They seemed nice. 그들은 친절해 보였다.
2. This dress looks great on you.
   이 옷은 너에게 잘 어울린다.
3. He's still feeling good. 그는 여전히 기분이 좋다.
4. I feel sorry for Jason. 나는 제이슨에게 미안하다.
5. My suitcase felt really heavy. 내 가방은 정말 무겁다.
6. This watermelon looks fresh.
   이 수박은 신선해 보인다.
7. She does not feel shy. 그녀는 부끄러워 하지 않는다.

C
1. This juice tastes sweet.
2. Your job sounds exciting.
3. I never feel safe there.
4. This bread tastes so good.

2

4. the + 형용사

Exercises
P.23

A

1. The rich 부자들은 돈이 많다.
2. The young 젊은이들은 밖에서 놀기를 좋아한다.
3. The old 노인들은 잠을 많이 자지 않는다. 노인들은 아침에 일찍 일어난다.
4. the disabled 장애인들은 취업이 어렵다.
5. The poor 제이크는 가난한 사람들을 돕는다. 가난한 사람들은 그를 좋아한다.

B

1. The Japanese 일본인들은 조용하게 말한다.
2. The Chinese 중국인들은 우리 이웃이다.
3. Koreans 한국인들은 영리하다.
4. Americans 미국인들은 영어를 쓴다.
5. The French 프랑스인들은 그들의 언어를 사랑한다.

C

1. He helps the poor.
2. The English are different from Italians.
3. The young like computers.
4. The French like to eat and drink.
5. The old have a lot of experience in their life.

Unit 12 Review Test
P.24

A

1. kind 제니는 나에게 친절했다.
2. healthy 과일은 모든 사람들의 건강에 좋다.
3. shy 제인은 부끄럼 타는 소녀다.
4. happy 난 행복할 거야.
5. large 앞에 큰 마당이 있다.
6. dark 방안은 어두웠다.
7. good 그 꽃들은 향이 좋다.
8. great 나는 기분이 좋다.
9. long 오래 전에 한 남자가 있었다.
10. nice 그거 좋은 것 같아.

B

1. favorite 그녀는 좋아하는 의자에 앉았다.
2. silly 그녀는 시시한 노래를 불렀다.
3. high 그는 빠른 속도로 차를 운전했다.
4. great 우리는 너를 위한 좋은 계획이 있다.
5. important 중요한 수업에 대해 말해줄게.

C

1. It is a busy day today. 오늘은 바쁜 날이다.
2. He lives in a big house with a beautiful garden. 그는 아름다운 정원이 있는 큰 집에서 산다.
3. She felt silly. 그녀는 어리석게 느껴졌다.
4. It sounds good to me. 그것이 나에게 좋게 들린다.
5. There is something special today.

오늘 무언가 특별한 것이 있다.

6. She is smart enough to know better.
   그녀는 더 잘 알 만큼 충분히 영리하다.

   ▶ 보어 자리에는 형용사 필요

7. Our annual festival is coming up.
   우리의 연간 축제가 다가오고 있다.
8. Your plan is great. 네 계획은 훌륭하다.
9. They lived on a large farm. 그들은 큰 농장에서 살았다.
10. The farm has a big barn. 그 농장은 큰 헛간이 있다.

D

1. Look at the handsome guy! 저 잘생긴 남자를 봐!
2. I don't like hot coffee.
   나는 뜨거운 커피를 좋아하지 않는다.
3. He has a big house. 그는 큰 집이 있다.
4. There are green plants. 초록 식물들이 있다.
5. He likes cold winter. 그는 추운 겨울을 좋아한다.
6. It was a rainy day. 비가 오는 날이었다.
7. My two little sisters were doing their homework. 내 두 여동생들은 그들의 숙제를 하는 중이었다.
8. John and Minsu ate too much candy.
   존과 민수는 너무 많은 사탕을 먹었다.
9. Candy is really sweet. 사탕은 정말 달다.
10. They made a huge mistake. 그들은 큰 실수를 했다.

Unit 12 Reading Exercises
P.26

A

계곡 깊숙히, 작은 집 한 채가 있었다. 어머니와 어린 아들은 그들의 작은 집 앞에 앉아 있었다. 그들은 태양이 지는 것을 보고 있었다. "멋진 저녁이야, 그렇지 않니?" 어머니가 소년에게 물었다. 그는 그저 고개만 끄덕였다. 그는 멀리 있는 무엇인가를 응시하고 있었다. 저 멀리 그들은 큰바위 얼굴을 볼 수 있었다. 그들은 그것과 많이 떨어져 있었지만, 선명하게 볼 수 있었다.

1. (3) down ▶ 부사
2. beautiful

B

민수, 성호, 그리고 인식은 친구다. 그들은 지난 주 그 공원에서 놀고 있었다. 그들은 몇몇의 아이들이 축구를 하는 것을 보았다. 집에 오는 길에 그들은 그 게임에 대하여 말했다. "멋진 게임이었지!" 민수가 말했다. "축구를 배워야겠어." "우리는 연습이 필요해. 우리도 축구를 할 수 있게 말이야." 인식이 덧붙였다. "우리는 축구공을 먼저 사야 돼. 그러면 학교에서 연습할 수 있잖아." "축구공이 얼마지?" 성호가 물었다. "잘 모르지만 비쌀 거야." 인식이 대답했다. "그렇지 않을 거야." 민수가 말했다. "쌀 거야." "좋아, 가보자!" 인식이 말했다.

1. (D) expensive
2. sure
3. (A) They will ask the price of a soccer ball.

C

"그래, 얘들아." 박 선생님이 말씀하셨다. "이 선생님에게 수업에 와주셔서 고맙다고 말하렴." "감사해요, 이 선생님." 아이들이 천천히 대답했다. 이 선생님은 미소 지으셨다. 그녀는 자신의 직업을 좋아했다. 그녀는 매주 몇몇 학교를 방문했다. 그녀는 요리를 가르쳤다. 그녀는 특히 맛있는 과자를 만드는 방법에 대한 기본적인 기술을 가르치는 것을 좋아했다.

1. (C) 초청 요리 강사
2. (A) basic – tasty

D

천수는 창 밖을 내다 보았다. 땅은 눈으로 덮여 있었다. 날이 따뜻했던 적이 아주 오래된 것 같았다. 그는 겨울이 지겨웠다. 무거운 부츠도 싫증났다. 그는 다시 따뜻해지기를 바랐다.

1. (1) 명사 수식
   (2) 주어 설명
2. (1) F   (2) T

Unit 13 형용사 Ⅱ

1. few / a few / little / a little
Exercises   P. 31

A

1. a few 나는 몇 년 안에 대학생이 될 것이다. ▶ 복수명사 앞
2. little 그는 오페라에 관심을 별로 보이지 않았다.
   ▶ 셀 수 없는 명사 앞
3. a little 시험까지는 약간의 시간이 남아 있다.
   ▶ 셀 수 없는 명사 앞
4. a few 나는 밴쿠버에서 며칠을 보냈다. ▶ 복수명사 앞
5. a little 나는 형으로부터 약간의 도움을 받았다.
   ▶ 셀 수 없는 명사 앞

B

1. I drank a little water. 나는 약간의 물을 마셨다.
   ▶ 셀 수 없는 명사 앞
2. I'm going to buy a few things today.
   나는 오늘 몇 가지를 사려고 한다. ▶ 복수명사 앞
3. A few cakes are left over. 케이크 몇 조각이 남았다.
   ▶ 복수명사 앞
4. He has a few problems. 그는 약간의 문제가 있다.
   ▶ 복수명사 앞
5. I had little money.
   나는 그 책을 살 수 없었다. 나는 돈이 거의 없었다.
   ▶ 셀 수 없는 명사 앞

C

1. I am going to be sixteen in a few days. (I'll be sixteen in a few days.)
2. He taught only a few students.
3. We have little choice.

4. I bought a few CDs yesterday.
5. We have little time to relax.

2. many / much / a lot
Exercises   P. 33

A

1. much 너는 설탕을 얼마나 원하니? ▶ 셀 수 없는 명사 앞
2. many 너무 많은 요리사가 있다. ▶ 복수명사 앞
3. many 그는 여러 해 동안 가르쳤다. ▶ 복수명사 앞
4. much 그거 얼마예요? ▶ 가격 앞
5. many 나는 그 영화를 아주 여러 번 봤다. ▶ 복수명사 앞
6. much 수진이는 많은 돈을 벌지 못했다. ▶ 셀 수 없는 명사 앞
7. much 요즘 나는 시간이 많지 않아. ▶ 셀 수 없는 명사 앞
8. a lot of 요즘 나는 시간이 많다.
   ▶ 평서문에는 much를 쓰지 않는다.

B

1. How many books do you read a month? I haven't had much time to read anything lately. A: 한 달에 몇 권의 책을 읽니? B: 최근에 읽을 시간이 많이 없었어. A: 나도 없었어. B: 많이 읽을 수 있길 바래.
2. It was great. I had so much fun there. Not too much. A: 제주 여행은 어땠어? B: 아주 좋았어. 그곳에서 아주 많이 즐거웠어. A: 그곳에서 돈을 얼마나 썼니? B: 많이 쓰지는 않았어.
   ▶ 가격은 much로 받는다.
3. How many cups of coffee do you drink? A: 커피 몇 잔 마시니? B: 두 잔이나 세 잔. 넌? A: 다섯 잔 정도. 너무 많이 마시지 않으려고 노력 중이야. B: 좋은 생각이다.

C

1. I have a lot of ideas.
2. We didn't have much rain this summer. (It didn't rain much this summer.)
3. I don't drink much water.

3. some / any
Exercises   P. 35

A

1. some 테이블 위에 케이크가 조금 있다.
2. any 부엌에 케이크가 전혀 없다.
3. some 당신을 위한 소식이 있어요.
4. any 나는 당신을 위한 소식이 전혀 없어요.
5. some 우리는 문제가 조금 있어요.
6. any 문제라도 있나요?
7. some 나는 아이디어가 있어요.

B

1. some A: 동전 있어요? B: 네, 조금 있어요.
2. any A: 여기서 학생을 봤어요? B: 아니오. 나는 아무도 보지 못했어요.

3. **some** A: 가게에 오렌지가 조금 있어요. B: 알아요. 나는 조금 샀어요.

4. **any** A: 펜을 빌릴 수 있을까요? B: 미안하지만 나는 펜이 없어요.

5. **some** A: 사과를 좀 먹어도 돼. B: 괜찮아요. 이미 조금 먹었어요.

C

1. **something** A: 음료를 좀 드시겠어요? B: 뭐가 있나요? A: 커피, 차, 그리고 토마토 주스가 있네요.

2. **anything** A: 그가 무언가 말했나요? B: 그는 아무것도 말하지 않았어요.

3. **anyone** A: 여기서 아무도 못 봤나요? B: 거기에 아무도 없었어요.

4. **someone** A: 누군가 우리집에 침입했어. B: 경찰을 불러.

4. no / not / none

Exercises   P. 37

A

1. **no** 나는 티켓이 없다.
2. **none** 나는 몇 분 전 커피를 만들었는데 하나도 안 남았다.
3. **no** 내 자켓에는 주머니가 없다.
4. **any** 나는 말할 기회가 없었다.
5. **any** 그녀는 자매가 없다.
6. **None** A: 몇 명의 자녀가 있나요? B: 아무도 없어요.
7. **no** A: 내 휴대폰이 어디 있는지 알아? B: 아니, 모르겠는데.

B

1. Sean doesn't have any questions.
   션은 질문이 전혀 없다.
2. They have no children. 그들은 아이가 없다.
3. I love coffee with no sugar.
   나는 설탕을 넣지 않은 커피를 좋아한다.
4. None A: 수진이는 몇 명의 남자형제가 있니? B: 아무도 없어.
5. No A: 오늘 질문이라도 있니? B: 없어요.
6. Don't you have any cheese left?
   A: 치즈가 좀 남아 있니? B: 아니요, 대신 버터가 조금 있어요.

C

1. There isn't any kimchi.
2. None of us travels alone.
3. I have no doubt about it.
4. He does not have any evidence.

5. all / every

Exercises   P. 39

A

1. **All** 모든 사람들은 살기 위해 물을 마신다.
2. **every** 나는 그 책의 모든 페이지를 읽었다.
3. **All** 모든 달걀들은 바구니에 있다.
4. **all** 그는 언제나 독서한다. ▶ all the time = 언제나

5. **Every** 모든 아이들은 다르다.
6. **all** 나는 하루종일 음악을 듣는다. ▶ all day = 하루종일
7. **all** 오늘 나는 네게 하루종일 전화를 시도했다.
8. **Every** 모든 학생들은 열심히 공부한다.
9. **all** 그는 집까지 줄곧 걸어갔다.
   ▶ all the way = 줄곧, 끝까지
10. **Every** 모든 사람들은 혼자만의 시간이 필요하다.

B

1. Every plant has leaves. 모든 식물은 잎이 있다.
2. All my friends didn't get a good night's sleep.
   내 모든 친구들은 밤에 잘 자지 못했다. ▶ all + 복수명사
3. I take a bus every morning.
   나는 매일 아침 버스를 탄다.
4. Dohun sits in front of the computer every evening. 도훈이는 저녁마다 컴퓨터 앞에 앉는다.
5. She buys new clothes every season.
   그녀는 계절마다 옷을 산다.
6. The same thing happened every time.
   같은 일이 매번 일어났다.
7. We go to the park every day.
   우리는 매일 그 공원에 간다.

C

1. I get up at 6:00 every morning.
2. He drove all night.
3. I visit my uncle every summer.
4. He says yes every time.
5. I spent all my money.

Unit 13 Review Test   P. 40

A

1. **a few** 나는 몇 분의 시간이 있다.
2. **little** 나는 정치에는 별로 관심이 없다.
3. **a few** 그는 며칠 동안 집에 있었다.
4. **little** 그들은 돈이 별로 없다.
5. **little** 그들에게는 희망이 별로 없다.

B

1. **many** 곰들은 많은 딸기를 먹는다.
2. **a lot of** 그녀는 아주 즐거운 시간을 보냈다.
3. **many** 그녀는 많은 옷들이 있다.
4. **a lot of** 나는 많은 파일을 먹는다.
   ▶ much는 의문문과 부정문에 쓴다.
5. **a lot of** 그의 아버지는 돈을 많이 버신다.

C

1. **every** 우리는 매일 한 시간씩 대화한다.
2. **some** 테이블 위에 커피가 좀 있다.
3. **any** 아이디어 좀 있니?
4. **any** 나는 지금 어떤 도움도 필요하지 않다.
5. **All** 모든 인간은 살기 위하여 물이 필요하다.

D

1. **no** 우리는 선택의 여지가 없다.
2. **no** 집과 같은 곳은 없다.
3. **not** 그녀는 뚱뚱하지 않다.
4. **not** 그녀는 그를 좋아하지 않는다.
5. **none** 상관마 .
   ▶ 대명사 필요

E

1. **I use very little sugar anyway.**
   어쨌든 나는 설탕을 아주 조금 사용한다. ▶ 셀 수 없는 명사 앞
2. **There is little time left.** 시간이 얼마 남지 않았다.
   ▶ 셀 수 없는 명사 앞
3. **There's some cake in the kitchen.**
   부엌에 케이크가 조금 있다. ▶ any는 부정문에 쓴다.
4. **Here's some news for you.** 너에게 소식이 좀 있다.
5. **They don't put any butter in the bread.**
   그들은 빵에 버터를 전혀 넣지 않는다.
6. **There are no teachers at the party.**
   그 파티에는 선생님이 없다.
7. **I want something to eat.** 나는 먹을 것을 원한다.
8. **Yes, a few.** A: 너 책 좀 갖고 있니? B: 응, 조금 있어.

F

1. **She didn't say anything about her plans.**
2. **Nobody came to visit him.**
3. **All tickets have been sold.**
4. **Here are a few problems for you to think about.**
5. **There is a little water in the bottle.**

Unit 13 Reading Exercises P. 42

A

> 제 이름은 한나입니다. 피아니스트에요. 5살 때, 피아노를 배우기 시작했어요. 지금 15살이죠. 저는 매일 피아노를 칩니다. 다음 콘서트를 위해서 항상 새로운 음악을 연습하죠. 학기 중에 저는 톰슨 선생님으로부터 일주일에 세 번 피아노 레슨을 받고 있어요. 여름에는 매주 네 번 레슨을 받고 있어요. 모든 레슨은 아주 재미있어요. 저는 아주 열심히 연습해요. 언젠가 유명한 피아니스트가 되고 싶어요.

1. (A) every – all
2. She takes 4 lessons every week.
3. She wants to be a famous pianist someday.

B

> 옛날에, 바다 한 가운데에 있는 섬에 세 명의 동물 친구가 있었다. 이 친구들은 매일 정오에 점심을 먹으러 함께 모였다. 그리고 돌아가면서 먹을 것을 찾고 점심을 준비했다. 그들 모두 서로 다른 기술을 가지고 있었기 때문에, 그들은 다양한 음식을 즐길 수 있었다.

1. (B) every – all

2. (D) different – able

C

> 햇빛이 잔디에 흩뿌리고 있었다. 세 명의 아이들이 공원에서 숨바꼭질을 하고 있었다. 지선이와 소윤이는 카렌에게서 숨고 있었다.
> "스물여덟, 스물아홉, 서른 – 숨었든지 아니든지, 찾으러 간다." 카렌이 소리쳤다.
> 카렌은 공원 전체를 뛰어 다니기 시작했다. 그녀는 미끄럼틀 뒤를 보았다. 그러나 지선이와 소윤이를 볼 수 없었다. 카렌은 공원 중간에 있는 큰 소나무를 보았다. 그 나무로 달려갔다. 그녀는 그 나무의 한쪽 편에 섰다. 지선이와 소윤이는 그 나무의 반대편에 서 있었다. 그들은 숨을 죽였다. 카렌은 주위를 살펴 보았다. 그러나 아무도 보이지 않았다.

1. (B) not – not
2. Karen
3. (C) none
4. Jisun and Soyun hid on the other side of the tree.

Unit 14 부사

1. 부사의 형태

Exercises P. 47

A

1. **carefully** 그녀는 주의 깊게 들었다. ▶ 동사 수식
2. **Luckily** 운좋게도, 그 사고는 나에게 일어나지 않았다.
3. **clearly** 나는 분명하게 말했다. ▶ 동사 수식
4. **easily** 너는 이 게임을 쉽게 할 수 있다. ▶ 동사 수식
5. **sadly** "모르겠어." 그녀가 슬프게 말했다. ▶ 동사 수식

B

1. **A big dog just ran past me.**
   큰 개가 방금 달려서 나를 지나갔다.
2. **Hurry up, or you'll be late for school.**
   서둘러라, 그렇지 않으면 학교에 늦을 거야.
3. **I watered the thirsty plant carefully.**
   나는 그 목마른 식물에 조심스럽게 물을 주었다.
4. **Actually, I like basketball a lot.**
   사실, 나는 농구를 많이 좋아한다.
5. **I quickly turned on the faucet.**
   나는 빨리 수돗물을 틀었다.
6. **Things are going very well.** 모든 것이 잘 되고 있다.
7. **He behaves badly.** 그는 나쁘게 행동한다.
8. **I exercise daily.** 나는 매일 운동한다.
9. **I'm deeply sorry.** 정말 미안하다.
10. **I had a good time at the party.**
    나는 파티에서 좋은 시간을 보냈다.

C

1. **I drove too fast.** 나는 너무 빠르게 운전을 했다.

2. He studied hard but failed the exam.
그는 열심히 공부했지만 시험에 실패했다. ▶ hardly는 부정의미

3. We patiently waited for him.
우리는 참을성있게 그를 기다렸다.

4. I walked quickly to catch the bus.
나는 그 버스를 잡기 위해 빨리 걸어갔다.

5. She eats too slowly. 그녀는 너무 천천히 먹는다.

2. 부사의 역할

Exercises
P. 49

A

1. very big 아주 큰 집이 있다.
2. hard 나는 열심히 일할 거야.
3. fast 그는 문으로 빨리 걸어갔다.
4. really 우리는 서로를 정말 그리워했다.
5. exactly 그는 정확히 두 시간 동안 거기에 앉아 있었다.
6. extremely 내 구식 컴퓨터는 아주 느리다.
7. heavily 눈이 많이 오고 있다.

B

1. Jaehoon is a careful worker.
재훈이는 신중한 사원이다.

2. I suddenly felt very cold.
나는 갑자기 아주 춥게 느껴졌다.

3. This MP3 player doesn't work very well.
이 MP3 플레이어는 아주 잘 작동되지 않는다.

4. Luckily, I had some money.
운좋게도 나는 돈이 좀 있다.

5. We arrived safely. 우리는 안전하게 도착했다.

6. Sarah speaks English very well.
세라는 영어를 아주 잘한다.

7. I missed the bus, so I was late for class.
나는 버스를 놓쳐서 수업에 지각했다.

8. She got high marks in math.
그녀는 수학에서 높은 점수를 받았다.

9. Being a good student is simple.
훌륭한 학생이 되는 것은 간단하다

10. We walked quietly. 우리는 조용히 걸었다.

C

1. I pack my lunch every morning.
2. We live right near the school.
3. My parents get up early in the morning.
4. I'll be right back.
5. She carefully walked to the kitchen. (She walked to the kitchen carefully.)

Unit 14 Review Test
P. 50

A

1. (A) 부사 우리 소식은 매일 두 차례 업데이트 된다.
▶ 동사 수식

(B) 형용사 공부하는 것은 내 일상 생활의 일부이다. ▶ 명사 수식

2. (A) 형용사 그는 수영을 빨리하는 사람이다. ▶ 명사 수식
(B) 부사 수영을 잘하는 사람은 수영을 빨리한다. ▶ 동사 수식

3. (A) 부사 우리는 밤늦게 일했다. ▶ 동사 수식
(B) 형용사 그는 항상 늦는다. ▶ 보어 자리의 형용사

4. (A) 형용사 우리는 높은 산을 올랐다. ▶ 명사 수식
(B) 부사 그 비행기는 높이 날아가고 있다. ▶ 동사 수식

5. (A) 부사 그는 일찍 왔다. ▶ 동사 수식
(B) 형용사 디즈니의 초기 영화들은 훌륭하다. ▶ 명사 수식

6. (A) 부사 그는 열심히 일했다. ▶ 동사 수식
(B) 형용사 그것은 나에게 어려웠다. ▶ 보어 자리의 형용사

7. (A) 형용사 이것은 주간 신문이다. ▶ 명사 수식
(B) 부사 그는 매주 온다. ▶ 동사 수식

B

1. probably 그는 아마도 집에 걸어갈 거야.
▶ 조동사와 본동사 사이에는 부사를 쓴다.

2. usually 엄마는 보통 모닝커피를 마신다. ▶ 동사 수식

3. sweetly "안녕, 재닛?"하고 그녀가 부드럽게 말했다.
▶ 동사 수식

4. quiet 그녀는 조용히 하고 있었다.

5. quickly 재닛이 재빨리 말했다, "알아." ▶ 동사 수식

6. Happily 행복하게도 그녀는 상을 받았다.

C

1. We walked slowly. 우리는 천천히 걸었다. ▶ 동사 수식

2. The farm was large and beautiful.
그 농장은 크고 아름다웠다. ▶ 보어 자리의 형용사

3. Breakfast is ready. 아침이 준비되었다.

4. Something was wrong with my e-mail.
내 이메일에 어떤 문제가 있었다. ▶ 보어 자리의 형용사

5. It was a bad day. 좋지 않은 날이었다.

6. Can you speak clearly? 분명하게 말할 수 있니?

7. He paints the picture beautifully.
그는 그 그림을 아름답게 색칠한다.

D

1. My father works hard.
2. I noticed it right away.
3. Do you read the newspaper every day?
4. He listened carefully.
5. She came home quietly.

Unit 14 Reading Exercises
P. 52

A

"안녕, 준희야!" 세훈의 어머니가 불렀다. "곧 먹을 준비가
될 거야. 어서 가서 손 씻고 와라." "네." 준희는 예의바르게
대답했다.

1. (D) ready – politely
2. (A) 식사 시간

B

"유감이다, 하늘아." 엄마가 말했다. 그녀는 딸의 침대 곁에 앉았다. "내 생각에 네 감기가 정말 심하구나. 오늘 생일 파티에 가면 안되겠어." "하지만 엄마, 난 목이 그다지 많이 아프지 않아요." 하늘이 말했다. "난 네가 밖에 나가기 전에 훨씬 더 좋아지기를 바란다." 엄마가 말했다. "그때까지 넌 집에 머물러야겠다." 하늘의 목은 뻑뻑해지고, 눈물이 나왔다. 그건 공평하지 않았다. 그녀는 아주 오랫동안 화영이의 생일을 기다려왔던 것이다. 그녀는 이제 그 파티를 놓쳐야만 한다!

1. (B) 너무나 서운한 기분
2. (A) sore – long

C

사랑하는 아빠,
저는 여기에 와서 아주 행복해요. 여기에 저를 보내 주셔서 감사해요. 여기는 놀라운 곳이에요. 제 방은 타워 높은 곳에 있어요. 두 명의 여자애들이 저와 같이 살죠. 한명은 샐리 맥브릿지이고 머리는 빨간색이에요. 다른 한명은 줄리아 루틀리지 펜들턴이고 부모님은 아주 부자예요.

1. 형용사: happy, amazing, high, two, red, wealthy
   부사: so, here, really
2. Julia Rutledge Pendleton

Unit 15 비교급과 최상급

1. 비교급의 형태
Exercises   P. 57

A

1. newer	2. older
3. colder	4. warmer
5. lighter	6. heavier
7. faster	8. more slowly
9. slower	10. more beautiful
11. more difficult	12. easier
13. more easily	14. more excitied
15. more interesting	16. worse
17. better	18. more
19. cheaper	20. more careful

B

1. Machines make work easier.
   기계는 일을 쉽게 해준다.
2. Which one is cheaper?
   두 개의 DVD가 있다. 어떤 것이 더 쌀까?
3. He probably has a nicer car.
   그는 아마도 더 좋은 차를 가지고 있다.
4. My dog is smarter than yours.
   우리 개는 네 개보다 영리하다.
5. Perhaps golf is more boring.
   아마도 골프가 더 따분할 것이다.

6. Love is stronger than death. 사랑은 죽음보다 강하다.
7. Gold is more expensive than silver.
   금은 은보다 비싸다.
8. My pencil is longer than yours.
   내 연필은 네 것보다 길다.
9. August is hotter than July. 8월은 7월보다 덥다.
10. Spam mail is getting worse. 스팸메일이 더 악화되고 있다.

C

1. My English is getting better.
2. I'll be more careful next time.
3. Soccer is more exciting than baseball.

2. 비교급 1
Exercises   P. 59

A

1. older 한수는 나보다 나이가 많다.
2. newer 내 책은 너의 것보다 새것이다.
3. more safely 그녀는 그보다 더 안전하게 운전한다.
4. more 그녀는 그보다 돈이 더 많다.
5. harder 너는 더 열심히 일해야 한다.
6. bigger 켈시의 눈은 더 커졌다.
7. more 내 생각보다 사람이 더 많다.
8. better 천천히 운전하는 사람이 더 훌륭한 운전자이다.
9. more exciting 축구는 미식축구보다 더 재미있다.
10. more interesting 생각하는 것은 아는 것보다 더 재미있다.

B

1. Daniel is a little bit taller than Jordan.
   다니엘은 조던보다 키가 조금 더 크다.
2. Dan drives faster than Suzie.
   댄은 수지보다 더 빠르게 운전을 한다.
3. My sister eats more slowly than I do.
   내 누나는 나보다 더 천천히 먹는다.
4. He speaks English better than she does.
   그는 그녀보다 영어를 더 잘 한다.
5. She is prettier than a flower. 그녀는 꽃보다 예쁘다.

C

1. You should study harder.
2. I'm feeling better.
3. He practices harder than me. (He practices harder than I do.)

3. 비교급 2
Exercises   P. 61

A

1. My bag is much heavier than your bag.
   내 가방은 너의 가방보다 훨씬 더 무겁다.
2. Soojung is much older than her sister.

수정이는 동생보다 훨씬 나이가 많다.

3. Boyoung is a bit older than her cousin.
   보영이는 사촌보다 나이가 조금 많다.
4. I am feeling much better than yesterday.
   나는 어제보다 기분이 훨씬 좋아졌다.
5. It's much quieter here today than usual.
   오늘 여기는 평소보다 훨씬 조용하다.

B

1. less than A: 얼마나 가 있을 거야?
   B: 오래 걸리진 않아. 아마도 1주 이내로.
2. any more A: 그는 여기서 일하지 않아.
   B: 그가 더 이상 여기에 오지 않을 거란 말이니?
3. more than A: 그 게임 얼마 줬니?
   B: 응, 500달러 이상 줬어.
4. no longer A: 명왕성은 아직 행성이니?
   B: 아니, 더 이상 행성이 아니야.
5. no longer A: 맙소사! 이 사이트 더 이상 이용할 수 없니?
   B: 응, 폐쇄됐어.

C

1. The results are much better than expected.
2. I'll be more than happy to help you.
3. I don't want my TV any more.

4. as ~ as
Exercises   P. 63

A

1. than 케빈은 미영이보다 나이가 많다.
2. as 찰스는 미영이와 나이가 같다.
3. as 그녀는 그만큼 친절하다.
4. than 몰리는 수보다 더 예쁘다.
5. as 서울은 도쿄만큼 크다.
6. than 여름의 낮은 겨울의 낮보다 길다.

B

1. I'm as old as she is. 나는 그녀와 나이가 같다.
2. She can run as fast as he can.
   그녀는 그만큼 빨리 달릴 수 있다.
3. Jongsoo is not as/so tall as Hamin.
   종수는 하민이만큼 크지 않다.
4. She doesn't have as much money as he
   does. 그녀는 그만큼 돈이 많지 않다.
5. She has as much time as he does.
   그녀는 그만큼 시간이 많이 있다.
6. This bag is not as/so heavy as that bag.
   이 가방은 저 가방만큼 무겁지 않다.
7. Soyoung reads as many books as Harry
   does. 소영이는 해리만큼 책을 많이 읽는다.
8. My mother is as kind as my father.
   어머니는 아버지만큼 친절하시다.

5. 최상급 1
Exercises   P. 65

A

1. the oldest   2. the newest
3. the biggest   4. the cheapest
5. the best   6. the best
7. the easiest   8. the worst
9. the hottest   10. the smallest
11. the shortest   12. the heaviest
13. the most easily   14. the most safely
15. the prettiest   16. the safest
17. the youngest   18. the oldest
19. the most expensive   20. the most careful
21. the most interesting 22. the most beautiful
23. the nicest   24. the most powerful
25. the fastest   26. the strongest

B

1. This is the most beautiful flower.
   이것은 가장 아름다운 꽃이다.
2. That is the most expensive car.
   그것은 가장 비싼 차이다.
3. Seoul is the biggest city in Korea.
   서울은 한국에서 가장 큰 도시이다.
4. This is the most delicious apple.
   이것은 가장 맛있는 사과이다.
5. Our team is the best in the world.
   우리팀은 세계에서 최고이다.
6. I found the easiest way to get there.
   나는 거기에 가는 가장 쉬운 길을 찾았다.
7. He is the oldest child. 그는 가장 나이가 많은 아이이다.
8. She was the tallest girl in her class.
   그녀는 학급에서 가장 키가 큰 아이이다.

C

1. She is the most famous singer in the world.
2. I have the cheapest car.
3. This summer will be the hottest. ▶ 미래의미
   This summer is the hottest. ▶ 현재의미

6. 최상급 2
Exercises   P. 67

A

1. at least 내 파티는 클 거야. 적어도 100명의 친구들을 초대할
   거야.
2. at best 내 파티는 크지 않을거야. 많아봐야 3명의 친구들을
   초대할 거야.
3. At last 나는 그것을 찾기 위해 방 전체를 뒤졌다. 드디어 찾았다.
4. his best 그는 최선을 다할 것이다.
5. at the most 그것은 길어봐야 5분 걸렸다.

B

1. The Nile River is the longest river in the world.
   나일강은 세계에서 가장 긴 강이다.
   No river in the world is longer than the Nile River. 세계에서 어떤 강도 나일강보다 길지 않다.
2. His school is the biggest school in this city.
   그의 학교는 이 도시에서 가장 큰 학교이다.
   No school in this city is bigger than his school. 이 도시의 어떤 학교도 그의 학교보다 크지 않다.
3. Korea is the best country.
   한국은 가장 좋은 나라이다.
   No country is better than Korea.
   어떤 나라도 한국보다 좋지 않다.
4. This cell phone is the most expensive one.
   이 휴대폰은 가장 비싸다.
   No cell phone is more expensive than this one. 어떤 휴대폰도 이것보다 비싸지 않다.

C

1. I finished my homework at last.
2. I spent 5 dollars at best.
3. Julie will do her best.
4. It costs at least 50 dollars.

Unit 15 Review Test　　　　　P. 68

A

1. than 남수는 수민이보다 크다.
2. as 수민이는 남수만큼 나이를 먹었다.
3. tall 수민이는 남수만큼 키가 크다.
4. than 그녀는 그보다 더 많은 책을 가지고 있다.
5. than 이 문제는 저 문제보다 쉽다.

B

1. the 남수는 학급에서 가장 키가 크다.
2. the 그는 맏아들이다.
3. most 그의 차는 마을에서 가장 비싸다.
4. most interesting 축구는 가장 재미있는 운동 중 하나이다.
5. easiest 이것이 영어를 배우는 가장 쉬운 방법이다.

C

1. the oldest boy 준호는 학급에서 나이가 가장 많은 아이이다.
2. the fastest runner 호성이는 마을에서 가장 빨리 달린다.
3. the most difficult problems
   그녀는 가장 어려운 문제 중 하나를 풀었다.
4. the strongest man 태훈이는 학교에서 가장 힘센 아이이다.
5. the most powerful
   그는 마을에서 가장 영향력있는 사람이다.
6. the longest 인천대교는 한국에서 가장 길다.
7. the most famous singers
   마이클은 세계에서 가장 유명한 가수 중 하나이다.
8. most safely 그 의사는 가장 안전하게 너를 치료할 수 있다.
   ▶ 부사의 최상급 앞에서 the 생략가능
9. the newest 그 커피숍은 마을에서 가장 새 것이다.

10. the most expensive city
    뉴욕은 미국에서 가장 비싼 도시이다.

D

1. It's not as easy as it looks. 그것은 보기만큼 쉽지 않다.
   ▶ as ~ as 사이에는 비교급을 쓰지 않는다.
2. The sky is the same color as the sea.
   하늘은 바다와 같은 색이다. ▶ the same ~ as
3. Joan is the best writer in her class.
   조앤은 반에서 글을 가장 잘 쓴다.
4. Lauren is much taller than Soyeon.
   로렌은 소연이보다 훨씬 크다.
5. It was the hottest summer. 가장 더운 여름이었다.
6. John is the nicest person in the city.
   존은 도시에서 가장 친절한 사람이다.
7. You should read more carefully.
   너는 더 신중하게 읽어야 한다.
8. This might be the cheapest watch in the store.
   이것은 아마도 그 가게에서 가장 싼 시계일 거야.

E

1. Nobody is not as smart as Mr. Smith.
2. Your MP3 player is much better than mine.
3. He is one of the most famous students in school.
4. More than 10 friends came to my party.
5. I am no longer a student.

Unit 15 Reading Exercises　　　P. 70

A

얼마 후, 그 노파는 아주 아팠다. 많은 사람들이 말하기를 그녀는 살지 못할거라고 했다. 그녀는 많은 보살핌이 필요했다. 카렌은 이 일을 할 수 있는 최고의 적격자였다. 그녀는 그 노파를 잠시 보살펴주었다. 어느날 그녀는 무도회에 초대받았다. "무도회!" 그녀는 생각했다. "가고 싶어." 그러나 그때 그녀는 그 노파를 생각했다. "난 여기 머물러야만 해."

1. Karen was the best person to do this.
2. (C) 갈등되는 상태

B

매달 첫 번째 수요일에 John Grier 고아원의 이사들이 찾아왔다. 제루사 애벗은 이런 날들을 가장 싫어했다. 그녀는 고아원에서 가장 나이가 많았다. 그녀는 방을 청소할 책임이 있었다. 또한 그녀는 97명의 고아들을 모두 씻겨야 했다.

1. 제루사 애벗은 이런 날들을 가장 싫어했다.
2. the oldest orphan

10

C

우리는 낙타를 "사막의 배"라고 부른다. 그들은 사막에서 가장 흔한 동물이다. 그들은 과도하게 먹는다. 또한 그들은 여분의 음식을 지방으로 혹에 저장한다. 물이 없을 때 그들은 살을 뺀다.

1. camels
2. (D) the most common

D

우리는 종종 집토끼를 산토끼라고 부른다. 그러나 그 둘은 실제로는 다르다. 집토끼와 산토끼를 구분하기 위한 가장 쉬운 방법은 새끼를 보는 것이다. 새끼 집토끼들은 털이 없이 태어난다. 그들은 눈도 보이지 않고 무력하다. 그러나 새끼 산토끼들은 털이 나 있다. 또한 그들은 태어난 직후 뛸 수도 있다.

1. (A) The easiest way
2. (D) 뛰어다닌다.

CHAPTER 8 대명사의 세계   Pronouns

Unit 16 대명사 Ⅰ

1. 인칭대명사
Exercises   P. 77

A

1. I 나는 영어를 공부한다.
2. she 테드와 그녀는 토론토에서 왔다.
3. him 나는 엔젤라와 그와 함께 수업을 받았다.
4. them 아그네스는 사과를 몇 개 갖고 있었다. 그녀는 그 사과들을 나에게 주었다.
5. They 그들은 대학에 간다.
6. She 어머니는 항상 바쁘시다. 그녀는 휴식을 취할 수 없다.
7. We 우리는 지난 주말에 테니스를 쳤다.
8. us 우리 코치는 우리에게 중요한 레슨을 해주셨다.
9. They 돼지는 농장 동물이다. 그들은 분홍, 갈색 또는 흑색이다.
10. It 달은 밤에 빛난다. 그것은 항상 같은 모양을 하고 있지는 않다.

B

1. It was 나는 만화책을 읽었다. 그것은 흥미진진했다.
2. My friend and I 내 친구와 나는 지난 밤에 TV를 봤다.
3. me 나는 그를 크게 불렀다. 그는 내 말을 들었다.
4. She and he 그녀와 그는 어제 쇼핑을 갔다.
5. She 그녀는 항상 팔찌를 끼고 다닌다.
6. It kid는 새끼 염소이다. 그것은 귀엽다.
7. He 제스는 교실에서 얘기했다. 그는 다른 학생들을 귀찮게 했다.
8. him 그의 선생님은 그에게 어떤 말도 하지 않았다.

9. They 많은 사람들이 매일 운동을 한다. 그들은 건강하다.
10. them 나는 어제 그들에게 이메일을 보냈다.

C

1. She, her, He, They
   린다는 정비사이다. 그녀는 차를 수리하고 있다. 그녀의 아버지가 그녀에게 기술을 가르쳤다. 그도 역시 정비사였다. 그들은 정비사 가족이다
2. She 캐롤은 화장실에서 일하고 있다. 그녀는 수건걸이를 부착하기 위해 드릴을 사용할 것이다.
3. They 윌슨 가족이 온다. 그들은 자기들이 살 새 집을 구경할 준비가 되어 있다.
4. You 너는 늦었어. 너는 뛰어야 해.
5. They, them 아이들은 학교에서 배운다. 그들은 학교에 다닌다. 교사들은 그들에게 많은 것들을 가르친다.
6. They 코알라는 나무에서 산다. 그들은 잎사귀를 먹는다.

2. 소유격
Exercises   P. 79

A

1. my – mine – It's my hat. It's mine.
2. our – ours – It's our house. It's ours.
3. your – yours – It's your umbrella. It's yours.
4. his – his – It's his car. It's his.
5. her – hers – It's her bag. It's hers.

B

1. my 나는 내 차에 탔다.
2. mine 그녀는 좋은 책을 가지고 있으나 나의 것이 더 좋다.
3. mine 줄리는 내 친구 중 한 명이다.
4. his 짐은 그의 친구 중 한 명이다.
5. yours 나는 네 친구 중 한 명과 캠프에 참가했다.
6. mine A: 이것은 네 신문이니? B: 그래. 내 거야.
7. your A: 블로그들이 인기야. 넌 블로그가 있니? B: 응, 있어.

3. 명사의 소유격 만들기
Exercises   P. 81

A

1. my sister's books 내 여동생의 책들
2. Mijung's car 미정이의 차
3. the address of the building 그 건물의 주소
4. young people's decision 젊은이들의 결정
5. the engine of this car 이 차의 엔진
6. Charles's computer (Charles' computer)
   찰스의 컴퓨터
7. my best friends' graduation 내 가장 친한 친구의 졸업
8. the legs of the table 그 식탁의 다리
9. the cover of this book 이 책의 표지
10. the entrance of the park 그 공원의 입구

B

1. Jessica's dog
   제시카는 개 한 마리를 갖고 있다. 그것은 제시카의 개이다.

2. Jane's little brother
   제인은 남동생이 있다. 그는 제인의 남동생이다.

3. My father's older sister
   아버지는 누나가 있다. 그녀는 아버지의 누나이다.

4. the students' project
   학생들은 프로젝트가 있다. 이것은 그들의 프로젝트이다.

5. my children's car
   내 아이들은 차가 있다. 이것은 그들의 것이다.

6. my children's bicycles
   내 아이들은 자전거가 있다. 그들의 자전거가 있다.

7. Charles' MP3 player
   찰스는 MP3 플레이어가 있다. 이것은 찰스의 MP3 플레이어이다.

8. The roof of our building
   우리 빌딩은 빨간 지붕이 있다. 우리 빌딩의 지붕은 빨간색이다.

9. my sister's job
   내 여동생은 직업을 구했다. 가르치는 것은 그녀의 직업이다.

10. Megan's cell phone
    메건은 새 휴대폰을 샀다. 여기 메건의 휴대폰이 있다.

C

1. [O] 형의 부인은 부산 출신이다.

2. Andy's party 나는 어제 앤디의 파티에 갔다.

3. [O] 그녀는 그 학교의 교장이다.

4. the roof of a taxi 너는 택시 지붕 위의 표지판을 볼 수 있다.

5. Jason's teacher 제이슨의 선생님은 영어를 가르친다.

6. the roof of a house 새들은 집의 지붕 위에 앉는다.

7. Kids' movies 아이들의 영화는 재미있다.

8. [O] (또는 Agnes' watch) 아그네스의 시계는 새 것이다.

9. [O] (또는 James's bike) 제임스의 자전거는 중고이다.

10. [O] 그 거리의 이름은 무엇이죠?

4. 재귀대명사
Exercises   P. 83

A

1. myself 나는 운전하는 것을 혼자서 배웠다.

2. himself 션은 항상 자신을 먼저 생각한다.

3. herself 마사는 다쳤다. 그녀는 울기 시작했다.

4. ourselves 우리는 어젯밤 파티를 했다. 우리는 즐겼다.

5. yourself 너는 신입이구나. 자신을 소개해보렴.

6. herself 줄리는 카페를 개업했다. 그녀는 혼자 힘으로 일한다.

7. yourself A: 와, 너는 DVD를 많이 갖고 있구나. 나 하나 빌릴
   수 있니? B: 물론이지, 직접 골라봐.

8. himself 로미오는 줄리엣이 죽었다고 생각해서, 자살했다.

9. himself 저스틴은 또 칼을 떨어뜨렸다. 그는 베었다.

10. themselves 아이들은 혼잣말을 한다.

B

1. by himself A: 라이언은 어젯밤 집에 혼자 있었어. B: 오!
   그는 집에 홀로 있었구나.

2. by myself A: 나는 지난 여름 가족과 함께 휴가를 갔어. 넌

어땠니? B: 나는 혼자 갔어. 나는 혼자서 시간을 보냈어.

3. for yourself A: 도우미가 없나요? B: 없어요. 혼자 하셔야
   돼요.

4. myself A: 파리 여행은 어땠어? B: 좋았지. 나는 혼자서 즐
   겼지 뭐야.

5. of itself A: 만일 내가 이 파일을 열면 어떻게 돼? B: 컴퓨터
   바이러스가 저절로 깔릴 거야.

C

1. I looked at myself in the mirror.
   나는 거울 속에서 나를 봤다.

2. [O] 수잔은 나를 보고 윙크했다.

3. [O] 리사는 지난밤에 혼자서 그 오두막을 떠났다.

4. She still lives by herself.
   그녀는 아직도 혼자서 살고 있다.

5. I taught myself how to cook.
   나는 요리책을 읽었다. 나는 혼자서 요리법을 배웠다.

6. I taught him how to cook.
   나는 그에게 요리법을 가르쳤다.

7. [O] 너 그 경주에서 이겼구나! 너는 네 자신이 자랑스럽겠구나.

8. They blamed themselves.
   그들은 게임에서 졌다. 그들은 자신들을 비난했다.

5. 지시대명사
Exercises   P. 85

A

1. this 우리 모두는 이 현대의 세계에 살고 있다.

2. that 저 달 좀 봐.

3. this 이리로 와.

4. those 내가 저기 있는 사람들에게 말할게.

5. these A: 너 손에 책 몇 권을 들고 있구나. B: 이 책들을 빌리
   고 싶니?

6. this A: 여보세요. B: 안녕, 나 리오나야.

7. this A: 토비, 이 사람은 내 친구 토마스야. B: 안녕, 토마스, 만
   나서 반가워.

8. that A: 당신 여배우죠. 그렇지 않아요? B: 맞아요.

B

1. Who took this picture? 누가 이 사진을 찍었니?

2. I took those pictures. 내가 그 사진들을 찍었어.

3. Sean borrowed these books from the library.
   션은 도서관에서 이 책들을 빌려왔다.

4. This book is really exciting. 이 책은 정말 재미있다.

5. She didn't read that book.
   그녀는 그 책을 읽지 않았다.

6. These children are 10 years old.
   이 아이들은 열 살이다.

7. Those people read newspapers.
   그 사람들은 신문을 읽는다.

C

1. I will buy this camera.

2. These students took the class today.

3. One of those girls is my niece.

Unit 16 Review Test

P. 86

A

1. **my** 이것은 내 노트북 컴퓨터이다.
2. **my brother's bike** 저것은 내 형의 자전거이다.
3. **I** 나는 많이 먹었다. 나는 지금 배부르다.
4. **she** 나는 그녀가 마을에 카페를 열었다고 들었다.
5. **hers** 이 선생님은 그녀의 친구 중 한 명이다.
6. **He** 그는 유명한 수영선수였다.
7. **you** 나는 네가 훌륭한 수영선수가 될 것이라고 확신해.
8. **She** 그녀는 숨을 깊이 쉬었다.
9. **me** 토요일 오후, 엄마는 나를 체육관으로 데리고 가셨다.
10. **I** 테리와 나는 서로 쳐다 보았다.

B

1. Sora and Dora are in my class.
   소라와 도라는 우리 학급에 있다.
2. He forgot to count himself.
   그는 자신을 세는 것을 잊었다.
   ▶ 주어와 목적어가 같을 때 목적어는 재귀대명사
3. A whistle was hanging from his neck.
   호루라기가 그의 목에 걸려 있었다.
4. She looked at me and rolled her eyes.
   그녀는 나를 보고 그녀의 눈을 굴렸다.
5. I pictured myself swimming back and forth.
   나는 내가 앞뒤로 수영하는 상상을 했다.
6. The windows in these rooms are small.
   이 방들의 창문들은 작다.
7. The windows in this room are small. 이 방의 창문
   들은 작다.
8. This computer is mine. 이 컴퓨터는 내 것이다.
9. The actress in that movie is beautiful.
   그 영화에 나오는 그 여배우는 아름답다.
10. It smells great. 나는 장미가 있다. 이것은 좋은 향기가 난다.

C

1. **They** 책상 위에 책 몇 권이 있다. 그것들은 새 것이다.
2. **It** 수의 손에 꽃이 있다. 그것은 그녀의 친구로부터 받은 선물이다.
3. **they, Their** 펭귄은 새이지만 날 수는 없다. 그들의 날개는 충
   분히 크지 않다.
4. **her** 케이티는 발끝으로 서있었다.
5. **She** 엄마는 자리에 기대어 계셨다. 그녀는 자스민과 말씀 하고
   계셨다.
6. **them, They, them** 전 세계에 약 1000종의 박쥐들이 있다.
   대부분은 따뜻한 지역에서 산다. 박쥐도 새처럼 날 수 있다. 그들
   은 낮에 오랜 낮잠을 잔다. 동굴 속에서 그들을 볼 수 있다.
7. **one** A: 와, 너는 여기 자전거 2대가 있구나.
   B: 넌 어떤게 마음에 드니?
8. **He** 내 형은 나에게 영어를 가르쳤다. 그는 대학생이다.
9. **it** 그의 가방은 작지만 무겁다.
10. **They** 사람들은 거리에서 춤을 췄다. 그들은 노래도 불렀다.

D

1. Taehoon is a businessman and works for
   himself.
2. He met a friend of his on the street.
3. They went to a cafeteria and ordered kimbab.
4. She saw herself in the mirror.

Unit 16 Reading Exercises

P. 88

A

수철이는 야구를 좋아한다. 그것은 그가 좋아하는 운동이다.
수철이는 매년 가을이면 팀에서 야구를 한다. 그는 야구 연
습하러 가기를 좋아한다. 매일 운동장에서 수철이의 아버지
는 수철이게 공을 던져 준다. 그는 아버지와 시간을 보내는
것을 좋아한다. 그는 야구연습을 좋아한다.

1. (B) It – He
2. He practices every day.

B

미라, 수정, 해미는 친한 친구이며 한 클럽의 멤버이다. 그들
의 클럽에는 5명이 있다. 그들 모두 동갑이다. 그들은 지구
를 돕는 것을 배우고 있다. 그들의 리더는 그들을 견학을 데
리고 갔다. 견학은 재활용센터에 가는 것이었다. 클럽 멤버
들은 버스를 탔다. 그들을 센터로 들어갔다. 그들은 그곳에
서 큰 언덕을 보았다. "와우!" 그들 대부분이 소리쳤다. "멋
지군!" "그렇지 않아." 김 선생님이 말씀하셨다. "그 언덕들
은 쓰레기 매립지의 일부란다." "쓰레기 매립지가 뭐에요?"
미라가 물었다. "쓰레기가 여러 해 동안 매립지에 쌓인단다.
사람들은 큰 산더미에 그것을 두고 덮어버린단다."

1. (4) Its → Their
2. garbage
3. They are learning to help the Earth.

C

3월의 월요일 아침이었다. 수진이는 일찍 일어났다. 그녀는
그녀의 행운의 파란 치마를 입고 학교에 갈 예정이었다. 그
녀는 그 치마를 아주 좋아했다. 그녀는 그것과 맞추기 위해
셔츠와 신발을 샀다. 수진이는 옷을 차려 입었다. 그리고 나
서 부엌으로 갔다. 그녀는 베이컨 냄새를 맡을 수 있었다. 수
진이의 아버지는 베이컨 토스트를 만들고 계셨다. 그녀는 아
침에 먹는 베이컨을 좋아했다.

1. (A) She – her
2. Sujin's father

D

8월 23일 월요일
아버지는 지난 주말에 일을 하셨다. 아버지는 픽업트럭을 집
으로 가져오지 않으셨다. 엄마는 우유배달을 하기 위해 그
트럭을 운전할 수 없었다. 그래서 오늘 아침에는 대훈이와
내가 길 끝까지 걸어서 갔다왔다.

1. (B) it – her – this
2. (C) 우유배달원

Unit 17 대명사 Ⅱ

1. 비인칭 주어 it
Exercises   P. 93

A
1. It's snowing. 눈이 온다.
2. It's raining. 비가 온다.
3. It's sunny. 화창하다.
4. It's windy. 바람이 분다.
5. It's cloudy. 흐리다.

B
1. It's A: 몇 시죠? B: 9시에요.
2. it A: 밖이 어둡다. 비가 오니? B: 네. 그래요.
3. it A: 너희 나라는 눈이 오니? B: 네, 겨울에 많은 눈이 와요.
4. it A: 여기서 얼마나 걸리죠? B: 5시간 정도요.
5. it A: 책 읽는 것이 재미있니? B: 네, 그래요.

C
1. It is good to be here.
   여기에 오니 좋구나. ▶ to부정사를 받을 때는 it을 쓴다.
2. It is not difficult to learn Japanese.
   일본어를 배우는 것은 어렵지 않다.
3. What day is it? 무슨 요일이야?
4. How far is it from here to Busan?
   여기에서 부산까지 얼마나 멀죠?
5. It's snowing now. 지금 눈이 온다.

2. one / ones
Exercises   P. 95

A
1. one A: 25센트 빌려줄 수 있니? B: 미안, 한 푼도 없어.
2. one A: 저기에 개 두 마리가 있어. 어떤 것이 더 좋아?
   B: 큰 것이 좋아.
3. ones A: 새 잡지를 살 돈이 없어. B: 과월호를 읽지 그래?
4. one A: 어떤 책가방이 네 것이니? B: 검은색.
5. ones A: 거기에 몇 명의 사람들이 있었니?
   B: 샐리와 내가 유일한 사람들이었어.

B
1. my old one A: 새 차를 샀니? B: 아니 아직. 예전 것을 먼
   저 팔아야 해.
2. [O] A: 저기에 두 개의 우산이 있다. B: 어떤 것이 너의 것이니?
   A: 빨간색.
3. The one A: 천수는 집에 산다. B: 어느 집? A: 빨간 지붕의 집.
4. The ones A: 그들은 네 친구들이니? B: 누구? A: 교복을

입은 아이들.
5. The one A: 나 어떤 컵 써? B: 테이블 위의 것.

C
1. a cheaper one 이 소파는 너무 비싸요. 싼 것 있나요?
2. spicy 나는 한국음식을 좋아한다. 특히 매운 것을.
   ▶ 셀 수 없는 명사는 one을 쓰지 않는다.
3. a used one 이것은 새 자전거니? 아니. 중고야.
4. clean ones
   컵들이 너무 더러워요. 깨끗한 것을 사용할 수 있나요?
5. The big one
   난 두 개의 햄버거가 있어. 어떤 것이 좋아? 큰 것.

3. everybody / nobody / all / most / some
Exercises   P. 97

A
1. Everybody 모든 사람이 그것에 관해 안다.
2. everything 아무 것도 남지 않았다. 도둑이 모든 것을 가져
   갔다.
3. Everybody 모든 사람들은 취미가 있어야 한다.
4. everything 그의 아들은 그녀에게 모든 것이다.
5. everything 너는 왜 우니? 모든 것이 괜찮니?

B
1. is 모든 것이 가능하다.
2. knows 아무도 그 사실을 모른다.
3. is 어떤 것도 비밀은 없다.
4. has 모든 사람들은 의견이 있다.
5. is 아무도 혼자가 아니다.

C
1. are 대부분의 내 친구들은 한국 출신이다.
2. study 몇몇의 학생들은 열심히 공부한다.
3. is 우리 중 아무도 나쁘지 않다.
4. are 그들 모두는 건강하다.
5. was 내 숙제는 전혀 되어있지 않았다.
6. was 몇 개의 가구는 부서졌다.
7. are 네 친구 모두가 상냥하다.
8. was 대부분의 내 시간은 영어 공부에 쓰였다.

D
1. Some of us go to different schools.
2. Everybody is so/very important.
3. Most of my friends went to the summer
   camp.

Unit 17 Review Test   P. 98

A
1. It 4월치고는 특이하게 추웠다.
2. It 매일 운동하는 것은 좋다.
3. one 나는 펜이 많다. 하나 빌려가도 좋다.
4. one 나는 펜 두 개가 있어. 어느 것이 마음에 드니?

5. **Nobody** 아무도 모른다.
6. **Most people** 대부분의 사람들은 오래 살기를 원한다.
7. **Everybody** 모든 사람들은 자신의 의견을 가지고 있다.
8. **All the people** 모든 사람들은 열심히 일했다.
9. **nothing** 나는 할 일이 없다.
   ▶ have의 목적어 자리에 명사/대명사 필요
10. **Nobody** 오늘 아침 나에게 아무도 말하지 않았다.

B

1. **All of us go to school.** 우리 모두는 학교에 다닌다.
2. **Everybody was happy.** 모든 사람들은 행복했다.
3. **It is good to know about the exam.**
   그 시험에 대해 아는 것은 좋다.
4. **Some of my friends passed the test.**
   내 친구들 몇 명은 그 시험에 통과했다.
5. **None of us is perfect.** 우리 중 누구도 완벽하지 않다.
6. **Most of them study really hard.**
   그들 대부분은 정말 열심히 공부한다.
7. **It is difficult to learn other languages.**
   다른 언어를 배우는 것은 어렵다.
8. **Can I borrow one?**
   A: 난 DVD를 좀 갖고 있어. B: 하나 빌릴 수 있을까?

C

1. **it** A: 몇 시야? B: 9시야.
2. **it** A: 여기에서 대전까지 얼마나 멀어? B: 150km 정도.
3. **It** A: 지금 비가 오고 있어. B: 정말 안됐다. 우리 오늘 공원에 갈 수 없겠어.
4. **It** A: 나는 매일매일 운동할 거야. B: 말은 쉽지.
5. **one** A: 여기에 문법책 있나요? B: 네, 바로 저기에 한 권 있어요.
6. **It** 토요일 오후였다.
7. **One** 학교에는 많은 선생님이 있다. 그들 중 한 명은 나의 삼촌이다.

D

1. **some, some** A: 커피 좀 드시겠어요? B: 고맙지만 이미 마셨어요.
2. **something** A: 새로운 것을 보셨나요? B: 아니요. 못 봤어요.
3. **something** 테이블 위에 먹을 것이 있다.
4. **any** 교실에 아무도 없었다.
5. **All of** 내 친척 모두는 서울에 산다.

E

1. All of us have a sense of humor.
2. There is none like you.
3. It is good to hear good news from you.

A

A : 나는 영수증을 찾고 있는데. 내 생각에… 바람이 불어서 날아 갔나봐. 너 그것을 봤니?
B : 아니, 그것을 보진 않았지만…
A : 않았지만 뭐?
B : 천수와 그의 개가 운동장에 있는 것을 봤지, 그리고…
A : 그리고 뭐?
B : 그의 개가 종이 한 장을 입에 물고 있던데.

1. (A) receipt
2. his

B

많은 화재들은 요리에서 비롯된다. 요리는 모든 가정화재의 첫번째 원인이다. 스토브에서 요리되는 것을 지켜보지 않은 채로 두지 말자. 집에서 발생하는 화재 열 건 중 세 건은 부엌에서 시작된다. 부엌에서의 화재로 많은 사람들이 다치거나 죽었다. 모든 사람들은 부엌화재를 예방할 수 있다. 안전규칙을 지켜라, 그러면 당신을 안전하게 지킬 수 있다.

1. (A) all – Everybody
2. Never leave something cooking on the stove without watching it.
   Follow safety rules.

C

내 친구들과 나는 방과후 프로그램을 하루만 쉬기로 결정했다. 오늘은 어쨌든 공부할 만한 날이 아니었다. 아주 화창한 여름날이었다.

1. (1) It
   (2) It
2. (B) 날씨가 너무 좋아서

D

무지개를 본 적이 있나요? 무지개는 아주 아름답습니다. 무지개는 비가 오고 햇빛이 나온 후에 보입니다. 그들은 아치 모양이죠. 우리는 무지개의 모든 색상을 봅니다. 주 색상은 빨강, 오렌지, 노랑, 녹색, 푸른색, 남색, 보라색입니다.

1. (A) Rainbow
2. (A) it – all

Unit 18 동사의 완료 I

1. 현재완료의 형태

Exercises
P. 107

A

1. have/has sent
2. have/has drunk
3. have/has made
4. have/has begun
5. have/has woken
6. have/has run
7. have/has slept
8. have/has spoken
9. have/has kept
10. have/has caught

B

1. I have had breakfast. 나는 아침을 먹었다.
2. She has cleaned her room.
   그녀는 자기 방을 청소했다.
3. My mother has cooked rice. 어머니는 밥을 지으셨다.
4. He has driven a car. 그는 차를 운전했다.
5. I have opened the door. 나는 문을 열었다.
6. Jane has sent a letter. 제인은 편지를 보냈다.
7. Sue has studied Spanish. 수는 스페인어를 공부했다.
8. They have left the airport. 그들은 공항을 떠났다.

C

1. I have just finished my homework.
   나는 막 숙제를 끝마쳤다.
2. She has already flown to Jeju.
   그녀는 벌써 제주도로 가는 비행기를 탔다.
3. I have not seen Sam for a week.
   나는 일주일 동안 샘을 보지 못했다.
4. Sam has gone to LA. 샘은 LA에 갔다.
5. Has he called his friends? 그가 친구들에게 전화했니?
6. They have had lunch. 그들은 점심을 먹었다.
7. I have forgotten my password.
   나는 내 비밀번호를 잊어버렸다.
8. My teacher has told me about the book.
   선생님은 그 책에 관해 나에게 말해주셨다.
9. My job has taught me a lot.
   내 일은 나에게 많은 것을 가르쳐주었다.
10. She has not read the book yet.
    그녀는 그 책을 아직 읽지 않았다.

2. 현재완료의 의미

Exercises
P. 109

A

1. has stayed 토마스는 1월부터 서울에 머물고 있다.
2. has worked 주호는 1년 동안 그녀와 일을 했다.
3. have never given up 나는 결코 포기하지 않았다.

4. have just updated 우리는 방금 웹사이트를 업데이트 했다.
5. has already arrived 그 비행기는 공항에 이미 도착했다.

B

1. 불특정 과거 그는 방금 직업을 잃었다.
2. 지속 그는 한 달 동안 직업을 찾았다.
3. 과거-횟수 수용이는 부산에 두 번 다녀왔다.
4. 불특정 과거 나는 이미 그 경주에서 이겼다.
5. 지속 나는 10년 동안 교사가 되는 것을 꿈꿔 왔다.
6. 불특정 과거 그들은 최근에 우리에게 샘플을 보냈다.
7. 지속 나는 그 이후부터 많은 것을 배웠다.
8. 불특정 과거 그는 최근에 한국 시민이 되었다.
9. 과거-경험 나는 해외 여행을 해본 적이 없다.
10. 불특정 과거 너 내 이름 잊었니?

C

1. have been
   A: 수정아! 오랫만이야.   B: 안녕, 마크! 다시 만나서 반가워.
   A: 어떻게 지냈어?   B: 아주 바빴어.
2. have been
   A: 오늘 어디에 있었어, 조지?   B: 도서관에 있었어.
   A: 난 너를 거기서 보지 못했어.   B: 컴퓨터실에 있었어.

D

1. She has never visited my website.
2. I have studied English since I was 10.
3. I've already had lunch.
4. Have you been to Baekdoo Mountain?

3. since / for / ago

Exercises
P. 111

A

1. since
2. for
3. for
4. since
5. since
6. since
7. for
8. since
9. since
10. for

B

1. For seven years.
   A: 대전에 얼마동안 살았어? B: 7년 동안.
2. I've been here since 9:00.
   A: 아직도 기다리니? B: 더 기다릴거야. 난 여기에 9시부터 있었어.
3. I started two hours ago.
   A: 이 책을 언제 읽기 시작했니? B: 두 시간 전에 시작했어.
4. I've played it since I was ten.
   A: 좋아하는 운동이 뭐야? B: 야구. 나는 10살 때부터 했어. 나는 보는 것과 하는 것 모두 좋아해.

C

1. I've lived in Seoul for 15 years.
2. I bought this computer 3 weeks ago.

3. He has been talking to his teacher since 3 o'clock.
4. We watched a movie last night.

4. 완료시제와 잘 쓰이는 부사들
Exercises   P. 113

A

1. already 우리는 그 영화를 이미 봤다.
2. already 넌 그에게 편지 쓸 필요없어. 내가 이미 썼어.
3. yet 나중에 전화해. 난 아직 점심을 끝내지 않았거든.
4. already 우리는 이미 결정했다.
5. yet 넌 벌써 그들을 만났니?
6. already 벌써 11시가 됐니?
7. yet 나는 아직 그를 만나지 못했어.
8. already 우리는 그것에 관하여 이미 다 배웠어.
9. already 그들은 이미 그 해변에 다녀 왔다.
10. yet 그 파스타는 벌써 다 되었니?

B

1. just 오후 9시다. 그 아기는 방금 잠들었다.
2. yet 오전 6시 30분이다. 그는 아직 일어나지 않았다.
3. still 오전 9시다. 그는 아직 잠들어 있다.
4. just 오전 9시 30분이다. 그는 방금 일어났다.
5. already 오전 9시 45분이다. 그는 이미 아침을 먹었다.
6. still 여보세요? 아직도 거기에 있니?
7. already 그녀에게 회사로 전화하세요. 그녀는 이미 집을 떠났습니다.
8. still 우산을 가져가. 아직도 비가 오고 있어.
9. just 나는 방금 대학을 마쳤다. 나는 직업을 구할 것이다.
10. already 나는 이미 대학을 마쳤지만 직업을 찾지 못했다.

C

1. just A: 기차를 탈 수 있나요? B: 미안하지만, 방금 떠났습니다.
2. yet A: 그 메일 이미 받았지? B: 아니, 아직 못 받았어.
3. yet A: 내 것 벌써 주문했니? B: 응, 했어.
4. already A: 난 피곤해. B: 너는 이미 너무 많은 일을 했어.
   A: 맞아, 난 휴식이 필요해. B: 어서 쉬어.

Unit 18 Review Test   P. 114

A

1. (B) for 제이슨은 10년 동안 한국에 살았다.
2. (A) since 가현이는 2005년부터 그 프로그램에 참가했다.
3. (D) ago 박 선생님은 10년 전 고등학교를 졸업했다.
4. (A) since 민식이는 18세부터 그 차를 운전했다.
5. (B) for 〈심슨 가족〉은 약 20년 동안 TV에서 방영되었다.
6. (D) ago 〈동물농장〉은 오래 전에 쓰여졌다.
7. (C) just 그 버스가 지금 막 도착했다.
8. (D) yet 민선이는 벌써 도착했나요?
9. (D) yet 수민이는 나에게 아직도 전화하지 않고 있다.
10. (B) still 나는 휴대폰을 여전히 찾지 못한 상태다.

B

1. He lost his camera yesterday.
   그는 어제 카메라를 잃어버렸다.
2. She read *Animal Farm* last year.
   그녀는 작년에 〈동물농장〉을 읽었다.
3. Dohyun's father has worked for the company for 20 years.
   도현이 아버지는 그 회사에서 20년 동안 일하셨다.
4. Mr. Lee has taught math at our school since 2006.
   이 선생님은 2006년부터 우리 학교에서 수학을 가르치셨다.
5. I renewed my driver's licence last month.
   나는 지난 달에 운전면허증을 갱신했다.
6. We have used the computer for a long time.
   우리는 오랫동안 그 컴퓨터를 사용해왔다.
7. I have been to Jeju twice.
   나는 제주도에 두 번 다녀왔다.
8. My mother learned to skate 20 years ago.
   나의 어머니는 20년 전에 스케이트를 배우셨다.
9. The game has just begun. 그 게임은 막 시작되었다.
   ▶ just가 있으므로 제거
10. I have already watched the movie.
    나는 그 영화를 이미 봤다. ▶ already가 있으므로 제거

C

1. I have been to Busan three times.
2. His mother has cooked me dinner.
3. I haven't seen him since 2005.
4. We attended the same school ten years ago.
5. I have never been to LA.

Unit 18 Reading Exercises   P. 116

A

금문교는 미국의 상징 중 하나이다. 그것은 캘리포니아 샌프란시스코에 위치해 있다. 금문교는 약 70년 전에 지어졌다. 금문교는 세계에서 가장 아름다운 다리 중 하나임이 분명하다. 금문교는 또한 가장 긴 다리 중 하나이다. 그것은 가볼만한 좋은 장소이다.

1. (B) ago
2. (1) It is one of the most beautiful bridges in the world.
   (2) It is one of the tallest bridges.

B

에베레스트산은 세계에서 가장 큰 산이다. 이것은 히말라야 산맥에 있다. 에베레스트산은 조지 에베레스트경의 이름을 따서 지어졌다. 1921년부터 1,400명 이상의 사람들이 에베레스트산을 올랐다. 1953년 이후에는 600명 이상의 등반대원들이 정상에 도달했다. 그러나 적어도 170명의 등반대원들은 에베레스트산을 오르려다 죽어갔다.

1. More than 600 climbers

2. Since
3. At least 170 climbers

C

2008년 2월 29일이 다가오면서, 몇몇 사람들은 그날이 일상적이지 않다는 것을 눈치챘는지 모르겠다. 작년에, 2월 29일이 없었다. 사실상, 2월 29일이 2004년 이후에는 없었다. 2월 29일이 왜 4년에 한 번씩 찾아오는 걸까? 이 사실을 알기 위하여, 우리의 달력을 이해하는 것이 필요하다.

1. (C) every four years
2. (B) since
3. (A) about the calendar

D

많은 사람들은 놀이공원에 가서 즐거운 시간을 보내는 것을 좋아하지만, 나는 아니다! 작년에 내 친구들과 에버랜드에서 하루를 보내기로 결정했다. 나는 아주 즐거울 거라고 생각했다. 그러나 내 생각은 틀렸다. 나는 최악의 시간을 보냈다. 우리는 롤러코스터를 너무 많이 탔다. 처음에 우리는 모두 아주 즐거웠고, 나는 소리를 질렀다. 친구들은 더 많이 타기를 원했다. 그래서 우리는 3시간 동안 쉬지 않고 탔다. 나는 결국 토했다. 나는 너무 당황스러웠다. 나는 그 이후에 놀이공원에 가지 않았다.

1. I had the worst time ever (at an amusement park).
2. since

Unit 19 동사의 완료 II

1. 현재완료와 관련된 시제의 비교

Exercises
P. 121

A

1. 불특정 김씨는 Sleepy 호텔에서 묵었다.
2. 특정 그는 작년에 Sleepy 호텔에서 일주일 동안 묵었다.
3. 불특정 그는 그곳에 두 번 다녀왔다.
4. 특정 김씨 부인은 3월에 그곳을 방문했다.
5. 불특정 그녀는 대전에 여러 번 다녀왔다.
6. 특정 조나단은 몇 시간 전 기사 하나를 썼다.
7. 불특정 그는 이미 기사 하나를 썼다.
8. 특정 그는 그 책을 어제 읽었다.
9. 불특정 그는 그 책을 여러 번 읽었다.
10. 불특정 알버트는 최근 중국을 여행했다.

B

1. went 나는 지난 달 콘서트에 갔다.
2. was 나는 어제 그 콘서트에 두 시간 동안 있었다.
3. drove 세라는 지난 밤 아주 천천히 운전을 했다.
4. baked 그녀는 지난 주말에 사과파이를 구웠다.
5. overcooked 그녀는 그때 그것을 지나치게 구웠다.
6. has just retired 세연이 아버지는 막 은퇴하셨다.

7. has just seen 그는 그 기사를 방금 봤다.
8. was 어제는 내 생일이었다.
9. snowed 어젯밤 눈이 내렸다.
10. has already melted 그것은 이미 녹았다.

C

1. I was in Daejeon.
   A: 방학동안 어디 있었니? B: 대전에 있었어.
2. I was there for two weeks.
   A: 거기에 얼마동안 있었니? B: 2주 동안 있었어.
3. I learned French. Yes, I studied it for two months. A: 넌 뭐했니? B: 나는 프랑스어를 배웠어.
   A: 프랑스어? 그걸 알아? B: 응, 2달동안 공부했어.

2. 현재완료 진행

Exercises
P. 123

A

1. He has been working. 그는 일하고 있다.
2. She has been sleeping. 그녀는 자고 있다.
3. I have been cooking. 나는 요리하고 있다.
4. They have been living. 그들은 살고 있다.
5. My brother has been playing. 형은 놀고 있다.
6. Jonathan has been exercising. 조나단은 연습하고 있다.
7. I have been reading. 나는 읽고 있다.
8. It has been raining. 비가 오고 있다.
9. Hanee has been sleeping. 하니는 자고 있다.
10. The dog has been barking. 그 개는 짖고 있다.

B

1. Mr. Smith has known her for years.
   스미스씨는 그녀를 여러 해 동안 알고 지냈다. ▶ 상태동사
2. She has believed in God since she was 15.
   그녀는 15세 때부터 신을 믿고 있다. ▶ 상태동사
3. He has possessed the land.
   그는 그 땅을 소유하고 있다. ▶ 상태동사
4. I have wanted a DVD player.
   나는 DVD플레이어를 원했다. ▶ 상태동사
5. Angela has liked the film for a long time.
   안젤라는 오랫동안 그 영화를 좋아했다. ▶ 상태동사
6. He has owned a car.
   그는 차를 소유하고 있다. ▶ 상태동사
7. Jade has wanted a bike for a long time.
   제이드는 오랫동안 자전거를 원했다.
8. I have forgotten my password.
   나는 비밀번호를 잊었다. ▶ 상태동사
9. She has remembered my name.
   그녀는 내 이름을 기억하고 있다. ▶ 상태동사
10. This website has existed for many years.
    이 웹사이트는 여러 해 동안 있었다.

C

1. am watching, have been watching
나는 지금 TV를 보고 있다. 나는 30분 동안 코미디쇼를 보고 있다.

2. are eating, have been eating
우리는 지금 저녁을 먹고 있다. 우리는 한 시간 동안 먹고 있다.

3. has been talking
그렉은 9시에 손님에게 전화를 걸었다. 그는 지금도 그녀와 통화하고 있다. 그는 그녀와 두 시간 동안 전화하고 있다.

4. have lived / have been living
A: 안녕, 마크. B: 안녕, 줄리.
A: 너 이 마을에 사니? B: 응, 작년에 이사왔어.
A: 정말? 그랬어? B: 물론이지. 여기에서 1년 동안 살았어.

3. 과거완료
Exercises
P. 125

A

1. B 나는 그녀가 내게 편지를 보냈다는 걸 알았다.
2. A 내가 역에 도착했을 때 기차는 이미 도착해 있었다.
3. A 빌은 저녁 일을 마치고 집으로 돌아가고 있었다.
4. B 그날 밤 침대로 들어가는 순간까지 나는 영화를 봤다.
5. B 그녀로부터 선물을 받았기 때문에 나도 그녀에게 책을 보냈다.

B

1. Before he had joined the army, he visited me.
그가 군대 가기 전에 나를 찾아왔다.

2. After she had checked the tires, she drove her car. 타이어를 점검한 뒤 그녀는 차를 운전했다.

3. I got all A's because I had studied so hard.
나는 아주 열심히 공부했기 때문에 전부 A를 받았다.

4. All the players had done their best, but they lost the game again.
모든 선수들이 최선을 다했지만, 그들은 또다시 게임에서 졌다.

C

1. We had known each other for years.
우리는 종종 온라인에서 얘기를 했다. 우리는 몇 년 동안 서로 알고 지냈다. ▶ 상태동사

2. Don had left his office when I got there.
내가 거기에 갔을 때 돈은 사무실을 떠났었다. ▶ 과거이전

3. I had eaten dinner by the time he visited me.
그가 나를 방문하기 전에 나는 저녁을 먹었다. ▶ 과거시간

4. 미래완료
Exercises
P. 127

A

1. will have worked
다음 달이면 나는 그 회사에서 5년 동안 일하게 된다.

2. will have been waiting
그녀가 도착할 때까지 나는 30분 동안 기다리고 있을 것이다.

3. will have graduated
나는 내년 이맘 때면, 나는 졸업해 있을 것이다.

4. will have lived
내년 이맘 때면, 나는 7년 동안 그 도시에 살고 있을 것이다.

5. will have been driving
내가 부산에 도착할 때 나는 3시간 동안 운전하고 있을 것이다.

6. will have been
그녀의 남편이 퇴직할 때면 그녀는 2년 동안 전주에 살고 있을 것이다.

7. will have taught
그는 다음 달이면 30년 동안 영어를 가르치게 된다.

8. will have finished
토요일이 되면 나는 숙제를 끝마쳤을 것이다.

B

1. will have gone A: 우리 10월 1일에 회의가 있어. B: 난 거기 갈 수 없어. 휴가 가 있을거야.

2. will have been
A: 오늘밤 뭐해? B: 7시에 조부모님을 찾아 뵐거야.
A: 8시에는 뭐해? B: 8시까지 한시간 동안 그곳에 있을 거야.

3. will have been, will have worked
A: 너는 그 회사에서 얼마 동안 일했니?
B: 다음 달이 되면 나는 20년 동안 근속하는 거야.
A: 꽤 오래 했구나. B: 나도 알아. 난 내 일이 좋아. 넌 어때?
A: 다음 달이면 나는 1년 동안 우리 회사에서 일하는 거야.

C

1. So, you will have graduated in March.
A: 난 2월에 졸업할거야. B: 그럼 3월에는 졸업해 있겠구나.

2. It will have started when we arrive.
A: 우리 수업이 9시에 시작해. 지금 8시 45분이야.
B: 거기까지 가는데 20분이 걸릴거야.
A: 우리가 도착했을 때 수업이 시작되었겠구나.

3. I will have fallen asleep by 11:30.
A: 난 11시에 집에 있을거야. B: 11시 30분에 너에게 전화해도 돼?
A: 안돼, 11시 10분에 해. B: 11시 30분에는 잠들어 있을거야.

Unit 19 Review Test
P. 128

A

1. (A) had borrowed 인식이는 빌렸던 책을 반납했다.
2. (B) had traveled
김씨 부인은 그 도시를 여행한 후에 그곳을 떠났다.
3. (C) have known 우리는 10년 동안 알고 지냈다.
▶ 상태동사 know는 진행형 불가
4. (B) has read 김씨는 10살 때부터 성경을 읽었다.
5. (A) will have finished
이번 주말이면 나는 숙제를 끝마쳤을 것이다.
6. (D) will have said
내가 떠나기 전 그녀는 작별인사를 할 것이다.
7. (A) had overslept 늦잠을 자서 버스를 놓쳤다.
8. (B) have been 우리는 두 시간 동안 통화를 했다.

B

1. We have owned the house for 10 years.
우리는 이 집을 10년 동안 소유했다. ▶ 상태동사는 진행형 불가

2. I have known Mr. Bean since 2005.

19

2005년부터 나는 빈씨와 알고 지냈다. ▶ 상태동사

3. Mr. Jang has had a lot of money.
장씨는 많은 돈을 가지고 있다. ▶ 상태동사

4. I have loved soccer since the 2002 World Cup. 2002년 월드컵 때부터 나는 축구를 좋아한다. ▶ 상태동사

5. Mr. Smith has lived in Seoul for five years.
스미스씨는 5년 동안 서울에서 살았다. ▶ 과거완료(had+p.p.)는 과거기간과 같이 쓴다. 여기에 과거기간이 없으므로 현재완료로 쓴다.

6. Bosung (had) studied Spanish before he went to Spain. 보성이는 스페인에 가기 전에 스페인어를 공부했다.
▶ 스페인 간 시점보다 먼저이므로 과거완료(had+p.p.)로 쓰며, 전후관계가 분명한 before가 쓰였으므로 과거동사(studied)로 써도 된다.

7. Mr. Lee had taught English until he retired.
이 선생님은 퇴임할 때까지 영어를 가르쳤다.

8. He (had) rented a car before he bought one.
그는 차를 사기 전에 차를 렌트했다.

9. My father sold the car that I had cleaned.
아버지는 내가 세차한 차를 파셨다.

10. Yoonsoo will have cooked dinner by the time I visit him. 내가 방문할 때까지 윤수는 저녁을 준비할 것이다.

C

1. Our program has been successful.
2. My friends had studied English before they went to middle school.
3. I have used this cell phone for three years.
4. My friends have already read this book.
5. My older brother has been working at the company for three years.

Unit 19 Reading Exercises P. 130

A

사랑하는 키다리 아저씨,
우선 좋은 소식이 있어요. 제루사 애벗이 작가가 되었어요. 저의 시, "나의 탑으로부터"가 <February Monthly>라는 월간지에 실리게 돼요. 한 부를 보내드릴게요. 멋지지 않아요? 저는 다른 것들도 하고 있어요. 저는 스케이트 타는 법도 배웠어요. 저는 이제 넘어지지 않고 스케이트를 탈 수 있어요.

1. (A) 과거 불특정한 시간
2. Jerusha Abbot has become an author.

B

나는 그것을 아주 안전한 곳에 넣어 두었다. 지금은 나는 그게 어디에 있는지 기억할 수 없다. 나는 내 서랍 안, 옷장 안, 내 침대 밑, 내 책 속, 내 비밀상자 안을 보았다. 마침내 나는 그것을 어디에 두었는지 알았다.

1. (A) have looked
2. (D) had put

C

이 선생님은 여러 해 동안 우리 선생님이었다. 그는 학교의 나무와 꽃들을 돌보신다. 그는 모든 마음을 우리에게 주셨다. 그러나 그는 더 이상 가르칠 수 없다. 그는 요즘 틀림없이 고통스러울 것이다.

1. has tended
2. (B) 고통스러운 마음
3. 그는 모든 마음을 우리에게 주셨다.

D

그 계곡의 모든 사람들은 한 사람을 기다리고 있었다. 사람들이 "그는 부자야, 그래서 그는 위대한 일들을 할 거야."라고 생각했다. 태양이 지자, 많은 사람들이 그 유명인을 만나기 위해 모였다. 갑자기 도로를 따라 바퀴가 움직이는 소리가 들렸다. "그가 오고 있어!" 누군가 말했다. "그가 마침내 도착했어!"

1. Sunset has come.
2. 과거

CHAPTER 10 동사들의 변신 Verbs

Unit 20 수동태

1. 수동태의 기본 구조
Exercises P. 138

A

1. (a) 타동사 나는 내 계획을 바꿀 거야.
   (b) 자동사 세월은 변한다.
2. (a) 타동사 내 친구 중 한 명은 나무를 키웠다.
   (b) 자동사 아이들은 빨리 자란다.
3. (a) 자동사 나는 인천에 산다.
   (b) 타동사 나는 행복한 삶을 산다.
4. (a) 타동사 나는 영어를 공부한다.
   (b) 자동사 나는 도서관에서 공부한다.
5. (a) 타동사 나는 그 카페에서 점심을 먹는다.
   (b) 자동사 나는 그 카페에서 먹는다.

B

1. My plan was changed. 내 계획이 변경되었다.
2. English is spoken in Canada.
   영어는 캐나다에서 사용된다.
3. Vegetables are grown in the garden.
   채소들은 정원에서 재배된다.
4. An apple was eaten. 사과 한 개를 (누군가) 먹었다.
5. I was excited. 나는 들떠 있었다.

C

1. The house was built by Karen.
   그 집은 카렌에 의해 지어졌다.
2. Korean is spoken here. 한국어가 이곳에서 사용된다.
3. The car was stopped. 그 차는 멈췄다.
4. The sports car is driven by her.
   그 스포츠카는 그녀에 의해 운전된다. ▶그녀가 운전한다.
5. I was taught by Wendy.
   나는 웬디에 의해 가르침을 받았다. ▶웬디가 가르쳤다.

D

	현재(동사원형)	과거	과거분사
1.	taste	tasted	tasted
2.	hit	hit	hit
3.	cut	cut	cut
4.	run	ran	run
5.	come	came	come
6.	become	became	become
7.	be	was/were	been
8.	begin	began	begun
9.	start	started	started
10.	open	opened	opened
11.	close	closed	closed
12.	eat	ate	eaten
13.	write	wrote	written
14.	give	gave	given
15.	wear	wore	worn
16.	see	saw	seen
17.	hear	heard	heard
18.	teach	taught	taught
19.	think	thought	thought
20.	catch	caught	caught
21.	build	built	built
22.	find	found	found
23.	take	took	taken
24.	finish	finished	finished
25.	know	knew	known
26.	listen	listened	listened
27.	sing	sang	sung
28.	sleep	slept	slept
29.	get	got	got (영국) gotten (미국)
30.	call	called	called

2. by + 명사
Exercises
P. 141

A

1. A shark was caught. 상어 한 마리가 잡혔다.
2. Korean is spoken in Korea. 한국어는 한국에서 쓰인다.
3. Our room is cleaned every day.
   우리 방은 매일 청소된다.
4. The tower was built in 2006.
   그 탑은 2006년에 지어졌다.
5. This computer is used every day.
   이 컴퓨터는 매일 사용된다.

B

1. My cell phone was broken last week.
   내 휴대폰은 지난 주에 고장났다.
2. He was born in Daejeon. 그는 대전에서 태어났다.
3. This computer was made in Korea.
   이 컴퓨터는 한국에서 생산되었다.
4. My MP3 player was repaired.
   내 MP3 플레이어는 수리되었다.
5. His car was stolen. 그의 차는 도난 당했다.

C

1. Bosung is known for its tea.
2. I was invited to the party.
3. Stamps are sold here.
4. Water is divided into oxygen and hydrogen.
5. Rice is grown in Asia.

3. 수동태의 시간, 부정문, 의문문
Exercises
P. 143

A

1. My room is being painted.
   내 방은 페인트칠이 되고 있다.
2. My room was cleaned. 내 방은 청소되었다.
3. The door was repaired. 그 문은 수리되었다.
4. The building is being built. 그 빌딩은 세워지고 있다.
5. The shop has been closed. 그 가게는 문닫았다.
6. The work will have been done.
   그 업무는 수행될 것이다.
7. My key was lost. 내 열쇠가 분실되었다.

B

1. I was not invited. 나는 초대받지 않았다.
2. I was not born in Taiwan.
   나는 대만에서 태어나지 않았다.
3. It is not sold here. 그것은 여기서 팔리지 않는다.
4. Has the homework been done? 숙제는 다 끝났니?
5. Has the bike been stolen? 그 자전거 도난 당했니?
6. Was she born in Seoul? 그녀는 서울에서 태어났니?
7. Was the door broken? 그 문 고장났니?

C

1. Some employees were laid off.
2. English is used here.
3. Our school is located in Seoul.
4. The gym was bult in 2000.
5. Four people were killed in/by the accident.

Unit 20 Review Test P. 144

A

1. (a) Kites are being flown. 연들은 날고 있다.
2. (b) An apple is eaten every day.
   매일 누군가 사과를 먹는다.
3. (b) I was woken up by my baby.
   나는 내 아기에 의해 깼다.
4. (a) The game is played. 사람들이 게임을 한다.
5. (b) The water is being boiled now.
   그 물은 지금 끓여지고 있다.

B

1. A friend of mine invited me.
   내 친구 중 한 명이 나를 초대했다.
2. He was sent to LA. 그는 LA에 보내졌다.
3. She was born in 2006. 그녀는 2006년에 태어났다.
4. He was taken to the hospital. 그는 병원에 보내졌다.
5. She will be shown on TV tonight.
   오늘밤 TV에 그녀가 나온다.
6. He is known for his humor. 그는 유머로 유명하다.
7. Wine is made from grapes. 와인은 포도로 만들어진다.
8. The tower was built last year.
   그 탑은 작년에 지어졌다.
9. My car was sold yesterday. 내 차는 어제 팔렸다.
10. The decision will be made by tomorrow.
    결정은 내일까지 내려질 것이다.

C

1. The letter was sent yesterday.
   그 편지는 어제 보내졌다.
2. His car was stolen this morning.
   그의 차는 오늘 아침 도난 당했다.
3. Rice is cooked every day. 밥은 매일 지어진다.
4. My car was broken last night.
   내 차는 어젯밤 고장났다.
5. My homework will be finished by tomorrow.
   내 숙제는 내일까지 끝마쳐질 것이다.
6. Bananas are imported. 바나나는 수입된다.
7. He is called Mr. Bean. 그는 빈씨라고 불린다.
8. The problem was corrected yesterday.
   그 문제는 어제 정정되었다.

D

1. Our assignment was handed out.
2. The project will be finished by tomorrow.
3. The man was arrested.

4. She was born in Seoul.
5. The building was built 5 years ago.

Unit 20 Reading Exercises P. 146

A

그것은 훌륭한 경기였다. 타이거즈가 10대 8로 이겼지만, 라이온즈는 행복했다. 그들은 전보다 더 경기를 잘했다. 트로피가 수여되었다. 대부분의 트로피는 종민, 샘, 해리에게로 갔다. 그러나 마지막 것은 아니었다. "최우수 실력 향상 선수상"은 현수에게 갔다. 그에게는 첫번째 트로피였다.

1. (B) were handed out
2. (A) Hyunsu

B

2007년 7월 10일
오늘 드디어 시험이 끝났다. 나는 농장에서 한 달을 보낼 것에 신이 나 있다. 나는 엄마가 나를 그곳에 보내 주시는 것에 대하여 정말로 감사하고 있다. 나는 평생을 도시에서 살았다. 나는 농장에 머물러 본 적이 없다. 나는 사촌들과 많은 활동을 하려고 한다. 그들은 나를 오랫동안 기다렸다. 우리는 축구와 야구에 관심이 있다.

1. (1) excited   (2) interested
2. (C) 농장

C

"감귤이 서울에서 자라지 않는다는 것을 모두가 알아." 준일이가 말했다. "감귤은 제주도에서 자라지." "아니," 세호가 말했다. "사람들은 다른 곳에서도 감귤을 재배해. 우리 아버지가 나에게 이 책을 주셨어. 이 책에는 어떻게 감귤이 제주도와 다른 곳에 오게 되었는지 나와 있어."

1. were brought
2. (D) 감귤의 유래

D

나비는 곤충이다. 나비들은 그들의 날개로 잘 알려져 있다. 날개는 화려하고 밝다. 나비 날개는 새의 날개와 약간은 비슷하다. 새의 날개는 깃털로 되어 있지만 나비 날개는 작은 겹쳐진 비늘로 되어 있다. 날개는 다양한 색상을 띈다.

1. (D) Buttertly wings
2. (1) known   (2) made
   (3) made   (4) colored

Unit 21 부정사와 동명사

1. to부정사 1
Exercises
P. 151

A
1. to play 준호는 톰과 함께 놀기 원했다.
2. to go out 톰은 밖에 나가기로 계획했다.
3. to stay 그들은 집에 머물러 있기로 결심했다.
4. to go 우리는 대학에 가기를 희망한다.
5. to help 나는 그녀를 돕기로 약속했다.

B
1. He decided to leave the team.
   그는 그 팀을 떠나기로 결정했다.
2. I wish to see you again.
   나는 너를 다시 보게 되기를 희망한다.
3. He wants to be rich. 그는 부자가 되기를 원한다.
4. He promised to do so. 그는 그렇게 하기로 약속을 했다.
5. We expected to find it. 우리는 그것을 찾기를 기대했다.

C
1. I plan to read every day.
   나는 매일 독서할 계획이다.
2. I hope to see you soon. 너를 곧 만나기를 희망한다.
3. He wants to be a doctor. 그는 의사가 되기를 원한다.
4. She plans to be a lawyer.
   그녀는 변호사가 될 계획이다.
5. They need to take a rest.
   그들은 휴식을 취할 필요가 있다.

D
1. I want to go to my cousin's wedding.
2. I decided to read a newspaper.
3. He refused to quit the job.
4. I didn't mean to say that.

2. to부정사 2
Exercises
P. 153

A
1. to sleep 어머니는 내가 외박하는 것을 허락해 주셨다.
2. to be 하영이는 나에게 거기 있어 달라고 요청했다.
3. to work 그녀는 내게 일을 열심히 하라고 말했다.
4. to travel 내 남동생은 내가 여행하도록 만들었다.
5. to get 인터넷은 우리가 더 가까워지는 것을 가능하게 해준다.

B
1. Mom expected me to exercise every day.
   어머니는 내가 매일 운동하기를 기대했다.
2. She taught me to listen carefully.
   그녀는 나에게 신중하게 들으라고 가르쳤다.
3. My parents told me to study abroad.
   부모님은 내게 유학가라고 말씀하셨다.

4. My friends expect me to call them.
   친구들은 내가 그들에게 전화할 거라고 기대한다.
5. He advised me to study alone.
   그는 내게 혼자서 공부하라고 충고했다.

C
1. 명사 나는 매일 기도하기로 계획했다.
2. 명사 그의 계획은 그 게임을 이기는 것이다.
3. 형용사 나는 너에게 말할 만큼 시간이 충분하지 못해.
4. 부사 너를 만나서 반가워.
5. 부사 그는 다시 그녀를 만나러 갔다.

D
1. I want you to attend the meeting.
2. I expect you to pass the test.
3. She asked me to call him.
4. He taught me to make a book.

3. 주의해야 할 부정사
Exercises
P. 155

A
1. stand 나는 그가 내 뒤에 서도록 했다.
2. calm down 그는 내가 다시 진정하도록 했다.
3. to start 그는 내가 노래를 시작하도록 했다.
4. win / to win 그녀는 그가 경주에서 이기도록 도왔다.
6. sleep over 부모님은 내가 외박하는 것을 허락하셨다.
7. to be 그들은 내가 교사가 되도록 가르쳤다.
8. to visit 내가 네 블로그를 방문하기 원하니?
9. take 다현이는 그가 앉도록 했다.

B
1. They let him work. 그들은 그가 일하도록 해주었다.
2. The doctor advised me to keep warm.
   그 의사는 내게 따뜻하게 지내라고 충고했다.
3. She had me go outside.
   그녀는 내가 밖에 나가도록 했다.
4. He led me to get up early.
   그는 내가 일찍 일어나도록 했다.
5. Jonathan made his sister laugh.
   조나단은 여동생을 웃게 했다.

C
1. This book helps me improve / to improve my English.
2. I'll let you know about it.
3. I'll have him e-mail you.

4. 동명사
Exercises
P. 157

A
1. eating 나는 외식하는 것을 즐긴다.
2. failing 나는 실패하는 것을 꺼려하지 않는다.

3. answering 그녀는 그 질문에 답변하기를 회피했다.
4. Getting up 일찍 일어나는 것은 뇌에 좋다.
5. to stay 그는 집에 머물기로 결정했다.
6. to work 그는 함께 일하기로 약속했다.
7. reading 나는 읽기를 끝마쳤다.
8. to study 나는 유학하기를 원한다.
9. having 윌리는 더 많은 대화를 하자고 제안했다.
10. to drive 댄은 자기 차를 운전하기 원한다.

B

1. I don't mind working late at night.
   나는 밤늦게 일하는 것을 꺼리지 않는다.
2. I enjoy watching TV. 나는 TV 보는 것을 즐긴다.
3. All of us hope to pass the exam.
   우리 모두는 그 시험을 통과하기를 바란다.
4. We finished washing the car.
   우리는 세차하는 것을 끝마쳤다.
5. They need to take pictures.
   그들은 사진찍을 필요가 있다.

C

1. It stopped snowing outside.
2. I enjoyed playing tennis.
3. Wasting time is not good.
4. He finished working.
5. My friend's father quit/quitted smoking.

5. 주의해야 할 동명사
Exercises   P. 159

A

1. saving 물을 아끼는 몇 가지 방법이 여기 있다.
2. working 이것이 해외에서 일하는 것에 관한 안내서이다.
3. leave 그녀는 지금 떠나기 원한다.
4. talking 나는 그것에 관하여 말하는 게 지겹다.
5. go 그는 캐나다에 가기로 결정했다.
6. buying 새 차를 사는 다섯 가지 과정이 있다.

B

1. I'm interested in learning English.
   나는 영어 배우는 것에 관심이 있다.
2. I learn English by singing songs.
   나는 노래를 부르는 것으로 영어를 배운다.
3. He's planning to go back to school.
   그는 학교에 되돌아 가려고 계획하고 있다.
4. I'm good at driving. 나는 운전에 능숙하다.
5. She's looking forward to visiting you soon.
   그녀는 너를 빨리 방문하기를 원하고 있다.
6. I expect her to come back soon.
   나는 그녀가 곧 돌아 오기를 기대한다.

C

1. I'm used to speaking Korean.
2. I'm looking forward to hearing from you soon.

(I look forward to hearing from you soon.)
3. I'm good at setting goals.
4. Oil is used to heat homes.
5. You are responsible for attending classes.

6. to부정사와 동명사
Exercises   P. 161

A

1. to learn / learning 그는 영어를 배우기 시작했다.
2. to build / building 그들은 그 다리를 건설하기 시작했다.
3. to eat / eating 나는 계속 먹었다.
4. to live / living 나는 대도시에 사는 것을 선호한다.
5. to stay 나는 더 머물고 싶다.
6. to have 나는 커피 한 잔 마시고 싶다.
7. to bring 그녀는 지갑을 가져 오는 것을 잊었다.
8. talking 그는 나에게 말했던 것을 기억했다.
9. to meet 나는 너를 만나고 싶다.
10. buying 나는 그것을 너무 빨리 산 것을 후회하고 있다.

B

1. I'd prefer to be in a tent.
   A: 너는 어디 있고 싶니? B: 텐트에 있고 싶어.
2. I like to spend/spending time alone.
   A: 너는 어떻게 시간을 보내니?
   B: 나는 혼자서 시간 보내는 것을 좋아해.
3. Would you like to come to the party?
   A: 파티에 와줄래? B: 그러고 싶지만, 집에 있어야 해.
4. I'd like to have a cup of tea.
   A: 뭐 마실래? B: 차 한 잔 마시고 싶어.

C

1. You forgot meeting me.
2. I'd like to watch the movie.
3. I prefer to swim. (I prefer swimming.)
4. He likes skiing. (He likes to ski.)
5. I regret talking to her.

Unit 21 Review Test   P. 162

A

1. dancing 나는 집에서 춤추는 것을 정말 즐겼어.
2. to be 그녀는 기술자가 되기를 원한다.
3. reading 그는 그 책 읽기를 방금 끝마쳤다.
4. to go 우리는 대학에 가기를 원한다.
5. to meet 그녀는 그가 그녀의 부모님을 만나도록 부탁했다.
6. to donate 나는 이 선물을 기부하고 싶어.
7. to see 빛은 우리가 색을 보는 것을 가능하게 해준다.
8. getting 나는 뚱뚱해지는 것을 꺼려하지 않는다.
9. to go 그는 그녀가 다이어트하기를 원한다.
10. smoking 많은 사람들이 담배를 끊었다.

B

1. I got strong by eating a lot.
   나는 많이 먹음으로써 튼튼해졌다.

2. Dad told me to be quiet.
   아버지는 내게 조용히 하라고 말씀하셨다.

3. I had him speak loudly.
   나는 그가 큰 소리로 말하도록 했다.

4. Mom let me have a cell phone.
   어머니는 내가 휴대폰을 가지도록 허락해주셨다.

5. I got him to call me back.
   나는 그가 다시 나에게 전화를 주도록 했다.

6. I quit wasting my time.
   나는 시간낭비하는 것을 그만두었다.

7. I'm used to driving safely.
   나는 안전하게 운전하는 것에 익숙하다.

8. The doctor advised me to get more sleep.
   그 의사는 내게 잠을 더 자라고 충고했다.

9. I avoid going shopping too late.
   나는 늦게 쇼핑하는 것은 피한다.

10. I'd prefer to stay here. 나는 여기에 머무는 것이 좋다.

C

1. I'll have him call you back.
   A: 여보세요. B: 여보세요? 민성이 있나요?
   A: 아니, 방금 나갔는데. 메시지 남겨 줄까? B: 괜찮아요.
   A: 알았다. 그럼 너한테 전화하라고 하마. B: 고맙습니다.

2. What made you change your mind?
   A: 나 더 머무르기로 결정했어. B: 왜 마음을 바꿨니?

3. You can let him decide.
   A: 난 그가 거기 가도록 할 수 없어. B: 그가 결정해주어도 돼.

4. He'll let you go.
   A: 엄마, 저 준수의 생일파티에 초대 받았어요.
   B: 아빠에게 말하렴. 아빠가 가도록 허락해 주실 거야.

5. I'll get him to wake up.
   A: 아침 일찍 그에게 모닝콜을 해줘야 해. 내가 할 수 있을지 모르겠어. B: 걱정마. 내가 그를 깨울게.

D

1. (A) Eating 아침을 먹는 것은 나를 건강하게 만든다.
2. (B) to send 래리는 그녀에게 소포를 보내달라고 했다.
3. (D) riding 멕은 자전거 타는 것에 관심이 있다.
4. (C) working 테드는 숙제를 벌써 끝마쳤다.
5. (B) to treat 아버지는 내게 사람들에게 친절하라고 가르치셨다.

E

1. I remember to e-mail her.
2. I want you to know about me.
3. She gave up reading the book.

Unit 21 Reading Exercises   P. 164

A

오늘은 나의 날이었다. 바로 내 생일이었다. 엄마, 아빠, 나는 테마파크에 갔다. 그들은 나와 함께 그 특별한 날을 보내고 싶어 하셨다. 그곳에는 할 일이 정말 많았다. 열 개 이상의 탈것들이 있었다. 어머니와 아버지께서는 처음에는 느린 것을 선택하셨다. 기차가 경적을 울렸다. 아주 소리가 컸다. "저거 타요," 내가 졸랐다. 그 기차는 칙칙폭폭 소리를 내며 출발했다.

1. (C) to spend - chugging
2. (A) go

B

찬호는 항상 말하는 것에 관심을 가지고 있었다. 그는 이야기를 만들어 내는 것을 즐겼다. 그는 가족에게 이야기 하는 데 많은 시간을 보냈다. 그가 쓰기를 배울 때 그의 부모님은 종이에 아이디어를 적어두게 하셨다.

1. (D) talking – making
2. (A) to write – put

C

늙은 제한 다스는 아주 약해졌다. 그가 카트 없이 외출한다는 것은 더 이상 불가능했다. 그래서 꼬마 닐로는 시장에서 돈을 모았다. 그는 열심히 그리고 정직하게 일했다. 농부들은 그렇게 훌륭하고, 열심인 소년과 일을 하는 것이 행복했다.

1. (1) 명사 ▶ 주어 자리의 it은 to부정사 대신 쓰였다.
   (2) 부사 ▶ 형용사 수식
2. (A) 성실한 아이

D

학교에서 내가 좋아하는 것 중 하나는 미술시간이다. 우리에겐 훌륭한 박 선생님이 있다. 그는 훌륭한 화가이다. 나는 그가 그림 그리는 것을 보기 좋아한다. 그는 우리에게 그림을 그리기 위해 물감을 섞는 방법을 가르쳐주셨다. 우리는 수업시간에 거의 매일 그림을 그린다. 어떤 날은 우리는 다른 화가들의 그림을 감상한다. 이렇게 하는 것은 재미있다. 그것은 나로 하여금 내 그림에 관하여 생각하도록 도와준다.

1. to watch
2. (C) to do
3. (A) to think, (C) think

Unit 22 조동사 I

1. 조동사의 의미와 종류
Exercises   P. 171

A
1. will 너희 선생님이 곧 너에게 연락하실 거야.
2. should 너는 시험에 관한 것을 알아야 해.
3. might 상어는 사람 가까이서 수영을 할 수도 있다.
4. must 학생들은 학교 규칙을 알아야 한다.
5. may 들어와도 돼.
6. might 오늘 비가 올 수도 있다.
7. Could 문 좀 열어주시겠어요?
8. can 그는 혼자서 숙제를 할 수 있다.
9. Would 그것을 나에게 주시겠어요?
10. can 너는 내 전화를 써도 된다.

B
1. You may go back home. 너는 집에 돌아가도 된다.
2. You could update your blog every day.
   당신은 매일 당신의 블로그를 업데이트할 수 있다.
3. English must be a global language.
   영어는 국제어임에 틀림없다.
4. Many students would like to learn English.
   많은 학생들은 영어를 배우고 싶어한다.
5. Dogs might bark because of noises.
   개들은 소음 때문에 짖을 수도 있다.
6. You can play (may play) the piano.
   너는 피아노를 쳐도 좋다.
7. Students should learn to think.
   학생들은 생각하기를 배워야 한다.
8. You should study harder.
   너는 더 열심히 공부해야 한다.
9. You must have the wrong number.
   전화 잘못 거셨습니다.
10. He can read quickly. 그는 빨리 읽을 수 있다.

C
1. We will do (our) homework together.
2. We can talk in English.
3. You should go home right now.
4. You may drink some juice. (You can drink some juice.)
5. You will become a good baseball player.

2. 능력
Exercises   P. 173

A
1. can ride a bicycle, couldn't ride a bicycle
   그는 어제 자전거를 샀다. 그는 지금 자전거를 탈 수 있다.
   그는 2주 전에는 자전거를 탈 수 없었다.
2. couldn't ride a horse, can ride a horse
   그녀는 10살 때 승마를 시작했다. 그녀는 9살 때 말을 탈 수 없었다.
   그녀는 지금 말을 탈 수 있다.
3. couldn't finish working, can
   나는 5시에 일을 끝냈다. 나는 4시 30분에 일을 끝마치지 못했다.
   나는 지금 집에서 쉴 수 있다.
4. can play the piano, couldn't play the piano
   그녀는 3년 전에 피아노를 치기 시작했다. 그녀는 현재 꽤 잘 칠
   수 있다. 그러나 그녀는 5년 전에는 칠 수 없었다.
5. couldn't play, can play 그는 그가 15살 때 하키를 배웠
   다. 그는 10살 때 하키를 할 수 없었다. 그는 지금 하키를 아주 잘
   할 수 있다.

B
1. could 나는 지난 주에 회사에서 정말 바빴다. 그러나 나는 하
   루 쉴 수 있었다.
2. could 그녀는 많은 경험이 있다. 그녀는 독립적으로 일을 할
   수 있었다.
3. could't 그는 천천히 읽는 사람이었다. 그는 한 시간 안에 책
   한 권을 읽을 수 없었다.
4. could 그녀는 심한 감기에 걸렸다. 그러나 그녀는 어제 노래할
   수 있었다.
5. could 나는 기타 연주하는 법을 배웠다. 나는 그의 생일파티에
   서 기타를 연주할 수 있었다.

3. 허락
Exercises   P. 175

A
1. can A: 엄마, 지금 점심 먹어도 돼요? B: 그래, 어서 먹어.
2. can A: 숙제 끝낸 뒤 TV 봐도 좋다. B: 네, 아빠. 알겠어요.
3. may A: 제 코스에 대해 어떻게 지불하죠? B: 현금이나 수표
   로 지불할 수 있습니다.
4. May A: 지원서를 온라인상에서 주문할 수 있습니까?
   B: 안 됩니다.

B
1. can A: 지금 아빠께 전화 드려야 해. 하지만 공중전화를 찾을
   수가 없어. B: 걱정마, 내 휴대폰을 쓸 수 있어.
2. Can A: 아빠, 그들이 저를 저녁 초대했어요. 가도 돼요? B: 물
   론이지.
3. may A: 현금이 전혀 없어요. B: 신용카드를 이용하실 수 있습
   니다.
4. can A: 시험에 무엇을 가져갈 수 있나요? B: 연필과 지우개를
   가지고 갈 수 있지.
5. May A: 의사를 만날 수 있습니까? B: 물론입니다. 들어오세요.

C

1. You may have a seat here. 여기에 앉으세요.
2. You may leave now. 지금 떠나도 됩니다.
3. You can't talk during the test.
   시험보는 동안 말할 수 없어요.
4. You can take my umbrella.
   내 우산 가져가도 돼.
5. You can't come home so late.
   집에 늦게 들어오면 안 돼.

Unit 22 Review Test   P. 176

A

1. (B) can
   A: 엄마, 식탁 위에 있는 음식을 다 먹어도 돼요? B: 그럼, 먹어
   도 돼.
2. (B) can
   A: 시간이 없어요. 지금 가도 돼요? B: 물론이죠. 지금 가도 됩니다.
3. (B) can A: 지금 그를 불러도 돼? B: 불러도 돼.
4. (C) can
   A: 나 너무 피곤해. 더이상 못하겠어. B: 잠깐 쉬어도 좋아.
5. (B) May A: 박 선생님을 만날 수 있습니까? B: 아니요, 미안
   하지만 그는 퇴근했어요.

B

1. Last week, I could go skiing. 지난 주 나는 스키를
   타러 갈 수 있었다. 하지만 이번 주에는 갈 수 없다.
2. He was so busy, so he could not e-mail me.
   그는 너무 바빠서 나에게 이메일을 보낼 수 없었다.
3. I couldn't buy the car.
   나는 충분한 돈이 없었다. 나는 그 차를 살 수 없었다.
4. For two weeks, I couldn't talk to him on the
   phone. 2주 동안 나는 그와 통화할 수 없었다.
5. When I was 10, I couldn't ski.
   10살 때, 나는 스키를 탈 수 없었다.
6. At age 5, Don could play the piano.
   다섯 살 때, 돈은 피아노를 칠 수 있었다.
7. May I have your attention, please? 주목해 주세요.
8. I can play the flute.
   A: 무슨 악기를 연주할 수 있니? B: 플룻을 연주할 수 있어.
9. Mom, can I dye my hair red?
   A: 엄마, 머리를 빨간색으로 염색해도 돼요?
   B: 빨간색은 꽤 큰 변화인데 니가 그게 싫어지면 어쩌지?
10. May I see the doctor? A: 의사를 만날 수 있나요?
    B: 그는 지금 바빠요. 잠시 기다려 주세요.

C

1. can/may A: 엄마, 저 오늘밤 알렉스의 파티에 초대 받았어요.
   B: 빌, 그 파티에 가도 된다.
2. can A: 엄마, 친구들을 초대해도 돼요? B: 그럼, 초대해도 돼.
3. can A: 잠시 사전을 빌릴 수 있나요? B: 네, 사용해도 돼.
4. can 나는 5년 동안 영어를 배웠다. 지금 나는 영어를 상당히 잘
   할 수 있다.

5. couldn't 나는 5년 동안 영어를 배웠다. 6년 전 나는 전혀 영
   어를 할 수 없었다.

Unit 22 Reading Exercises   P. 178

A

학교에 다님으로써 얻는 최고의 것은 읽는 법을 배우는 것
이다. 책은 훌륭한 친구이다. 그것들은 무엇인가를 배우도록
도와준다. 그것들은 당신과 함께 어디라도 갈 수 있다. 당신
은 동물, 멀리 떨어진 장소, 사람들 등에 관해 읽을 수 있다.
당신은 책으로부터 훌륭한 아이디어를 얻을 수도 있다.

1. (A) can
2. (D) 친구 사귀기

B

우리 지구에는 특별한 날이 있다. 생일과 약간 비슷하다. 지
구의 날은 매년 4월 22일에 기념된다. 우리는 우리가 지구를
돌보는 것을 상기하도록 지구의 날을 기념한다. 우리는 강,
호수, 연못을 깨끗하게 유지할 필요가 있다. 우리는 쓰레기
를 치울 필요가 있다. 우리 모두는 지구를 깨끗하게 유지할
수 있다. 우리는 학교, 집, 동네에서 쓰레기를 치움으로써 시
작할 수 있다. 우리는 좋은 물을 먹을 수 있다. 우리의 세상
은 더 아름다워질 것이다.

1. can
2. It reminds us to take care of our Earth.
3. (1) We can have good water to drink.
   (2) Our world will be more beautiful.

C

내 사촌 민규는 항상 물건을 가지길 원한다. 그는 새 신발을
원한다. 그는 새 옷을 원한다. 그는 새 차를 원한다. 내 동생
우일이는 다른 것을 원한다. 우일이는 컴퓨터를 원한다. 그
는 날 수 있기를 소망한다. 그는 파리 여행을 하기를 원한다.
나도 원하는 것이 있다. 나는 영어를 잘 하기를 원한다. 나는
다른 사람을 돕기를 원한다. 나는 친구들을 매일 만나기를
원한다.

1. (A) could
2. (B) 인터넷

Unit 23 조동사 Ⅱ

1. 가능성과 추측
Exercises   P. 183

A

1. may / might / can / could
   A: 오늘밤 뭐할거야? B: 확실하지는 않지만 쇼핑갈 거야.
2. may / might / can / could

A: 쇼핑? 누구랑? B: 내 여동생과 함께 갈거야.

3. **may / might / can / could**
   A: 맞아, 너 여동생이 있지! 그녀는 이번 주말에 무엇을 할 거야?
   B: 그녀는 집에 있을 거야.

4. **may / might / can / could**
   A: 그녀는 학교에 다니니, 일하니?
   B: 그녀는 지금 대학에 다니지만 내년에 일을 시작할 거야.

5. **may / might / can / could**
   A: 그녀는 어떤 직업을 가질 거니? B: 그녀는 승무원이 될 거야.

B

1. **may / might / can / could** A: 오늘 춥다. 그렇지 않니?
   B: 그래, 오늘밤에 눈이 올지도 몰라.

2. **must not**
   A: 우리팀이 또 졌어. B: 믿을 수 없어. 사실일 리가 없어.

3. **must** A: 그녀는수업시간에 정말 열심히 공부하고 집중해.
   B: 와! 그녀는 열심히 하는 사람이구나.

4. **must** A: 준수는 매일 영화를 보러가.
   B: 그는 영화를 좋아하는구나.

5. **must not** A: 수진이는 양파만 빼고 모두 먹었어.
   B: 그녀는 양파를 좋아하지 않는 게 분명해.

C

1. **must** A: 그거 알아? 나 시험에 통과했어.
   B: 정말? 정말 행복하겠구나.

2. **must** A: 수잔에게 전화했었는데 받지 않았어.
   B: 그녀는 지금 바쁜 것이 확실해.

3. **must not** A: 아이들에게 바나나를 줬는데 그들은 전혀 먹지
   않았어. B: 그들은 배고프지 않은 것이 확실해.

4. **must** A: 와, 저 농구선수들은 엄청나게 물을 먹는구나.
   B: 그들은 목마른 게 틀림 없어.

5. **must** A: 난 이 문제를 풀 수 없어. 한 시간째 풀고 있어.
   B: 아주 어려운 문제임에 틀림 없어.

2. 충고
Exercises
P. 185

A

1. **drink** 목마르면 물을 마셔야 된다.
2. **wear** 우리는 겨울에 겨울 재킷을 입어야 한다.
3. **open** 공기가 탁하면, 창문을 열어야 한다.
4. **call** 교통사고가 나면 경찰에게 전화해야 한다.
5. **be** 콘서트 중에는 조용히 해야 한다.

B

1. **had better** 수업이 5분 안에 시작한다. 우리는 서둘러야 한다.
2. **had better** 버스가 아침 5시에 떠나니까 너는 일찍 일어나는
   게 좋다.
3. **had better** 속도 위반 딱지를 받기 전에 속도를 줄이는 게 좋다.
4. **had better not** 오늘은 밖에서 놀지 않는 게 좋다. 비가 오
   니까.
5. **had better** A: 면접 때 청바지 입어도 돼? B:아니, 옷 갈아
   입는 게 좋아.
6. **had better not** 그 시험에서 떨어지지 않는 게 좋다.

7. **had better** 나는 운동이 필요하다. 걸어서 학교 다니는 게 좋다.
8. **had better not**
   나는 내일 시험이 있어. 많이 놀지 않는 게 좋겠어.
9. **had better not** 주전자가 매우 뜨겁다. 만지지 않는 게 좋겠
   어.
10. **had better** 11시다. 자는 게 좋겠다.

C

1. **must not** 아이들은 술을 먹어서는 안 된다.
2. **must** 떠나기 전에 문을 잠가야 한다.
3. **must** A: 내 컴퓨터가 작동되지 않아요. B: 윈도우 프로그램을
   다시 깔아야 해.
4. **must not** 10대들은 밤늦게 밖에 나가서는 안 된다.

D

1. **I'd better get going.** 가는 게 낫겠다.
2. **You should work out every day.**
   너는 매일 운동해야 한다.
3. **You must not drink and drive.**
   음주운전을 해서는 안 된다.
4. **You'd better not speed up in a school zone.**
   어린이 보호 구역에서는 속도를 내서는 안 된다.
5. **They ought to have equal rights.**
   그들은 동등한 권리를 가져야만 한다.

3. 의무와 금지
Exercises
P. 187

A

1. **I have to hand in my assignment today.**
   나는 오늘 숙제를 제출해야 한다.
2. **We must not overlook our duty.**
   우리는 임무를 소홀히 해서는 안 된다.
3. **You don't have to prepare it all by yourself.**
   너는 혼자서 그 모든 것을 준비해야 할 필요가 없다.
4. **He must pay his tuition.** 그는 등록금을 내야 한다.
5. **I have to call my father.** 나는 아버지에게 전화해야 한다.

B
〔샘플 답안〕
1. **I have to read and write.** 숙제로 뭘 해야만 해? 읽고 써
   야 해.
2. **I have to read the books.** 기말고사를 대비해 뭘 해야
   만 해? 책들을 읽어야 해.
3. **Yes. I have to call my mom.**
   오늘밤에 해야할 일 있어? 그래. 어머니에게 전화해야 해.
4. **Yes. I must not lie.** 살면서 절대 해서는 안되는 일이 있어?
   그래. 거짓말은 해선 안 돼.
5. **I don't have to watch TV.** 오늘밤에 할 필요 없는 일은
   뭐지? 나는 TV 볼 필요 없어.

C

1. **must** 너는 운전 중에 꼭 안전벨트를 매야 된다.
2. **don't have to** 나는 이미 내 방을 청소했다. 다시 할 필요가
   없다.

3. **must not** 그 강에 쓰레기를 버려서는 안 된다.

4. **must** 너는 꿈을 가져야 한다. 꿈을 잃는다면, 넌 죽을 것이다.

5. **had to** 나는 어제 그 책들을 반납해야만 했다.

4. 공손한 질문

Exercises
P. 189

A

1. Can I see Mr. Park?, May I see Mr. Park?
박 선생님을 만날 수 있나요?

2. Can I see your dictionary?, May I see your dictionary? 네 사전을 볼 수 있니?

3. Can I visit your office?, May I visit your office?
네 사무실에 방문해도 되니?

4. Can I borrow your pen?, May I borrow your pen? 펜을 좀 빌릴 수 있나요?

5. Can I talk to Hanna?, May I talk to Hanna?
한나와 통화할 수있나요?

B

1. Would you please read this book for me?
이 책을 읽어 주시겠어요?

2. Can you pass me the tomato sauce?
그 토마토소스 좀 줄래?

3. Can you give me a ride to the station?
그 역까지 태워다줄래?

4. Would you fax me your transcript?
성적표를 팩스로 보내주시겠어요?

5. Would you put my name on the waiting list?
대기자 명단에 내 이름을 올려주시겠어요?

6. Would you send me your application?
지원서를 보내주시겠어요?

7. Can you help me out? 도와줄래?

8. Can you turn the light on? 불 좀 켜줄래?

Unit 23 Review Test
P. 190

A

1. **(C) had better** A: 손가락을 다쳤어. B: 의사한테 가는 게 좋겠다.

2. **(D) should** A: 내 영어를 향상시키고 싶어. B: 영어를 쓰는 사람들을 많이 만나야 해.

3. **(A) would** A: 차 한 잔 마시겠어요? B: 네, 주세요.

4. **(B) may** A: 이거 내 가방이니? B: 현수 것 아니면 그의 형 것일 거야.

5. **(A) must** A: 이 책은 네 거야? B: 그것은 그렉의 것이 틀림없어.

6. **(D) should** A: 큰 비가 퍼부을 것 같아. B: 알아. 우산을 가져가야겠다.

7. **(D) should** A: 나 너무 피곤해. B: 넌 지금 자는게 좋겠어.

8. **(A) am going to** A: 이번 주말에 뭐 할거야? B: 스키 타러 갈 예정이야.

B

1. You must be joking.
A: 나 복권에 당첨됐어! B: 농담하는 거지.

2. You must have the wrong number.
A: 책 있어요? B: 그런 이름은 없네요. 전화 잘못 거셨어요.

3. Oh, I have to run. A: 몇시야? B: 1시 45분이야.
A: 오, 뛰어야겠네. 수업이 2시에 시작해.

4. Would you tell me your name?
A: 성함을 말씀해주시겠어요? B: 알버트예요.

5. You'd better wait until tomorrow.
A: 지금 그와 얘기하고 싶어요. B: 기다려요. 내일까지 기다리는 게 좋겠어요.

6. It may snow tonight. A: 오늘밤에 눈 올 지도 몰라. B: 재밌겠다.

7. I might work for this company.
A: 편지에 좋은 소식이 있어. 이 회사에서 일할 수 있을 것 같아.
B: 잘됐다.

8. We'd better not climb tonight.
A: 눈 온다. B: 오늘은 등산하지 않는 게 좋겠어.

C

1. **may/might** A: 오늘밤 뭐 할거니?
B: 아마도 알렉스의 파티에 갈 것 같은데.

2. **may/might** A: 오늘밤 영화 볼 거니?
B: 몰라. 외출하거나 책을 읽을 거 같은데.

3. **Can** A:무거워 보이네요. 도와드릴까요? B: 네, 부탁드려요.

4. **Can** A: 주문하시겠어요. B: 네, 차 먼저 주시겠어요?

Unit 23 Reading Exercises
P. 192

A

베티: 내일 나랑 같이 점심 먹을까?
존: 그래.
베티: 몇시가 가장 좋니?
존: 11시 이후 언제라도 좋아.

1. **(D)** 공손한 질문

2. **(C)** 가능성

B

나는 지난주 학교에서 많은 스트레스를 받았다. 나는 수학숙제하는 데 많은 시간을 보내야만 했다. 우리 선생님이, "너는 그 숙제를 하지 않으면 다음 주에 학교에 안 오는게 좋겠다." 라고 말씀하셨다.

1. **(A)** 의무

2. **(D)** 충고

29

C

준수가 물었다, "아빠, 그 말을 어떻게 잡았어요?" 아버지는 그에게 전부 다 이야기 해주셨다. 그리고 말씀하셨다. "너 내일 학교 안 가지. 토요일이구나. 그래서 나는 말을 훈련시킬 생각이다. 나 좀 도와줄래?" "네, 그럴게요. 몇시에 시작할 거예요?" 준수가 말했다. "저는 9시가 좋은데."

1. **(D)** 공손한 질문
2. **(B)** 가능성

D

나는 친구 태성이를 한 달에 한 번 정도 방문한다. 그는 이웃에 살고 있다. 우리는 같은 학교에 다니지 않는다. 그러나 우리는 매년 같은 여름 캠프에 간다. 우리는 3년 전 영어마을에서 만났다. 우리는 친한 친구가 되었다. 우리 사이엔 규칙이 있다. 우리는 영어만 써야 한다. 처음엔 어려웠다. 그러나 지금 우리는 영어로 말할 수 있다. 우리는 영어로 노래를 할 수 있다.

1. **(C)** 의무
2. **(C)** 가능성
3. **(C)** 그들은 영어가 모국어이다.

CHAPTER 12 균형의 세계 Conjunctions

Unit 24 등위접속사

1. 등위접속사와 균형구조
Exercises
P. 199

A

1. Joe is tall, handsome, and humorous.
   조는 키가 크고, 잘 생겼고, 유머가 있다.
2. [X] 션은 키크고 잘 생겼다.
3. There are a book, a notebook, a pencil, and an eraser on the table.
   그 테이블 위에 책, 공책, 연필, 그리고 지우개가 있다.
4. [X] 그 책과 연필은 조의 것이다.
5. I went shopping, met a friend, and drank a cup of coffee. 나는 쇼핑가서 친구를 만나고 커피를 마셨다.
6. [X] 나는 버스를 놓쳤지만 수업에는 늦지 않았다.
7. She was tired, sleepy, and hungry.
   그녀는 피곤하고, 졸리고, 배고팠다.
8. I'm going to buy salt, milk, butter, flour, sugar, and tuna fish.
   A: 난 식품점에 갈거야. B: 또? 왜?
   A: 나는 소금, 우유, 버터, 밀가루, 설탕, 그리고 참치를 살 거야.

B

1. writer   그는 교사이면서 작가이다. ▶ 명사 2개 열거
2. asked a question   그녀는 나를 불러 질문을 했다.
   ▶ 과거형 동사 2개 열거
3. bitter   어떤 사과는 파랗고, 시고, 썼다. ▶ 형용사 3개 열거
4. talk   나는 그녀를 만나서 얘기하려고 여기에 왔다.
   ▶ 동사원형 2개 열거
5. ate   나는 먹고 생각했다. ▶ 명사 2개 열거
6. salt   어머니는 달걀, 밀가루, 소금, 설탕을 섞으셨다.
   ▶ 명사 4개 열거, salty는 형용사
7. reading   나는 음악을 들으면서, 책을 읽고 있었다.
   ▶ ~ing 2개 열거
8. and a pen   나는 두 장의 종이와 연필을 가져 왔다.
   ▶ 명사 2개 열거
9. air and sunlight
   나뭇잎은 공기와 빛으로부터 식량을 만든다.
10. dreamed   그녀는 잠들었고 꿈을 꾸었다. ▶ 동사 2개 열거

C

1. I dribbled the ball and shot it.
2. I went home with Paul and Maria.
3. We got home and packed.
4. She studies English, math, and science.
5. I got up late, so I missed the bus.

2. and / or
Exercises
P. 201

A

1. He doesn't drink and drive.
   그는 음주운전을 하지 않는다.
2. Can we keep this between you and me?
   우리 사이에 이것을 지킬 수 있을까?
3. Can I pay by cash or credit card?
   현금이나 신용카드로 지불할 수 있을까요?
4. Walk carefully and don't run! 조심히 걷고 뛰지 마!
5. There were a lot of boys and girls.
   많은 소년들과 소녀들이 있었다.
6. Factories make toys, computers, and cars.
   공장들은 장난감, 컴퓨터, 그리고 차를 생산한다.

B

1. The sun was warm, and the birds sang.
   태양은 따스하고 새는 노래했다.
2. Is it Saturday or Sunday today?
   오늘이 토요일이니 일요일이니?
3. I woke up at 6:00, and then I slept again.
   나는 6시에 일어나서 다시 잤다.
4. Which do you prefer, juice or soda pop?
   주스 또는 탄산음료 어느 것을 원하니?

C

1. I'm in grade 7, and my brother is in grade 10.
2. We closed and locked the door.

3. My favorite foods are kimchi, bulgogi, and bibimbap.

3. but / so
Exercises   P. 203

A
1. so 그녀는 목말라서 음료수를 사러 갔다.
2. but 그는 열심히 공부했지만 실패했다.
3. because 그는 공부를 충분히 하지 않았기 때문에 실패했다.
4. but 그녀는 아름답지만 쉰 목소리를 낸다.
5. so 나는 배가 고파서 도넛을 먹었다.
6. because 나는 아무것도 먹지 않았기 때문에 배가 고팠다.
7. because 그는 행복했기 때문에 미소짓고 있었다.
8. so 그는 행복해서 미소지었다.
9. because 나는 늦잠을 자기 때문에 늦었다.
10. so 내 컴퓨터가 고장나서 나는 오늘 새 것을 샀다.

B
1. but 바람이 불었지만 우리는 밖에서 탁구를 했다.
2. so 바람이 불었기 때문에 우리는 체육관에서 운동을 했다.
3. because 오늘 비가 왔기 때문에 체육관에서 운동을 했다.
4. so 당근은 건강식이므로 너에게 좋다.
5. but 댄은 키가 크지만 강하지는 않다.
6. but 댄은 키가 크지 않지만 강하다.
7. Because 나는 좋은 친구가 있어서 행복하다.
8. Because 그는 그 게임을 이겼기 때문에 신이 났다.
9. , but 그것은 비싸게 보였지만 쌌다.
10. , so 그것은 비싸지 않았기 때문에 나는 그것을 샀다.

C
1. I have exams soon, so I'm busy.
2. He was not there, so we waited.
3. It was warm today, but I wore a winter jacket.

Unit 24 Review Test   P. 204

A
1. There are necklaces, brooches, and pins in the box. 그 박스 안에 목걸이, 브로치, 핀들이 있다.
2. [X] 나는 아프고, 피곤하다.
3. She baked cakes, and her mother sold them.
   그녀는 케이크를 구웠고, 그녀의 어머니는 케이크를 팔았다.
   ▶ S + V + and/or/but + S + V의 형태가 쓰이면 등위접속사 앞에 comma를 찍지 않아도 되지만 찍는 것이 일반적이다.
4. I called her, but she didn't answer.
   나는 그녀에게 전화를 했지만 그녀는 받지 않았다.
5. [X] 그 반지는 아름답지만 비싸다.

B
1. My father planted corn, beans, and lettuce.
   아버지는 옥수수, 콩, 상추를 심으셨다.
2. They laughed at him, so he was sad.

그들은 그를 비웃었다. 그래서 그는 슬펐다. ▶ 격식체
3. It was cold, but it was not windy.
   추웠지만, 바람은 불지 않았다.
4. Soojin and Jongsoo ate a lot of cherries.
   수진이와 종수는 많은 체리를 먹었다.
   ▶ 명사 2개 연결할 때는 등위접속사 필요
5. Kathy lives with her mother and father.
   케이티는 어머니와 아버지와 함께 산다.
6. I tasted vanilla, chocolate, and caramel.
   나는 바닐라, 초콜렛, 그리고 카라멜을 맛보았다.
7. I'm sorry, but I think you're wrong.
   미안하지만 당신이 틀린 것 같아요.
8. We were cold and hungry. 우리는 춥고 배고파요.
9. It made me happy, so I smiled.
   그것이 나를 행복하게 해주어서 나는 웃었다.
10. I ate a lot, but I was not full.
    나는 많이 먹었지만 배부르지 않았다.

C
1. but 그는 다이어트 중이지만 많이 먹는다.
2. so 그는 배가 고파서 많이 먹는다.
3. so 그녀는 살빼기를 원해서 운동을 한다.
4. but 그녀는 살빼기를 원하지만 운동은 하지 않는다.
5. but 우리는 집을 일찍 떠났지만 늦었다.
6. so 우리는 집을 일찍 떠났기 때문에 그 버스를 놓치지 않았다.
7. so 나는 길을 잃어서 그에게 전화를 했다.
8. but 나는 그에게 전화를 했지만 그는 받지 않았다.
9. so 어제는 날씨가 따뜻해서 우리는 밖에 나갔다.
10. but 더운 날이었지만 나는 긴팔옷을 입었다.

D
1. so 그는 열심히 공부해서 그 시험을 통과했다.
2. Because 그는 열심히 공부했기 때문에 그 시험에 통과했다.
3. because
   아기들에게 젖을 먹이기 때문에 어머니들은 많이 먹는다.
4. so 어머니들은 아기들에게 젖을 주므로 많이 먹는다.
5. because 재선이는 잠을 잘 못잤기 때문에 졸리다.
6. so 그는 밤을 샜으므로 졸리다.
   [stay up all night = 밤을 새다]
7. Because 눈이 많이 와서, 그 버스는 연착했다.
8. so 비가 많이 와서 우리는 집에 머물러 있었다.
9. so 우리는 매일 축구 연습을 해서 축구를 잘한다.
10. Because
    그는 영어를 말하기 때문에 해외 여행하는 데 문제가 전혀 없다.

E
1. His car ran over a nail and got a flat tire.
   그의 차는 못 위를 지나갔고 타이어가 펑크가 났다.
2. The dog barked and ran away with a bone.
   그 개는 짖고, 뼈를 가지고 달아났다.
3. Should I add salt or pepper?
   소금이나 후추를 첨가해야 하나요?
4. She picked an apple and cut it up.
   그녀는 사과를 집어서 잘랐다.
5. Ladybugs can be red, orange, or yellow.

무당벌레는 빨간색이거나 주황색이거나 노란색이다.

Unit 24 Reading Exercises   P. 206

A

AB MP3 플레이어

당신의 주머니는 얼마나 많은 것을 담을 수 있나요? 그것은 당신과 당신의 **AB** 플레이어에 달려 있습니다. 2만 곡의 노래, 2만 5천 장의 사진, 그리고 100시간의 비디오를 담을 수 있습니다. 여러분은 우리 가게의 영화를 검색할 수도 있습니다. 아마도 해리포터와 같은 영화를 다운받을 수도 있고 말이죠.

1. and
   ▶ 명사와 명사를 연결하는 것은 접속사이다. also는 접속사가 아니고 부사이다.
2. (D) 영화 업로드
3. 당신은 우리 가게의 영화를 검색할 수 있습니다.

B

나뭇잎은 나무의 식량을 만든다. 그것들은 공기와 햇빛으로부터 식량을 만든다. 그것들은 물도 필요하다. 빗물은 땅속으로 들어간다. 빗물은 나무 뿌리로 들어간다. 빗물은 나무로 올라간다. 빗물은 엽액으로 흘러 들어간다. 엽맥은 작은 파이프와 같다. 나뭇잎은 햇빛, 공기, 그리고 물을 섞는다. 그리고나서 녹색인 어떤 물질을 첨가한다. 그것은 엽록소라고 불린다.

1. (D) and
2. (A) rainwater

C

민준이는 눈을 감고 잠을 더 청했다. 9시에 자명종이 울렸다. "일어나, 잠꾸러기야!" 어머니가 말씀하셨다. 민준이는 옷을 입고 아침을 먹었다. 그는 새 시계를 보았다. "학교에 갈 시간이네." 그가 말했다. 민준이는 차고 문을 열었다. "최고의 자전거야." 민준이가 말했다. "여기 네 헬멧이야." 어머니가 말씀하셨다. "너 아주 멋지구나!"

1. (A) 자전거 타기
2. (B) and

CHAPTER 13 전치사의 세계   Prepositions

Unit 25 전치사

1. 시간 전치사 1
Exercises   P. 213

A

1. in 2010   2010년 동계올림픽은 밴쿠버에서 개최된다.
2. in   서울은 한국에 있다.
3. in   겨울에 눈이 온다.
4. on   나는 2007년 3월 1일에 입학했다.
5. in   새학기는 3월에 시작된다.
6. in   나는 아침에 학교에 간다.
7. on   그들은 토요일 밤에 가끔 파티를 연다.
8. on   우리는 크리스마스 전날 밤에 모인다.
9. at   그 콘서트는 정오에 시작된다.

B

1. I watch movies on Fridays.
   나는 금요일마다 영화를 본다.
2. We exchange gifts on Christmas Day.
   우리는 크리스마스에 선물을 교환한다.
3. She was born in 2005.   그녀는 2005년에 태어났다.
4. He visited LA in May.   그는 5월에 LA를 방문했다.
5. The first class starts at 9:00 AM.
   첫 수업은 9시에 시작된다.
6. It rains a lot in summer.   여름에 비가 많이 내린다.
7. I exercise in the evening.   나는 저녁에 운동을 한다.
8. We stay home at night.   우리는 밤에 집에 머무른다.
9. What do you do on April Fools' Day?
   만우절엔 넌 무엇을 하니?
10. We play jokes on people on April 1.
    우리는 4월 1일에 사람들에게 농담한다.

C

1. It is humid in the summer.
2. He graduated on February 18.
3. I go to a learning center in the evening.
4. I go to church on Sundays.
5. She does not eat at night.

2. 시간 전치사 2
Exercises   P. 215

A

1. by   그녀는 9시까지 여기에 도착할 것이다.
2. until   나는 10시까지 그녀를 기다릴 것이다.
3. until   나는 6시까지 밖에서 놀 것이다.
4. by   나는 6시 30분까지 집에 갈 거야.
5. until   그는 자정까지 너의 책을 읽을 거야.

6. **by, until** A: 우리는 월요일까지 너에게 전화할 거야.
   B: 서두르지마. 화요일까지 기다릴게.

B

1. **since** 빌은 2003년부터 한국어를 배웠다.
2. **for** 빌은 3년 동안 한국어를 배웠다.
3. **since** 그녀는 9시부터 밖에 있었다.
4. **for** 그녀는 5시간 동안 밖에 있었다.
5. **for** 우리 사무실은 이틀 동안 문을 닫을 것입니다.

C

1. **after** 그들은 방과 후에 공부한다.
2. **for** 그들은 8시간 동안 일했다.
3. **during** 그녀는 밤 사이에 잠을 깼다.
4. **before** 우리는 일출 전에 깼다.
5. **after** 해가 진 후에는 어둡다.

D

1. I read a book during my vacation.
2. I'll be there by 10:00.
3. I had a meeting until 10:00.

3. 장소 전치사 1
Exercises   P. 217

A

1. **in** 조나단은 캐나다에 산다.
2. **at** 레베카는 310 안젤라 에비뉴에 산다.
3. **in** 그녀는 그 차에 탔다.
4. **in** 그 책에 무엇이 써 있니?
5. **in** 그 정원에서 놀지 마.
6. **in** 아무도 그 빌딩 안에 없었다.
7. **at** 태현이는 그의 컴퓨터 앞에 앉았다.
8. **in** A: 지난 회의에 왜 빠졌니? B: 다쳤어. 나는 병원에 입원해
   있었어.

B

1. **on** 파리가 천장 위를 기어가고 있다.
2. **at** 나는 지금 대학에 다니지만 곧 직업을 구할 것이다.
3. **on** 넌 캠퍼스에 거주하니?
4. **at** 그들은 공항에 도착했다.
5. **in** 비행기 한 대가 인천에 착륙하고 있다.
6. **on** 나는 자전거를 탔다.
7. **on** 그녀는 기차에 탔다.
8. **at** 나는 그를 콘서트에서 만났다.
9. **on** 그 버스에 달린 바퀴들은 돌고 돈다.
10. **on** 네 이름이 그 문에 붙어 있다.

C

1. I put a cup on the table.
2. We camped in a park.
3. I read it in the book.
4. The school is located on Center Street.

4. 장소 전치사 2
Exercises   P. 219

A

1. **into** 그는 내 눈을 곧바로 쳐다 보았다.
2. **to** 나는 매일 학교에 간다.
3. **out of** 제이슨은 직업을 찾고 있다. 그는 직업을 잃었다.
4. **from** 그는 제주 출신이다.
5. **out of** 너는 그것을 오븐에서 꺼내서 먹어도 된다.
6. **from** 여기서 그 역까지 얼마나 걸리니?
7. **to** A: 벤 있어요? B: 아니요, 2시간 전에 떠났어요.
   A: 어디 갔어요? B: 그는 인천에 갔어요.

B

1. **across** 그녀는 비행기로 태평양을 횡단했다.
2. **up** 나는 그 계단을 걸어서 올라갔다.
3. **down** 그는 어두워지기 전에 그 산을 내려갔다.
4. **beside** 케이티는 내 왼쪽에 서 있었다. 다시 말하자면, 그녀는
   내 옆에 서 있었다.
5. **in front**
   그녀는 내 뒤에 앉았다. 다시 말하면, 나는 그녀의 앞에 있었다.
6. **along** A: 너는 매일 운동하니? B: 응, 넌 어때?
   A: 나도 그래. 나는 해변을 따라 달려.

C

1. We will fly to LA tonight. (We are going to fly
   to LA tonight.)
2. We walked along the street.
3. I was out of this city last week.
4. This book is out of print.
5. He sat in front of me.

5. 장소 전치사 3
Exercises   P. 221

A

1. **between** 안양은 서울과 수원 사이에 있다.
2. **between**
   나는 오늘 1시부터 1시 30분 사이에 점심 먹을 것이다.
3. **among** 에릭은 사람들 사이에서 잘 알려져 있다.
4. **among** 이 책은 학생들 사이에서 인기가 있다.
5. **between** 너는 그 두 빌딩 사이에 주차할 수 있다.
6. **between** 나는 두 끼니 사이에 배가 고파진다.
   ▶ between meals = 두 끼니 사이에
7. **between** A: 수잔이 뭐라고 했는지 말해줘.
   B: 비밀 지킬 수 있어? A: 물론이지, 지킬 수 있어.
   B: 그래, 들어봐. 너와 나 사이의 비밀이야.

B

1. **under** 션은 그 나무 아래에 서 있다.
2. **around** 지구는 태양을 돈다.
3. **below** 물은 영하에서 언다.
4. **through** 나는 그 터널을 통과해서 운전했다.
5. **under** 우리는 그 다리 밑으로 항해하고 있었다.

6. **around** A: 실례합니다. 서점이 어디 있나요? B: 네, 바로 저 모퉁이 주변에 있어요. A: 정말 감사합니다. B: 천만에요.

C

1. The "Exit" sign is over the door.
2. Your name is just below mine.
3. We were sitting under the tree.
4. He went through many difficulties.
5. This is just between us.

6. 기타 중요 전치사

Exercises
P. 223

A

1. **by** 아버지는 차로 출근하신다.
2. **with** 나는 어머니와 함께 쇼핑을 갔다.
3. **without** 모든 생물들은 물 없이는 살 수 없다.
4. **with** 그녀는 펜으로 편지를 쓰고 있다. ▶ 도구
5. **By** 뭐 타고 여기에 왔니? 버스로.
6. **by** 나는 채팅으로 영어를 연습한다. ▶ 방법
7. **with** 나는 다른 학생들과 영어를 연습한다.
8. **with** 그는 많은 돈을 가진 사람이다.
9. **with** (with care = carefully)
   너는 조심해서 여행해야 한다.
10. **by** 우리에게 이메일을 보내서 알려주세요.

B

1. **about** 난 네가 걱정이다.
2. **for** 우리는 그 기차를 향해 뛰어야 했다.
3. **about** 나는 한국전쟁에 관한 책을 읽었다.
4. **of** 나는 꿈을 꿀 때, 너에 관하여 꿈꾼다.
5. **of** 나는 너에 관하여 생각하고 있다.
6. **about** 나는 그 야구경기에 관하여 말하는 게 아니다.
7. **for** 한국은 IT산업 때문에 유명하다.
8. **for, by** A: 차 팔아요? B: 네, 보실래요?
   A: 네, 어떻게 가죠? B: 버스로 오실 수 있어요.

C

1. I talked with my friends.
2. I go to school on foot.
3. My school is famous for its band.
4. He went out for dinner.

Unit 25 Review Test
P. 224

A

1. **with** 아버지는 어머니와 함께 일하신다.
2. **in** 나는 그 차에 탔다.
3. **in** 그녀는 하늘에 있는 독수리를 보았다.
4. **for** 그녀는 손자를 위해 호박들을 심었다.
5. **with** 그 시각장애인은 개와 함께 산다.
6. **in** 찰리는 입 속에 체리를 넣었다.
7. **from** 호박들은 녹색에서 오렌지색으로 변했다.

8. **in** 웨인은 방에서 벌레 한 마리를 발견했다.
9. **out of** 그는 그 벌레를 집밖으로 가져갔다.
10. **in** 감자는 강원도에서 자란다.

B

1. **for dinner** 나는 저녁 식사로 감자를 먹었다.
2. **for his party** 피터는 파티를 위해 차려 입었다.
3. **on his head** 그는 머리에 모자를 썼다.
4. **by a bee** 무당벌레 한 마리가 벌 옆에 앉았다.
5. **on a train** 나는 기차에 탔다.
6. **at noon** 우리는 정오에 떠날 것이다.
7. **on bed** 침대에 눕지 마. 일어나!
8. **in the water** 물고기가 물속에서 헤엄을 친다.
9. **on a bus** 그들은 버스에 탔다.
10. **to the zoo** 그들은 동물원에 가는 버스를 탔다.

C

1. (B) **on** 그는 파란 모자를 썼다. ▶ put on = ~을 입다/쓰다
2. (A) **about** 그녀는 지금 그에 관하여 글을 쓰고 있다.
3. (C) **below** 뉴올리언즈는 해수면보다 낮다.
4. (C) **around** 지구는 태양의 주위를 돈다.
5. (B) **between** 너와 나 사이의 일이야.
6. (B) **among** 나는 군중들 속에서 낯익은 얼굴 하나를 봤다.
7. (A) **into** 물 속으로 들어가지 마라!
8. (B) **behind** 나는 문 뒤에 배낭을 두었다.
9. (C) **across** 그녀는 길을 건너갔다.

D

1. She goes for lunch at noon.
2. I go to the gym on Saturdays.
3. We got on the bus to Busan.
4. We walked through the park.
5. I met her in the evening.

Unit 25 Reading Exercises
P. 226

A

어느날 밤, 지원이는 꿈을 꾸었다. 그와 가현이는 기차역에 있었다. 그는 역 위의 표지판을 읽었다. 그것에는 "지원이의 기차역" 이라고 쓰여 있었다. 그것은 그를 기쁘게 했다. 그것은 그의 얼굴에 미소를 짓게 했다. "모두 타세요!" 한 남자가 소리쳤다.

1. (B) at – above
2. (B) sign
3. (A) 꿈 이야기

B

"쇼핑 갈 시간이야" 아버지가 말했다. 레베카는 아버지와 가게에 가고 있었다. 그들은 밀가루가 필요했다. 그들은 빵을 좀 구울 예정이었다. 그들은 가게로 가는 버스에 탔다. 그곳에 가는 데 약 10분 정도가 소요되었다. 그들은 밀가루와 다른 품목들도 그들의 가방에 담았다.

1. (D) 밀가루를 사기 위하여

2. (A) Rebecca and Dad
3. (A) to – in

C

오늘은 요리하는 날이었다. 나는 요리책을 봤다. 나는 케이크를 만들었다. 나는 차가운 물을 케이크 재료에 넣었다. 나는 그것을 굽기 위하여 오븐에 넣었다. 나는 케이크를 소풍에 가져갈 예정이다.

1. (A) at – to
2. (B) 소풍갈 때 가져간다.

D

소연이는 해변가의 집에 사는 톰 삼촌을 방문하고 있었다. 아름다운 여름날이었다. 오전에 소연이는 커다란 모래성을 지었다. 소연이는 오후에도 해변에서 놀기를 원했다. 그 큰 모래성 옆에 또 다른 성을 짓고 싶었다. 톰 삼촌은 그녀에게 너무 햇빛이 강하다고 말씀하셨다. 소연이는 오후에는 밖에 나갈 수가 없었다. 소연이는 저녁 무렵에 다시 해변가에 나갈 기회가 생겼다. 해변에 많은 사람들이 있었다. 어떤 사람들은 나무 아래에 앉아 있었다. 다른 사람들은 해변가를 따라 걷고 있었다.

1. (B) In the morning
2. (D) beside
3. (A) under

Upgrade
Your Grammar
Power!

www.darakwon.co.kr

Mr. Grammar

영문법 자신감!

Grammar

김진환 지음

Essential grammar points
with powerful sample sentences

기본편 2

DARAKWON

Upgrade Your Grammar Power!

Basic and essential grammar
영어 학습에 꼭 필요한 핵심적인 문법 사항을 총망라하여 내신 및 각종 시험에 대비

Powerful sample sentences
문법의 개념과 패턴을 이해하기 위한 강력하고 정확한 예문 제시

Exercises with a variety of question types
다양한 유형의 문제 풀이를 통해 내용에 대한 확인 및 반복 학습 유도

Building up the reading through grammar
독해 지문 속 문법을 이해함으로써 독해 실력과 문법 실력 향상이라는 일석이조의 효과

53740

ISBN 978-89-5995-917-4

값: **11,000원**